"十三五"普通高等教育应用型规划教材·会计与财务系列

审计：原理与实务

主编　马春静

AUDIT: PRINCIPLE AND PRACTICE

中国人民大学出版社
·北京·

前　言

随着社会经济环境的变化，中国注册会计师执业准则、中国注册会计师职业道德守则、企业内部控制基本规范及配套指引、审计法、公司法、证券法、企业所得税法、增值税暂行条例等相关法律法规相继颁布与修订，审计理论与实务有了长足的发展。本书正是在吸收审计理论与实务最新成果的基础上，本着走出审计“教”与“学”两难窘境的宏愿，精心编撰而成。本书的编写特点主要体现在以下几个方面：

（1）以应用型创新人才培养目标为指导，尽可能用简明易懂的语言阐释审计基本理论，着重训练学生将所学审计理论知识应用于解决实际问题。一方面在有限的篇幅内融入大量审计案例；另一方面根据各章内容编写配套的“实训”练习题。

（2）以最新的中国注册会计师执业准则与企业会计准则为指导，充分体现现代风险导向审计模式，并充分考虑相关法律法规的变化，内容与时俱进。

（3）整体思路清晰，结构合理紧凑，以“交叉索引”的方式处理重叠的内容；改变“准则＋解释”的模式，使之更加符合审计的教学规律与学生的认知规律，为教师施教和学生自学提供发挥的空间。

（4）删繁就简，搭建审计原理和审计流程框架，突出审计基本理论、基本知识、基本技能的核心内容，把大量与审计有关的素材作为知识链接以二维码的形式呈现。

（5）以注册会计师通用的财务报表审计为核心，审计实务部分以执行新企业会计准则的制造企业为对象，将业务循环法与报表项目法相结合来组织交易与账户余额审计的内容。

本书由吉林工商学院马春静主编，共15章，其中第1、2、4、5、6、8、9、10、14、15章由马春静执笔，第3、7章由董旗执笔，第11章由王冰羽执笔，第12章由王京文执笔，第13章由王嫱凌执笔，最后由马春静对全书进行总纂、定稿。

由于作者水平有限，疏漏在所难免，恳请同行和读者批评指正，并将意见与建议及时反馈，以便日后改进（联系邮箱：auditor7@126.com）。

目　录

第1篇　审计基本原理

第2篇 审计流程

第3篇 交易与账户余额审计技能

第 4 篇 完成审计工作

第 1 篇
审计基本原理

本篇以注册会计师财务报表审计为例，介绍审计基本原理。每个审计基本原理既彼此独立又相互联系，统一于审计流程。审计基本原理的逻辑结构如下图所示。

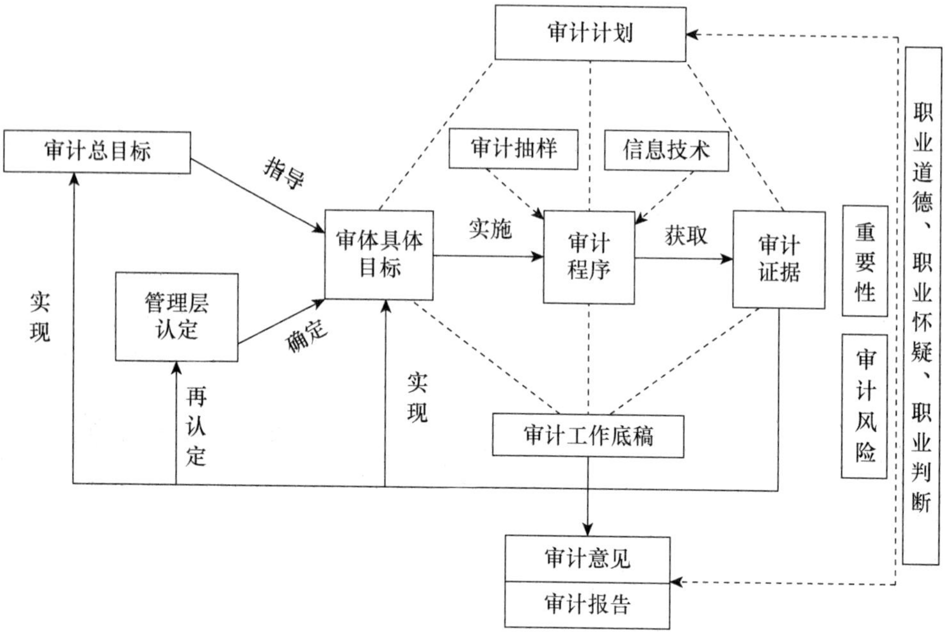

审计基本原理结构图

第1章

初识审计

引导案例

审计与猫

美国审计大师尚德尔在《审计理论》一书中讲述了一个故事：儿子将母亲从乡下接到城里来过冬。母亲在夜晚听到新居里有“吱吱”的声音，于是问儿子是不是房间里有老鼠，儿子告诉母亲房间里没有老鼠，那是暖气片热胀冷缩发出的声音，不用害怕。但是连续几天母亲都听到“吱吱”的声音，坚信房间有老鼠。母亲托人从乡下带来一只猫放到房间里，天天观察这只擅长捕捉老鼠的猫的行踪，但是猫没有丝毫捕捉老鼠的迹象。最终母亲相信房间里没有老鼠。显然，是这只猫证实了房间里没有老鼠这一事实。审计师就如同这只猫一样去鉴证。

资料来源：改编自 C. W. 尚德尔. 审计理论. 北京：中国财政经济出版社，1992.

思考： 什么是审计？审计师是干什么的？

第1节　审计的含义

审计是由独立的、专业的人士（审计师）为确定特定信息与既定标准之间的符合程度而获取和评价相关证据并将结果报告给信息使用者的过程（如图 1-1 所示）。

特定信息的表现形式多种多样，比如财务报表、信息系统报告、内部控制报告等。不同的信息遵循的标准各不相同，比如编制财务报表的标准是会计准则，编制内部控制报告的标准是内部控制规范。

对于审计的含义可以从以下几个方面理解。

（1）审计的基础是独立性与专业性，审计师应具备专业胜任能力并独立于被审计单位及信息使用者。

（2）审计的目的是改善特定信息的质量以增强信息使用者的信赖程度。

【知识链接】
审计产生的基础

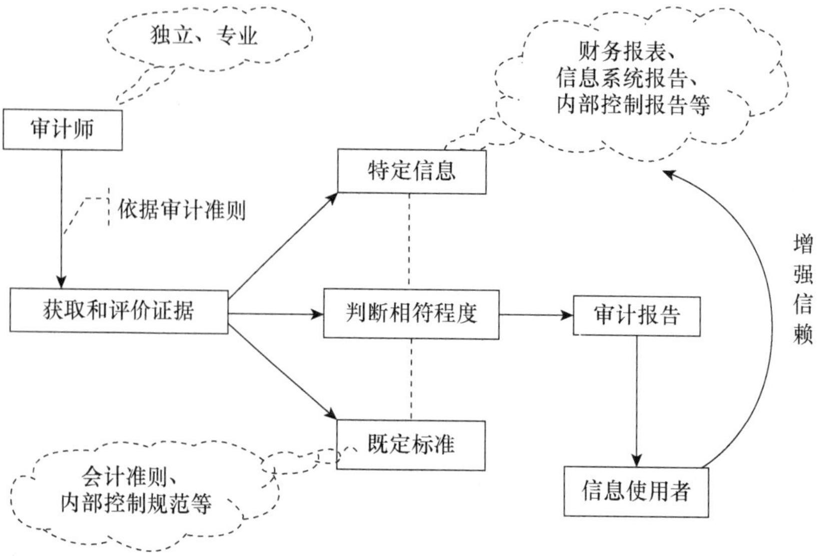

图 1－1　审计的含义

（3）审计的用户是特定信息的使用者。

（4）审计的最终产品是审计报告。

第 2 节　审计要素

本节以注册会计师财务报表审计为例，介绍审计要素。

审计要素包括审计业务的三方关系、审计对象、审计标准、审计证据和审计报告。

【知识链接】
审计的分类

一、审计业务的三方关系

三方关系人包括注册会计师、责任方（被审计单位管理层）和预期使用者。

注册会计师对由被审计单位管理层负责的财务报表发表审计意见（提出结论），以增强除管理层之外的预期使用者对财务报表的信赖程度。

（一）注册会计师

注册会计师的责任是按照审计准则的规定对财务报表发表审计意见。注册会计师通过签署审计报告确认其责任。

（二）责任方

责任方是对财务报表负责的组织或人员，即被审计单位管理层。

（三）预期使用者

预期使用者是指预期使用审计报告和财务报表的组织和人员。在实务中注册会计师可能无法识别所有的预期使用者，此时，应考虑与财务报表有重要和共同利益的主要利益相关者。

【特别提示】

(1) 责任方（被审计单位管理层）与预期使用者有时可能是同一方，或者是预期使用者之一，但不是唯一的预期使用者。

(2) 管理层（责任方）与预期使用者有时可能来自同一组织，但并不意味着两者就是同一方。

(3) 审计业务的委托人通常是财务报表预期使用者之一，也可能由责任方担任。

二、审计对象

在财务报表审计中审计对象是被审计单位的历史的财务状况、经营成果和现金流量，审计对象信息（即反映财务状况、经营成果和现金流量的载体）是财务报表。

三、审计标准

审计标准是指用于评价或计量审计对象的基准，对审计对象作出评价离不开适当的标准。财务报表审计中的标准就是财务报告编制基础。适用的财务报告编制基础是指法律法规要求采用的财务报告编制基础，或者管理层在编制财务报表时，根据被审计单位性质和财务报表目标采用的可接受的财务报告编制基础。

财务报告编制基础分为通用目的编制基础和特殊目的编制基础。

通用目的编制基础是指旨在满足广大财务报表使用者共同的财务信息需求的财务报告编制基础，例如会计准则。

特殊目的编制基础是指旨在满足财务报表特定使用者对财务信息需求的财务报告编制基础，例如计税核算基础、监管机构的报告要求和合同的约定等。

四、审计证据

审计证据是指注册会计师为了得出审计结论和形成审计意见而使用的必要信息，包括会计记录中含有的信息和其他信息。注册会计师对财务报表提供合理保证建立在获取充分、适当的审计证据的基础上（相关内容详见第5章）。

五、审计报告

注册会计师应当针对财务报表在所有重大方面是否符合适当的财务报表编制基础，以书面报告的形式发表意见（相关内容详见第14章）。

第3节　审计主体

审计主体是指审计的执行者，包括审计组织和审计人员两个层次。

审计组织一般分为三类：国家审计机关、民间审计组织和内部审计机构。相应地，审计人员也分为三类，即国家审计人员、民间审计人员和内部审计人员。

一、国家审计机关和人员

（一）国家审计机关

国家审计机关是代表国家依法行使审计监督权的国家机关。国家审计机关按照隶属关系不同有立法模式、司法模式、行政模式、独立模式四种。

我国的国家审计机关属于行政模式，最高国家审计机关是审计署，隶属于国务院，主管全国的审计工作。审计署下设机构既包括署内各职能司（厅），也包括审计特派员办事处、派出审计局。省、市、县、区设置相应的审计机关，负责本行政区域内的审计工作。

【知识链接】
审计机关的模式

（二）国家审计人员

我国国家审计人员属于国家公务人员，且设置专业技术职务，包括：高级审计师、审计师、助理审计师，通过全国统一的专业技术资格考试获得相应任职资格。

二、内部审计机构和人员

（一）内部审计机构

内部审计机构是指本组织内部设立的从事审计业务的专门审计机构，是组织内部经营管理的组成部分。

内部审计机构的设置主要有以下几种形式：

（1）受本组织总会计师或主管财务的副总经理领导；

（2）受本组织总经理领导；

（3）受本组织董事会或审计委员会领导。

从审计的独立性和有效性看，领导层次越高，内部审计工作越有成效。

（二）内部审计人员

在我国，内部审计的从业人员要取得岗位资格证书。资格证书的取得采取资格认证和考试两种办法。

凡具备下列条件之一者，可通过认证发给资格证书：

（1）具有审计、会计、经济及相关专业中级及以上专业技术资格的人员；

（2）具有国际注册内部审计师证书的人员；

（3）具有注册会计师、造价工程师、资产评估师等相关执业证书的人员；

（4）审计、会计及相关专业本科以上学历工作满两年以上，以及大专学历工作满4年以上的人员。

不具备上述条件者，须参加中国内部审计协会统一组织的资格考试，考试合格者发给资格证书。资格证书考试内容包括：内部审计原理与技术、有关法律法规与内部审计准则、计算机基础知识与应用。

三、民间审计组织和人员

（一）会计师事务所

民间审计组织（主要指会计师事务所）是依法设立，接受委托从事鉴证、咨询等相关业务的专业中介组织。著名的国际“四大”会计师事务所是指普华永道（PWC）、毕马威（KPMG）、德勤（DTT）和安永（EY）这四家会计师事务所。目前，它们是世界上最大的会计师事务所，业务遍布全球。

1. 会计师事务所的组织形式

表 1-1 列出了会计师事务所的组织形式。

表 1-1 会计师事务所的组织形式

组织形式	责任类型
独资会计师事务所	无限责任
普通合伙会计师事务所	无限连带责任
有限责任会计师事务所	有限责任
特殊的普通合伙会计师事务所	无过失合伙人有限责任，过失合伙人无限责任

2. 会计师事务所的业务范围

当前，会计师事务所的业务范围越来越广泛，触及社会经济生活的各个方面，呈多元化发展。我国会计师事务所的业务范围包括以下两个方面：

（1）鉴证业务。鉴证业务是指注册会计师对鉴证对象信息提出结论，以增强除责任方之外的预期使用者对鉴证对象信息信赖程度的业务。鉴证业务旨在增进某一鉴证对象信息的可信性。

比如，公司管理层（责任方）按照适用的企业会计准则（标准）对其财务状况、经营成果和现金流量（鉴证对象）进行确认、计量和列报而形成财务报表（鉴证对象信息），具有独立性和专业性的注册会计师对其财务报表实施一定的方法进行查证（获取证据）后，得出结论，并出具一份书面报告（鉴证报告），以增强除管理层之外的报告的使用者（预期使用者）对财务报表的信赖程度。

总之，鉴证业务涉及注册会计师、责任方和预期使用者三方关系人，其目的是提高鉴证对象信息的质量，这建立在注册会计师独立性和专业性的基础之上，其产品是书面鉴证结论，其用户是预期使用者。

鉴证业务按照提供的保证程度和鉴证对象的不同，可分为审计业务、审阅业务、其他鉴证业务。

①审计业务是指注册会计师综合使用审计方法，对历史财务信息是否不存在重大错报提供合理保证，并以积极方式提出结论。比如财务报表审计。

合理保证是指注册会计师将鉴证业务风险降至该业务环境下可接受的低水平，并对鉴证后的信息提供高水平保证。需要注意的是，合理保证是低于百分之百的保证，并不是绝对保证。这是由于审计中存在的固有限制（如大量的职业判断、审计抽样的运用）影响了注册会计师发现重大错报的能力，注册会计师不能对财务报表整体不存在重大错报提供绝对保证。

以积极方式提出结论就是从正面发表意见，如："我们认为，ABC 公司财务报表已经按照企业会计准则的规定编制，在所有重大方面公允反映了 ABC 公司 2018 年 12 月 31 日的财务状况以及 2018 年度的经营成果和现金流量。"

【特别提示】

审计业务是注册会计师的法定业务，其他组织和个人不得承办。

②审阅业务是指注册会计师主要使用询问和分析程序，对历史财务信息是否不存在重大错报提供有限程度的保证，并以消极方式提出结论。比如财务报表审阅。

有限程度的保证是指注册会计师将鉴证业务风险降至该业务环境下可接受的水平（高于审计中的低水平），对审阅后的信息提供低于审计中的高水平的保证。当然这个有限程度的保证要有意义，要做到审阅了就比不审阅要好。

以消极方式提出结论指不是从正面发表意见，如："根据我们的审阅，我们没有注意到任何事项使我们相信，ABC 公司财务报表没有按照企业会计准则的规定编制，未能在所有重大方面公允反映被审阅单位的财务状况、经营成果和现金流量。"

审阅所采用的程序受到有意识的限制，通常运用询问和分析程序。

③其他鉴证业务是指注册会计师执行的除审计业务与审阅业务以外的鉴证业务，根据鉴证业务的性质和业务约定的要求，其保证程度可能是合理保证，也可能是有限保证。

比如，内部控制鉴证、预测性财务信息的审核（预测性财务信息是指被审核单位依据对未来可能发生的事项或采取的行动的假设而编制的财务信息）等。

（2）相关服务业务。相关服务业务是非鉴证业务，包括：对财务信息执行商定程序、代编财务信息、税务服务、会计服务和管理咨询等。相关服务业务通常不像鉴证业务那样对注册会计师提出独立性要求。在提供相关服务时，注册会计师不能提供任何程度的保证。

（二）注册会计师

会计师事务所的从业人员主要是注册会计师。注册会计师是指取得注册会计师资格并在会计师事务所执业的人员。

要想取得注册会计师资格必须通过注册会计师全国统一考试。目前，我国注册会计师考试分为两个阶段。

第一阶段，即专业阶段，主要测试考生是否具备注册会计师执业所需的专业知识，是否掌握基本技能和职业道德要求。设六个科目：会计、审计、财务成本管理、公司战略与风险管理、经济法、税法。

第二阶段，即综合阶段，主要测试考生是否具备在注册会计师执业环境中运用专业知识，保持职业价值观、职业态度与职业道德，有效解决实务问题的能力。设一个科目：综合。

考生在通过第一阶段的全部考试科目后，才能参加第二阶段的考试。两个阶段的考试每年各举行一次。

第一阶段的单科合格成绩 5 年有效。对在连续 5 年内取得第一阶段 6 个科目合格成绩的考生，发放专业阶段合格证。第二阶段考试科目应在取得专业阶段合格证后 5 年内完成。对取得第二阶段考试合格成绩的考生，发放全科合格证，并可申请加入注册会计师协会，成为非执业会员。

要想成为注册会计师还必须具有两年以上在会计师事务所从事审计业务的经验，并具备相应的业务能力，申请注册成为中国注册会计师协会执业会员。注册会计师只有加入会计师事务所才能接受委托承办业务。

第 4 节　审计准则

一、审计准则的含义

审计准则是审计人员实施审计工作时应遵循的行为规范，是衡量审计工作质量的标准。

根据审计主体和准则作用范围的不同，审计准则分为国家（政府）审计准则、内部审计准则和注册会计师审计准则。这三部分构成了审计准则体系。

本节主要介绍中国注册会计师执业准则。

二、注册会计师执业准则体系

随着注册会计师业务领域的多元化，“审计准则”的含义已不能覆盖其全部执业范围，而“注册会计师执业准则”的含义更能体现其业务范围的这一变化。截至 2019 年 2 月，财政部发布的由中国注册会计师协会制定的中国注册会计师执业准则共计 52 项。这套中国注册会计师执业准则体系包括注册会计师业务准则和会计师事务所质量控制准则。中国注册会计师执业准则体系如图 1－2 所示。

（一）注册会计师业务准则

注册会计师业务准则是注册会计师执行各类业务所应遵循的行业标准。

1. 注册会计师鉴证业务准则

注册会计师鉴证业务准则是整个执业准则体系中最主要的部分，分为两个层次：

第一层次是起统领作用的鉴证业务基本准则，是为了规范注册会计师执行鉴证业务，明确鉴证业务的目标和要素，确定审计准则、审阅准则和其他鉴证业务准则适用的鉴证业务类型。

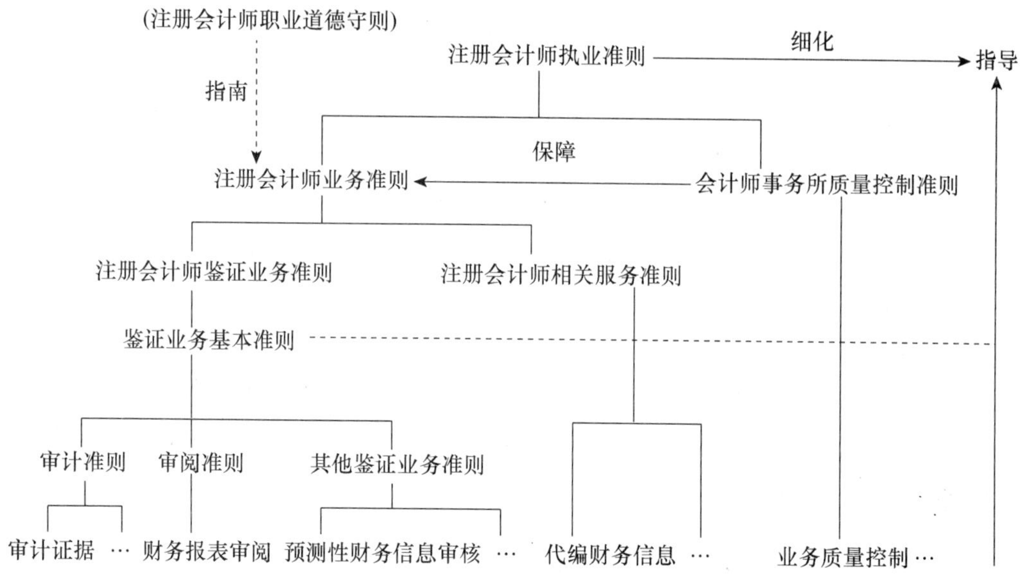

图 1-2　注册会计师执业准则体系

第二层次分为审计准则、审阅准则和其他鉴证业务准则。

(1) 审计准则。审计准则用来规范注册会计师执行历史财务信息（主要是财务报表）审计业务，是整个业务准则体系的核心，共 45 项，分为 6 大类。

①一般原则与责任。

中国注册会计师审计准则第 1101 号——注册会计师的总体目标和审计工作的基本要求

中国注册会计师审计准则第 1111 号——就审计业务约定条款达成一致意见

中国注册会计师审计准则第 1121 号——对财务报表审计实施的质量控制

中国注册会计师审计准则第 1131 号——审计工作底稿

中国注册会计师审计准则第 1141 号——财务报表审计中与舞弊相关的责任

中国注册会计师审计准则第 1142 号——财务报表审计中对法律法规的考虑

中国注册会计师审计准则第 1151 号——与治理层的沟通

中国注册会计师审计准则第 1152 号——向治理层和管理层通报内部控制缺陷

中国注册会计师审计准则第 1153 号——前任注册会计师和后任注册会计师的沟通

②风险评估以及风险应对。

中国注册会计师审计准则第 1201 号——计划审计工作

中国注册会计师审计准则第 1211 号——通过了解被审计单位及其环境识别和评估重大错报风险

中国注册会计师审计准则第 1221 号——计划和执行审计工作时的重要性

中国注册会计师审计准则第 1231 号——针对评估的重大错报风险采取的应对措施

中国注册会计师审计准则第 1241 号——对被审计单位使用服务机构的考虑

中国注册会计师审计准则第 1251 号——评价审计过程中识别出的错报

③审计证据。

中国注册会计师审计准则第 1301 号——审计证据

中国注册会计师审计准则第 1311 号——对存货、诉讼和索赔、分部信息等特定项目获取审计证据的具体考虑

中国注册会计师审计准则第 1312 号——函证

中国注册会计师审计准则第 1313 号——分析程序

中国注册会计师审计准则第 1314 号——审计抽样

中国注册会计师审计准则第 1321 号——审计会计估计（包括公允价值会计估计）和相关披露

中国注册会计师审计准则第 1323 号——关联方

中国注册会计师审计准则第 1324 号——持续经营

中国注册会计师审计准则第 1331 号——首次审计业务涉及的期初余额

中国注册会计师审计准则第 1332 号——期后事项

中国注册会计师审计准则第 1341 号——书面声明

④利用其他主体的工作。

中国注册会计师审计准则第 1401 号——对集团财务报表审计的特殊考虑

中国注册会计师审计准则第 1411 号——利用内部审计人员的工作

中国注册会计师审计准则第 1421 号——利用专家的工作

⑤审计结论与报告。

中国注册会计师审计准则第 1501 号——对财务报表形成审计意见和出具审计报告

中国注册会计师审计准则第 1502 号——在审计报告中发表非无保留意见

中国注册会计师审计准则第 1503 号——在审计报告中增加强调事项段和其他事项段

中国注册会计师审计准则第 1504 号——在审计报告中沟通关键审计事项

中国注册会计师审计准则第 1511 号——比较信息：对应数据和比较财务报表

中国注册会计师审计准则第 1521 号——注册会计师对其他信息的责任

⑥特殊领域审计。

中国注册会计师审计准则第 1601 号——对按照特殊目的编制基础编制的财务报表审计的特殊考虑

中国注册会计师审计准则第 1602 号——验资

中国注册会计师审计准则第 1603 号——对单一财务报表和财务报表特定要素审计的特殊考虑

中国注册会计师审计准则第 1604 号——对简要财务报表出具报告的业务

中国注册会计师审计准则第 1611 号——商业银行财务报表审计

中国注册会计师审计准则第 1612 号——银行间函证程序

中国注册会计师审计准则第 1613 号——与银行监管机构的关系

中国注册会计师审计准则第 1631 号——财务报表审计中对环境事项的考虑

中国注册会计师审计准则第 1632 号——衍生金融工具的审计

中国注册会计师审计准则第 1633 号——电子商务对财务报表审计的影响

（2）审阅准则。审阅准则用来规范注册会计师执行历史财务信息（主要是财务报表）审阅业务。目前，审阅准则只有一项。

中国注册会计师审阅准则第 2101 号——财务报表审阅

（3）其他鉴证业务准则。其他鉴证业务准则用来规范注册会计师执行除历史财务信息审计和审阅以外的非历史财务信息鉴证业务。其他鉴证业务准则目前包括两项。

中国注册会计师其他鉴证业务准则第 3101 号——历史财务信息审计或审阅以外的鉴证业务

中国注册会计师其他鉴证业务准则第 3111 号——预测性财务信息的审核

2. 注册会计师相关服务准则

相关服务准则用以规范注册会计师执行除鉴证业务外的其他相关服务业务。相关服务准则目前包括两项。

中国注册会计师相关服务准则第 4101 号——对财务信息执行商定程序

中国注册会计师相关服务准则第 4111 号——代编财务信息

（二）会计师事务所质量控制准则

会计师事务所质量控制准则是会计师事务所执行历史财务信息审计和审阅业务、其他鉴证业务及相关服务业务时应当遵守的质量控制政策和程序，是明确会计师事务所及其人员的质量控制责任的准则。会计师事务所根据质量控制准则来制定质量控制制度，以约束会计师事务所与注册会计师在执业时遵守法律法规、职业道德规范及相应的业务准则，合理保证业务质量。目前，会计师事务所质量控制准则有一项：质量控制准则第 5101 号——会计师事务所对执行财务报表审计和审阅、其他鉴证和相关服务业务实施的质量控制。

【特别提示】

“第 5101 号——会计师事务所对执行财务报表审计和审阅、其他鉴证和相关服务业务实施的质量控制”是从会计师事务所层面上进行规范，适用于各项业务；而“第 1121 号——对财务报表审计实施的质量控制”是从审计项目层面上进行规范，仅适用于财务报表审计业务。前者是后者制定的依据。

案例 1－1

长城事件——会计师事务所质量控制

北京市长城机电产业公司（以下简称“长城公司”）利用科研成果（节能电机），打着签订技术开发合同的幌子，以高息回报为诱饵非法集资。投资者络绎不绝，从 1992 年 6 月 2 日至 1993 年 2 月底止，长城公司在全国范围内集资高达 10 亿元。大量的集资款被长城公司挥霍和侵吞。1993 年广大投资者对公司的集资行为产生怀疑。这时长城公司找到中诚会计师事务所第二分所，要求出具资信证明。第二分所相关人员接受吃请，收受红包，按照长城公司的要求以中诚会计师事务所总所名义出具了验资报告。投资者因看到中诚会计师事务所的验资报告而不再要求退款。

审计署、财政部针对中诚会计师事务所出具虚假验资报告的行为，责令解散中诚会计师事务所（包括所属 13 个分所），吊销相关当事人的注册会计师证书。法院对承办长城公司审计业务的两名注册会计师依法判处了有期徒刑。

分析：中诚会计师事务所各分所独立承揽业务，且都拥有总所的印章，可以直接出具审计报告，各分所没有建立有效的业务质量控制制度，而总所对分所又没有相应的监控。正是中诚会计师事务所缺乏质量控制制度，其注册会计师缺乏职业道德，才导致总所及分所全军覆没。

（三）注册会计师执业准则应用指南

应用指南是对注册会计师执业准则的细化、深化和具体化，为注册会计师正确理解和运用中国注册会计师执业准则提供可操作性的指导意见，与注册会计师执业准则共同构成一个完整的注册会计师执业规范体系。

实训

一、判断题

1. 审计是由独立的、专业的审计师为确定特定信息与既定标准之间的符合程度而获取和评价相关证据并将结果报告给信息使用者的过程。（　）
2. 审计业务不是注册会计师的法定业务，非注册会计师也可承办。（　）
3. 在提供相关服务时，注册会计师应提供合理保证。（　）
4. 在审计业务三方关系人中，管理层可能是预期使用者之一，但不是唯一的预期使用者。（　）
5. 特殊的普通合伙会计师事务所的所有合伙人都对事务所的债务承担有限责任。（　）
6. 财务报表审计中的标准是财务报告编制基础。（　）
7. 审计按其内容与目的分为国家审计、内部审计与注册会计师审计。（　）
8. 审计准则是审计人员实施审计工作时应遵循的行为规范，而审计标准是衡量审计工作质量的标准。（　）
9. 审阅业务是指注册会计师对历史财务信息是否不存在重大错报提供有限保证，并以消极方式提出结论。（　）
10. 审阅的保证程度低于审计的保证程度，但有限保证要有意义，做到审阅了就比不审阅强。（　）

二、单项选择题

1. 在注册会计师鉴证业务准则中，起统领作用的是（　　）。

A. 鉴证业务基本准则　　B. 审计准则

C. 审阅准则　　D. 鉴证业务准则指南

2. 注册会计师对由被审计单位管理层负责的财务报表发表审计意见（提出结论），以增强除管理层之外的（　　）对财务报表的信赖程度。

A. 委托人　　B. 预期使用者

C. 注册会计师　　D. 责任方

3.（　　）是指审计的执行者。

A. 审计主体　　B. 审计对象　　C. 审计委托人　　D. 被审计单位

4.（　　）是指注册会计师将鉴证业务风险降至该业务环境下可接受的低水平，并对鉴证后的信息提供高水平保证。

A. 无任何保证　　B. 有限保证　　C. 合理保证　　D. 绝对保证

5. 下列属于注册会计师的法定业务的有（　　）。

A. 审计业务　　B. 代理纳税申报

C. 管理咨询　　D. 代编财务信息

6. 下列业务中非注册会计师不得承办的有（　　）。

A. 内部控制鉴证　　B. 设计财务会计制度

C. 税务服务　　D. 财务报表审计业务

7. 责任方是对财务报表负责的组织或人员，即（　　）。

A. 被审计单位的治理层　　B. 注册会计师

C. 被审计单位的内部审计部门　　D. 被审计单位的管理层

8. 在财务报表审计中审计对象是（　　）。

A. 被审计单位

B. 被审计单位的财务状况、经营成果与现金流量

C. 被审计单位的管理层

D. 被审计单位的财务报表

9.（　　）是用于评价或计量审计对象的基准。

A. 审计准则　　B. 审计标准　　C. 审计证据　　D. 审计报告

10. 按审计主体的不同，审计可分为（　　）。

A. 财务报表审计、经营审计、合规性审计

B. 国家审计、注册会计师审计、内部审计

C. 定期审计、不定期审计

D. 报送审计、就地审计

三、多项选择题

1. 下列属于审计要素的是（　　）。

A. 审计证据　　B. 审计报告　　C. 审计标准　　D. 审计准则

2. 审计的基础是（　　），审计师应具备专业胜任能力并独立于被审计单位及信息使用者。

A. 独立性　　B. 专业性　　C. 合理保证　　D. 有限保证

3. 鉴证业务按照提供的保证程度和鉴证对象的不同，可分为（　　）。

A. 审计业务　　B. 审阅业务　　C. 其他鉴证业务　　D. 相关服务业务

4. 内部审计机构设置的主要形式有（　　）。

A. 受总会计师领导　　B. 受总经理领导

C. 受董事会领导　　D. 受监事会领导

5. 审计主体有（　　）。

A. 国家审计机关　　B. 内部审计机构

C. 被审计单位管理层　　D. 注册会计师

6. 审计业务的三方关系人包括（　　）。

A. 注册会计师　　B. 被审计单位管理层

C. 财务报表的预期使用者　　D. 审计委托人

7. 注册会计师鉴证业务可能提供的保证程度包括（　　）。

A. 合理保证　　B. 有限保证　　C. 绝对保证　　D. 无保证

8. 下列有关财务报表审计和财务报表审阅的说法正确的有（　　）。

A. 审计业务以积极方式提出结论

B. 审阅业务以消极方式提出结论

C. 审阅业务所采用的程序受到有意识的限制

D. 审计业务所采用的程序受到有意识的限制

9. 下列各项中，属于会计师事务所可以从事的业务的有（　　）。

A. 审计业务　　B. 审阅业务　　C. 内部控制鉴证　　D. 税务服务

10. 下列业务中，注册会计师能够以积极方式提出结论的业务类型有（　　）。

A. 财务报表审计业务　　B. 财务报表审阅业务

C. 内部控制鉴证　　D. 会计政策选用咨询服务

四、案例分析题

1. 英国南海股份有限公司审计案例——西方民间审计的产生

1710 年，从事海外贸易业务的英国南海股份有限公司（以下简称“南海公司”）成立。公司最初 10 年经营业绩平平。公司董事会为了使股票达到预期价格，开始对外散布各种所谓的好消息，如南海公司在年底将有大量利润可实现，并预计在 1720 年的圣诞节按面值的 60%支付股利。这一消息促进了债券转换，进而带动了股价上升。1719 年，南海公司股价为每股 114 英镑，1720 年 3 月，股价劲升至 300 英镑以上，1720 年 7 月，股票价格已高达 1 050 英镑。此时，南海公司老板又想出了新主意：以数倍于面额的价格发行可分期付款的新股；同时，南海公司将获取的现金转贷给购买股票的公众。

这样，随着南海股价的扶摇直上，一场投机浪潮席卷全国。

英国议会为了制止国内泡沫公司的膨胀，于1720年6月通过了《泡沫公司取缔法》，一些公司被解散。许多投资者开始清醒，纷纷抛售手中所持股票。随着投机热潮的冷却，南海公司股价一落千丈，从1720年8月25日到9月28日，南海公司的股票价格从每股900英镑下跌到190英镑，到12月仅为124英镑，投资者遭受巨大损失。年底，英国政府对南海公司资产进行清理，发现其实际资本所剩无几。而后，南海公司宣布破产。投资者要求英国议会严惩欺诈者，并赔偿损失。1720年9月，英国议会组织特别委员会，对“南海泡沫”事件进行秘密查证，特邀资深会计教师查尔斯·斯奈尔（Charles Snell）对南海公司的会计账目进行检查。

查尔斯·斯奈尔通过对南海公司账目的查询、审核，于1721年以会计师名义提交了一份会计账簿检查意见。在该报告中，查尔斯指出公司存在舞弊行为、会计记录严重不实等问题。议会根据这份查账报告，将南海公司的一位董事雅各希·布伦特以及他的合伙人的不动产全部予以没收。

1828年，由于经济发展对资金的高度需求，英国政府重新认识到股份公司的经济意义，撤销了1720年的《泡沫公司取缔法》，重新恢复了股份公司这一现代企业形式。通过设立民间审计的方式，弥补股份公司中因所有权与经营权分离而产生的不足，完善了股份制这种现代企业制度。

要求：讨论与分析英国南海公司破产审计案的历史意义及对现代民间审计产生的深远影响。

2. 2015年保障性安居工程跟踪审计结果

2015年11月至2016年3月，审计署组织各级审计机关对2015年全国保障性安居工程及配套基础设施的计划、投资、建设、分配、运营等情况进行了审计，重点检查了安居工程项目1.48万个，并对18.77万户农村危房改造实施情况进行了入户调查。

一、安居工程实施的基本情况和主要成效

根据财政部门和有关单位提供的数据，2015年，全国各级财政共筹集安居工程资金6 633.29亿元（其中中央财政2 544.83亿元），项目单位通过银行贷款、发行企业债券等社会融资方式筹集安居工程资金13 725.35亿元。审计核查表明，2015年全国保障性住房、棚户区改造分别开工184.92万套、612.28万套，保障性住房和棚改安置住房基本建成715.89万套，农村危房改造开工440.1万户，分别完成当年目标任务的108.93%，104.96%，146.71%和101.87%。

从审计情况看，2015年，地方各级政府和相关部门认真贯彻落实党中央、国务院决策部署，积极推进城镇棚户区改造、农村危房改造等安居工程及配套基础设施建设，取得了显著的经济效益和社会效益。

（一）城乡住房保障体系不断健全。2015年，各地采取强化目标责任制管理、创新投融资方式、完善配套基础设施建设、实物保障与货币补贴并举等措施，保障性住房配置效率不断提高。2015 年年底，城镇享受住房保障待遇家庭达 1 433.69 万户，当年改造农村危房 440.1 万户，比上年分别增长 17%和 62%，新增发放租赁补贴 41.28 万户，为在城镇稳定就业的外来务工人员提供公共租赁住房保障新增 47.74 万户，覆盖范围逐步扩大到城镇常住人口，促进了社会和谐稳定。

（二）安居工程住房有效供应明显增加。2015 年，全国城镇安居工程开工任务、保障性住房和棚改安置住房基本建成任务完成率分别达到 105.85%和 146.71%，保障性住房和棚改安置住房竣工面积 2.16 亿平方米，占城镇住宅竣工面积的 21.48%。各地加大力度改善公共租赁住房、棚改安置住房等新建住房的居住使用条件，全年新增入住 400.58 万套，另有 418.18 万户贫困农户住上了安全住房，居住环境得到显著改善，多层次住房保障和供应体系的惠民效果更加明显。

（三）棚改及配套基础设施建设有序推进。2015 年，各地新增拆迁棚户区 3.57 亿平方米，棚改安置住房新开工建设 455.45 万套，通过直接货币补偿、政府收购、组织购买存量商品房等方式安置棚户区居民 156.84 万户。中央财政补助各类棚户区改造及配套基础设施建设 1 464 亿元，较上年增长 41%，有力推动了棚户区改造及相关城市道路和公共交通、通信、供电、供水、供气、供热、污水与垃圾处理等城市基础设施建设，提升了城镇综合承载能力，为新型城镇化提供了重要支持。

（四）为稳增长、调结构、惠民生、防风险发挥积极作用。2015 年，各级财政用于城镇安居工程和农村危房改造的资金分别达 5 813.11 亿元、528.43 亿元，同比增长 17%和 40.6%。国家开发银行和农业发展银行当年共发放棚户区改造和农村危房改造项目贷款 7 805 亿元，同比增长 83%。全国城镇安居工程投资完成 1.54 万亿元，占城镇住宅投资的 21.18%。通过棚改货币化安置等措施，全国消化库存商品房 174.66 万套。据测算，安居工程建设可拉动全社会投资增加 2.09 万亿元，并提供了大量就业岗位，为推动经济平稳健康发展发挥了重要作用。

二、审计发现的主要问题

从审计情况看，地方各级政府及相关部门和单位能够认真执行国家政策法规，住房城乡建设、财政等部门加强管理，地方各级政府强化问责，安居工程工作机制逐步健全，建设和管理趋于规范，总体情况较好，此次审计查出套取挪用城镇安居工程资金较上年减少 78%。但审计也发现，一些地方和单位还存在管理不严格、执行政策不到位等问题。

（一）部分地区安居工程专项资金被套取挪用。187 户补偿对象通过编造虚假产权资料等方式骗取征地拆迁补偿 9 617.88 万元。102 个单位以多报改造户数、重复申报、编造农户花名册等手段套取城镇安居工程财政资金 2.72 亿元、农村危房改造财政资金 1.83 亿元。142 个单位挪用安居工程财政资金 4.86 亿元（含农村危房改造 1 847.64 万元）、银行贷款和企业债券融资 13.22 亿元，用于弥补工作经费、修建公园场馆、房地产开发和平衡财政预算等支出。此外，41 个基层经办机构和一些村镇干部以虚报冒领、截留克扣或收取“保证金”等方式，骗取、侵占危房改造补助资金 1 448.38 万元（其中农村危房改造 1 247.12 万元)。

（二）部分地区安居工程建设管理监督不够严格。1 272 个项目在勘察、设计、施工、监理等环节未依法履行工程招投标程序；809 个项目存在未取得建设用地批准、违规以“毛地”供应、擅自改变土地用途或调整容积率等问题，涉及用地 2 309.27 公顷；2 663 个项目未履行工程规划许可、环境安全性评价等基本建设审批程序，或未采取必要的质量控制措施，有的存在未按工程设计图纸和技术标准施工、住房使用功能或质量缺陷等问题。此外，75 个项目建设和管理单位拖欠承建单位工程款 22.03 亿元；14 个城镇安居工程项目因规划失误、管理不善等造成损失浪费或额外支出 1.04 亿元。

（三）部分地区税费减免和金融支持优惠不到位。232 个市县 891 个城镇安居工程项目未按规定享受城市基础设施配套费等税费减免 22.49 亿元。32 个市县 71 个城镇安居工程项目贷款等融资存在被银行等金融机构和融资平台公司加收融资中间费用、附加不合理条件限制使用等问题，额外增加成本费用 1.85 亿元，共涉及贷款等融资 221.4 亿元；14 个市县 17 个廉租住房建设项目贷款未执行下浮 10%的优惠利率，多承担利息 2 857 万元，共涉及贷款 36.73 亿元。

（四）部分地区未全面落实棚改及配套建设等政策。348 个棚户区改造项目存在货币化安置数据不实、未按计划实施、虚报抵顶任务完成量等问题，涉及住房 22.94 万套。335 个项目直接相关的道路、供水、供电等配套基础设施建设滞后，造成 19 万套住房不能按期交付使用。726 个市县有 478.6 亿元专项资金至 2015 年年底结存未用超过一年，其中财政资金 247.03 亿元、银行贷款 170.68 亿元、企业债券等社会融资 60.89 亿元；34 个设区城市未按规定将住房公积金增值收益余额上缴财政统筹用于公共租赁住房建设，124.95 亿元结存在住房公积金管理中心。

（五）部分地区城乡住房保障资源分配使用不合规。由于住房保障基础管理工作薄弱、资格审核和退出机制不够健全、保障对象动态管理还不到位、经办审核把关不严等原因，有 4.85 万户非贫困或已享受补助家庭获得农村危房改造补助 4.24 亿元，5.89 万户家庭隐瞒收入、住房等信息通过审核或应退出未退出，违规享受城镇住房保障货币补贴 6 046.25 万元、保障性住房实物配租（售）3.77 万套，6 544 套保障性住房被违规销售或用于单位办公、对外出租经营等。

三、审计处理和整改情况

对上述问题，各级审计机关已依法出具审计报告、下达审计决定。审计发现的相关涉嫌违法违纪问题线索，已依法移送有关部门进一步调查处理。

对审计指出的问题，有关地方高度重视，积极组织整改。至 2016 年 5 月底，已追回被套取挪用资金 12.94 亿元，退还多收取税费 5.96 亿元，统筹安排和盘活资金 177.42 亿元，取消保障资格或调整待遇 5.99 万户，追回补贴补助 2.89 亿元，清理收回被违规分配使用住房 1.59 万套，完善配套设施促进住房交付使用 2.78 万套，规范管理和加快建设项目 1 720 个，已对 797 名责任人员追究党纪政纪或法律责任，并出台或调整相关政策文件 829 个。其他问题正在进一步整改中，具体整改情况由各省分别组织向社会公告。

资料来源：摘自审计署 2016 年 6 月 29 日第 9 号公告：2015 年保障性安居工程跟踪审计结果. http://www.audit.gov.cn/n5/n25/c84952/content.html.

要求：

（1）本案例中审计主体、审计对象是什么？

（2）分析国家审计的作用。

3. 公司内部审计发现机票代理“黑洞”

一、立项

某集团公司为了降低机票费用成本，提高差旅效率，与某航空服务有限公司（以下称“N 公司”）签订了《机票代理合作协议》，将集团各单位出差人员的机票交由 N 公司订购，并由行政管理中心统一对接，支付票款。近年来，开始有员工抱怨机票价格高。行政管理中心曾组织专人调查，并未发现异常，但机票价格高的信息开始进入审计视野。2017 年年末，集团审计部门进行 2017 年度公司机票费用专项审计。

二、审计过程与结果

审计组抽取一张行程单与 N 公司官网核对，发现二者价格不符。2017 年 12 月 7 日某员工的长春—温州航程，N 公司提供的行程单为 B 舱位，票价 1 760 元。经中航信机票验真系统查询，实际舱位为 Q，票价 1 180 元，两者相差 580 元，虚高 49%。

是偶然差错还是舞弊线索？审计组对其他行程单进行检查核对，发现仅 2017 年 12 月的 280 多张行程单中就有 230 多张不符，不符率高达 83%。由于对机票代理业务规则和法规不熟悉，为谨慎起见，审计人员马上组织外围调查。通过网络查询，以及向民航温州机场售票处、中国航空运输协会华东地区代表处、税务部门等多方咨询，初步判断这是一起舞弊事件。

事件性质基本确定后，审计主管迅速安排对涉嫌舞弊行程单的时间、数量、金额进行追查，但查证工作遇到了一定困难。中航信机票验真系统的信息保存时限只有一年，以前年度无法查询，经过对最近一年机票逐张核对，发现仅 2017 年涉嫌舞弊的行程单就有近 2 000 张。根据国家税务总局、中国民用航空局《航空运输电子客票行程单管理办法（暂行）》有关航空运输电子客票行程单纳入发票管理的规定，N 公司虚开行程单不仅损害了客户利益，还涉嫌违反《中华人民共和国发票管理办法》。

审计组要求财务部门暂停支付 N 公司尚未支付的机票款数十万元，通过业务部门通知 N 公司法人代表到集团沟通确认。首次谈话问询中，N 公司法人代表对行程单不能修改的发票属性进行了确认，但推脱自己身体有病，具体业务是公司另一个人在负责，需要向其核实后再确认。

此后，N 公司法人代表总以身体有病、航空公司政策变化、机票代理无利可图等为由，多次拒绝接受审计调查。

审计组向集团高管汇报情况后，集团立即停止与 N 公司的合作，同时启动内部调查，准备走法律程序。

资料来源：文灿，张祖强. [案例] 内部审计发现机票代理“黑洞”. 中国内部审计协会公众号，2018-05-14.

要求：分析内部审计在企业管理中的作用。

第2章

审计基本要求与工作前提

引导案例

LX会计师事务所康华农业审计案

一、LX会计师事务所受证监会处罚的事实

LX所在实施应收款项函证审计程序时，康华农业提供的万里种业、金稻谷收件地址与LX所网络查询的上述公司工商注册登记地址不一致，LX所按照康华农业提供的地址向上述公司寄发询证函，并在审计工作底稿记录“询证地址为该公司办公地址，走访时已核实，工商注册地与其不一致”。之后LX所收到上述客户确认康华农业账面应收账款余额、销售收入数额信息无误的回函。经查，LX所康华农业审计项目人员未走访过上述公司，导致未能发现康华农业虚增销售收入、虚构应收账款。

二、会计师事务所申辩

前任注册会计师2012年安排人员实地访谈万里种业、金稻谷。

三、证监会确认

LX所2014年6月开始为康华农业提供审计服务，与前任注册会计师走访时间跨度比较大，而且前任注册会计师所做工作不能完全替代LX所所做工作。LX所获取的前任注册会计师《康华农业销售客户反馈调查表》《康华农业主要客户访谈表》未记录当时走访万里种业、金稻谷的地址。LX所获取的前任注册会计师走访留存的图片，当时走访万里种业的地点与LX所向万里种业发函的地址不一致。LX所未保持应有的职业谨慎，未进行实地走访，未妥善使用前任注册会计师的工作成果，未核实前任注册会计师提供的材料中万里种业、金稻谷的经营地址情况，而是虚构核实函证对象收件地址，LX所在该事项上未勤勉尽责。

资料来源：中国证券监督委员会行政处罚决定. http://www.csrc.gov.cn/pub/zjhpublic/index.htm? channel=3300/3313.

思考：LX所在对康华农业的审计过程中发生审计失败的根源是什么?

第 1 节　职业怀疑

一、职业怀疑的含义

职业怀疑是注册会计师执行审计业务的一种态度，包括采取质疑的思维方式，对可能表明由错误或舞弊导致错报的迹象保持警觉，以及对审计证据进行审慎评价。职业怀疑是审计的基本思维方式。它是注册会计师职业素质和专业能力不可或缺的一部分，是降低审计风险、保证审计质量、防止审计失败的关键要素。

二、职业怀疑对审计工作的要求

1. 职业怀疑在本质上要求秉持一种质疑的理念

注册会计师在考虑相关信息和得出结论时要采取质疑的思维方式。注册会计师应具有批判和质疑的精神，摒弃“存在即合理”的逻辑思维，寻求事物的真实情况。对于被审计单位提供的证据和解释，注册会计师应思考其合理性，不应不假思索全盘接受，也不应轻易相信过分理想的结果或太多巧合的情况。

2. 职业怀疑要求对引起疑虑的情形保持警觉

例如，相互矛盾的审计证据；引起对文件记录或对询问答复的可靠性产生怀疑的信息；明显不合商业情理的交易或安排及其他表明可能存在舞弊的情况；表明需要实施除审计准则规定外的其他审计程序的情形。

3. 职业怀疑要求审慎评价审计证据

（1）质疑证据。审计证据包括支持和印证管理层认定①的信息，也包括与管理层认定相互矛盾的信息。审慎评价审计证据包括质疑相互矛盾的审计证据，质疑文件记录和对询问的答复以及从管理层和治理层获得的其他信息的可靠性，而非机械完成审计准则要求实施的审计程序。

（2）进一步调查。在怀疑信息的可靠性或发现舞弊迹象时，比如，注册会计师认为文件可能是伪造的或已被篡改，就需要进一步调查。不能因为审计中的困难、时间或成本等原因而不做进一步的调查。

4. 职业怀疑要求客观评价管理层和治理层

如果审计环境发生变化，或者管理层和治理层为实现预期利润或结果而承受内部或外部压力，即使以前正直、诚信的管理层和治理层也可能发生变化。因此，注册会计师不应依赖以往对管理层和治理层诚信形成的判断。即使注册会计师认为管理层和治理层是正直、诚实的，也不能降低保持职业怀疑的要求而满足于说服力不足的审计证据。

---

① 管理层认定是指被审计单位管理层在财务报表中作出的表达，详见第 3 章管理层认定与审计目标。

三、职业怀疑的不利影响

审计实务中，某些情形可能对注册会计师保持职业怀疑产生不利影响。

1. 动机和压力

审计环境中可能存在某些情况引发的动机和压力，阻碍注册会计师恰当地保持职业怀疑。例如，建立或保持长期审计业务关系；降低审计成本；搭售其他管理咨询服务；避免与被审计单位管理层产生重大冲突或分歧；在被审计单位发布财务报表期限之前出具审计报告；应被审计单位的要求出具无保留意见的审计报告；达到被审计单位的高满意度；审计的时间预算紧张、审计工作量大、审计工作难度高对注册会计师造成压力，导致其仅获取容易取得的审计证据而非相关、可靠的审计证据，获取并不充分的审计证据。

2. 轻信

由于审计业务关系的延续以及其他的原因，注册会计师可能对管理层产生不恰当的信任，导致其轻易认可被审计单位作出的不恰当会计处理，而未能保持恰当的职业怀疑。

例如，某人欲注册一家装潢公司，他找到一家会计师事务所验资，并提供了一张银行进账单的复印件，注册会计师并未索要进账单原件，也未向银行函证，就出具了验资报告。显然注册会计师没有保持应有的职业怀疑。

四、职业怀疑的保持

职业怀疑贯穿整个审计业务的始终，注册会计师在审计业务的所有阶段都需要保持职业怀疑。

1. 审慎接受或保持业务

注册会计师需要考虑被审计单位的主要股东、实际控制人、治理层和管理层是否诚信。

2. 识别和评估重大错报风险

（1）在实施风险评估程序和相关活动时，审计项目组[①]需要对被审计单位财务报表存在重大错报的可能性进行讨论。

（2）注册会计师需要根据对被审计单位及其环境的了解获取的实际信息识别和评估重大错报风险，仅仅依赖从以前审计或为被审计单位提供的其他服务中获得的信息是不充分的。

（3）如果实施进一步审计程序获取的审计证据或获取的新信息，与注册会计师之前作出风险评估所依据的审计证据不一致，注册会计师应当修正风险评估结果，并相应修改原计划实施的进一步审计程序。

---

① 审计项目组是指会计师事务所为执行审计业务成立的项目组。

3. 设计和实施审计程序应对重大错报风险

保持职业怀疑意味着不能仅获取最容易获得的证据来印证管理层的认定，还要充分考虑其他审计证据。

（1）对于风险较高的领域，考虑是否需要获取更多的审计证据或获取更为相关或可靠的审计证据。例如，更多地从第三方获取审计证据或从多个独立来源获取相互印证的审计证据。

（2）设计和实施实质性分析程序，包括评价注册会计师作出预期值时使用数据的可靠性，对与预期值差异较大或与其他相关信息不一致的异常波动或关系保持警觉，并跟进调查。

（3）不能以书面声明替代本应获取的其他审计证据。

（4）不能将通过询问程序获取的审计证据作为充分、适当的审计证据。

（5）针对诸如管理层不允许寄发询证函、询证函回函反映出不一致或对回函可靠性产生疑虑的情况，制定恰当的应对措施，以获取充分、适当的审计证据。

4. 评价审计证据形成审计意见

注册会计师在就财务报表是否存在重大错报得出结论时，需要采取质疑的思维方式审慎评价审计证据。注册会计师需要考虑所有的相关审计证据，不管是能够印证财务报表认定的证据还是与之相矛盾的证据。下面举例说明在形成审计意见时需要注册会计师运用职业怀疑的情形。

（1）评价未更正错报，包括从定性和定量两方面进行考虑，评价识别出的未更正错报单独或汇总起来是否导致财务报表发生重大错报。

（2）评价管理层偏向。这包括评价会计估计的潜在偏向，选择和运用会计政策时的偏向，对识别出的错报作出选择性的更正等。在评价管理层的偏向时，注册会计师考虑管理层操纵财务报表的动机和压力是非常重要的。

（3）考虑注册会计师未能获取充分、适当的审计证据的情况对审计意见的影响。

（4）评价财务报表是否实现了公允反映，包括考虑财务报表的整体列报、结构和内容是否合理，以及财务报表（包括相关附注）是否公允地反映了相关交易和事项。

五、特别需要保持职业怀疑的重要审计领域

在较复杂、需要高度判断力的重要审计领域，注册会计师保持职业怀疑尤为重要。

1. 舞弊风险（尤其是管理层凌驾于内部控制之上的风险）

针对舞弊风险，注册会计师可能需要在检查支持重大交易的文件时保持敏感性，有意识地对管理层有关重大事项的解释或声明进行印证，如果出现不一致，需要跟进调查。

2. 收入确认

鉴于收入确认的高风险性，注册会计师应当基于收入确认存在舞弊风险的假定，识别收入中可能的错报。

3. 会计估计（包括公允价值会计估计）

对于会计估计，注册会计师应当评价管理层使用的重大假设是否合理；确定会计估计或作出会计估计的方法不同于上期的变化是否适合具体情况；复核管理层在作出会计估计时的判断和决策，以识别是否可能存在管理层偏向的迹象。

4. 关联方关系及其交易

注册会计师应当在审计过程中对可能显示以前未识别或未披露的关联方关系或关联方交易的信息保持警觉。

5. 重大非常规交易

注册会计师应当评价重大非常规交易的商业理由（或缺乏商业理由）是否表明被审计单位从事交易的目的是为了对财务信息作出虚假报告或掩盖侵占资产的行为；评价重大非常规交易的报表披露是否充分。

6. 金融工具等高度复杂的交易

注册会计师需要复核金融工具的分类和确认是否符合规定，与金融工具相关的会计估计所依据的假设和数据的相关性和合理性，金融工具期末列报的计量属性。

7. 对法律法规的遵守

在审计过程中注册会计师需要对违反或怀疑违反下列法律法规的行为保持警觉：一是可能对财务报表产生重大影响的法律法规；二是对被审计单位的经营活动具有至关重要的影响，将导致被审计单位终止业务活动或对其持续经营能力产生重大疑虑的法律法规。

8. 持续经营

如果识别出可能导致对持续经营能力产生重大疑虑的事项或情况，注册会计师应当评价管理层与持续经营能力，评估相关的未来应对计划，评价这些计划的结果是否可能改善目前的状况，以及管理层的计划对于具体情况是否可行。

9. 函证

注册会计师需要对函证过程中出现的异常情况保持警觉，判断是否存在对回函可靠性的疑虑，并追加审计程序予以调查。

10. 存货监盘

注册会计师应对存货实际盘点结果与期末存货记录不一致的情况保持警觉，并追加审计程序予以调查。

11. 期后事项

注册会计师应当设计和实施审计程序，适当关注期后事项，如期后重大会计记录调整、期后收入冲回等事项，对舞弊风险保持警觉。

案例 2－1

注册会计师在进行 ABC 公司 2018 年财务报表审计时发现，2018 年营业收入比 2017 年增长了 30%。ABC 公司管理层解释说："今年收入增长了 30%，是因为开拓了新市场，销售量增长了50%。”然而注册会计师注意到其2018年营业成本下降了20%，年末存货也比上年年底有所增长。注册会计师进一步调查了解，确定ABC公司并未发生生产技术的革新，产品的单位成本不可能大幅下降，成本下降只能是产品的产量下降所致。这和管理层声称销售量大幅增长是自相矛盾的。综上所述，注册会计师认为被审计单位营业收入发生认定存在高估的重大错报风险。在审计过程中注册会计师保持了应有的职业怀疑。

第2节　审计职业判断

一、审计职业判断的含义

审计职业判断是指注册会计师在审计准则、财务报告编制基础和职业道德要求的框架下，针对被审计单位的具体事实和情况，综合运用专业知识、技能和经验，作出有根据的行动决策。

由于审计准则、财务报告编制基础与审计职业道德规范提供的概念框架都是原则导向而非规则导向，因此在整个审计过程中都需要运用职业判断作出有依据的、合理的决策。职业判断是审计的精髓。

二、审计职业判断的基础

1. 专业胜任能力[①]

注册会计师需要具有充分的知识、经验和专业技能，形成必要的胜任能力以作出合理的职业判断。职业判断能力是注册会计师专业胜任能力的核心。

2. 知悉特定情形

注册会计师在各种特定情况下的职业判断都是基于其知悉的事实和情况作出的，不能脱离事实作出决策。在作出职业判断前，注册会计师要充分收集和评价相关信息。

3. 职业标准框架

职业判断在遵循职业标准的前提下进行，通常可以降低职业判断的风险，如果没有职业标准的约束，所作的判断就容易带有随意性。职业标准既包括注册会计师执业所必须遵守的审计准则和职业道德要求，也包括财务报告编制基础等职业规范。

4. 职业怀疑

职业怀疑固有地存在于注册会计师的职业判断中。在进行职业判断时，注册会计师应适当地保持职业怀疑，既不能缺少怀疑，也不能过度怀疑，要把握好分寸。通常来

① 专业胜任能力是指注册会计师具有知识、经验和专业技能，能够经济、有效地完成客户委托的业务。

说，注册会计师需要对相互矛盾的审计证据、引起对作为审计证据的文件记录和对询问的答复的可靠性产生怀疑的信息、表明可能存在舞弊的情况等予以适当关注，适当加强职业怀疑。

三、审计职业判断的运用

（一）审计职业判断运用的范围

注册会计师需要在整个审计过程中运用职业判断。职业判断对于适当地执行审计工作是必不可少的，涉及注册会计师执业的各个环节。一方面，职业判断贯穿注册会计师执业的始终，从决定是否接受业务委托到出具报告，注册会计师都需要作出职业判断；另一方面，职业判断涉及注册会计师执业中的各类事项，包括与具体会计事项相关的职业判断、与审计过程相关的职业判断，以及与遵守职业道德要求相关的职业判断。

尤其是在作出下列决策时，审计职业判断更是必要的。

（1）确定审计重要性和评估审计风险。

（2）为满足审计准则的要求和收集审计证据的需要，确定所需实施的审计程序的性质、时间安排和范围。

（3）为实现审计目标，评价已获取的审计证据的充分性、适当性。

（4）评价管理层在应用适用的财务报告编制基础时作出的判断。

（5）根据已获取的审计证据得出结论，如评估管理层在编制财务报表时作出的会计估计、选择的会计政策的合理性。

（二）注册会计师职业判断的决策过程

注册会计师职业判断的决策过程通常包括以下几个步骤。

1. 确定职业判断的问题和目标

确定问题和目标是职业判断的起点。注册会计师进行一项职业判断时，首先需要明确对什么作出判断，以及判断要达到什么目标。职业判断的问题既可能是注册会计师的审计事项或行为，也可能是不同的财务报表项目或认定。

2. 收集和评价相关信息

收集和评价相关信息是职业判断的基础。在确定问题和目标的阶段，注册会计师可能已经完成了一部分信息的收集工作。一般来说，需要收集的信息至少包括事实依据、行业及被审计单位的情况等。

例如，注册会计师需要了解可能影响客观性和独立性的因素，识别财务报表使用者和其他利益相关者，还可能需要考虑相关准则在以往类似情况下或在其他被审计单位是如何应用的。在收集和评价相关信息时，与被审计单位进行沟通将有助于注册会计师确定关键问题及可能存在的偏见。

3. 识别可能采取的解决方案

就某一具体职业判断问题而言，解决方案可能不是唯一的。为了作出决策，注册会计师需要识别尽可能多的解决方案，以便对每一种方案进行评价，找出优点和不足。

4. 评价可供选择的方案

注册会计师需要把所要判断的对象与确定的判断标准进行比较，确定其与标准的符合程度，同时考虑方案的可操作性。

5. 得出职业判断结论

注册会计师需要作出肯定或否定形式的判断或选择性判断。例如，对于合规性，注册会计师需要作出合规还是不合规的判断；对于审计意见，注册会计师需要作出发表无保留意见、保留意见、否定意见或无法表示意见的判断。

6. 作出书面记录

在审计工作中，就职业判断而言，通常对下列事项进行书面记录。

（1）对职业判断问题和目标的描述。

（2）解决职业判断相关问题的思路。

（3）收集到的相关信息（包括咨询专家的意见）。

（4）得出的结论以及得出结论的理由。

（5）就决策结论与被审计单位进行沟通的方式和时间。

【特别提示】

（1）上述决策过程的各步骤并不是严格的依次继起关系，有时可能需要反复。例如，在识别或评价可供选择的方案时，注册会计师可能发现收集到的相关信息不足，因而需要回到收集和评价相关信息的步骤。

（2）在某些情况下，注册会计师可能根据实际情况简化执行某些步骤。例如，会计师事务所内部的技术手册已经就某一职业判断问题作出明确指引，这些指引能够为该问题提供较为合理的解决方案，注册会计师可能不需要识别并评价更多可能的解决方案。再如，在对某些会计事项进行再判断时，注册会计师通常只需要确定财务报告编制者作出职业判断时所选择的方案是否符合相关财务报告编制基础的要求，而不需要列出各种可选择的方案并进行评价。

（3）在职业判断过程中，必要时需要向专家咨询，或在项目组内就判断结论进行讨论达成一致意见。

案例 2-2

对会计政策选择的职业判断

ABC 公司是一家 A 股上市公司，主要从事钢铁产品的生产与销售。ABC 公司在厂区内建造了一座财神庙，供奉一尊从寺院请来的财神像。ABC 公司将财神庙及财神像计入固定资产，并按期计提折旧计入生产成本，因为 ABC 公司认为财神爷的保佑对生产有重大帮助。XYZ 会计师事务所注册会计师 X 负责对 ABC 公司执行财报审计。

注册会计师 X 的职业判断过程如下：

（1）确定职业判断的问题和目标。职业判断的关键问题是所建财神庙与财神像如何确认入账，如果确认为固定资产，其折旧如何分类。职业判断的目标是确定财神庙与财神像确认及其折旧的会计政策是否恰当。

（2）明确职业判断的思路。注册会计师 X 认为，财神庙是属于企业文化范畴的房屋建筑物，财神像连同财神庙整体符合固定资产的定义，按照企业会计准则的规定，应计入固定资产，并计提折旧，但其不是与生产经营直接相关的固定资产，因此相关折旧费用应调整至管理费用，但不应税前扣除。

（3）得出职业判断结论。由于此事项属于非常规事项，注册会计师 X 将得出的结论与审计项目组其他成员进行沟通，最终审计项目组就这一结论达成一致意见。

第 3 节　审计职业道德

一、审计职业道德的含义

审计职业道德是在道德层面对审计从业人员从事审计工作提出的基本要求，也是审计从业人员应当遵守的职业行为规范之一。本节主要介绍注册会计师职业道德。

注册会计师职业道德是注册会计师职业品德、职业纪律、专业胜任能力及职业责任的总称。

二、注册会计师职业道德基本原则

（一）诚信

诚信原则要求注册会计师在所有的职业活动中，应当保持正直和诚实守信。例如，在财务报表审计中，当注册会计师认为被审计单位财务报表存在重大虚假或误导性陈述或遗漏重要信息时，就不应该为其出具无保留意见的审计报告，即不能发表意见声称被审计单位的财务报表合法公允，否则就违反了诚信原则。

（二）独立性

独立性是注册会计师执行鉴证业务（审计、审阅和其他鉴证业务）的灵魂，是客观、公正的基础，是职业道德的精髓。独立原则要求注册会计师执行审计和审阅业务以及其他鉴证业务时，应当与客户保持实质上的独立和形式上的独立，不得因任何利害关系影响其客观性。

1. 实质上的独立

实质上的独立是一种内心状态，使得注册会计师在提出结论时不受损害职业判断的因素影响，诚信行事，遵循客观和公正原则，保持职业怀疑态度。

比如，注册会计师王某拥有审计客户1%的股权，即注册会计师与审计客户有直接经济利益关系。如果注册会计师受此影响，在发表审计意见时没有揭示审计客户虚增利润的重大错报，就构成了实质上的不独立。

2. 形式上的独立

形式上的独立是一种外在表现，使得一个理性且掌握充分信息的第三方，在权衡所有相关事实和情况后，认为注册会计师没有损害诚信原则、客观和公正原则或职业怀疑态度。

比如，注册会计师王某拥有审计客户2%的股权，表明注册会计师与客户有直接经济利益关系。即便注册会计师不受此影响，能够揭示被审计单位虚增利润的重大错报，客观公正地发表审计意见，即保持了实质上的独立，但在第三方看来可能认为注册会计师的职业判断已受到损害，则构成了形式上的不独立，即在第三者看来注册会计师是不独立的。

【特别提示】

(1) 中国注册会计师协会非执业会员以及注册会计师执行非鉴证业务时，没有独立性的要求。

(2) 实质上独立与否很难界定。即使实质上独立，形式上的不独立也会造成审计报告丧失可信度，从而使审计变得毫无意义。因此，通常以比较容易把握的形式上的独立作为独立性评价的依据。

(三) 客观和公正

客观和公正原则要求注册会计师应当实事求是、公正处事，不得由于偏见、利益冲突或他人的不当影响而损害自己的职业判断。例如，注册会计师面临客户解除业务约定的威胁，这一情形可能损害其职业判断的客观性，导致他被迫同意客户不恰当的会计处理，从而违反客观和公正原则。

(四) 专业胜任能力和应有的关注

1. 专业胜任能力

专业胜任能力是指注册会计师具有知识、经验和专业技能，能够经济、有效地完成客户委托的业务。

(1) 注册会计师通过学习、培训和执业实践获取和保持专业胜任能力。注册会计师应当持续了解并掌握当前法律、技术和实务的发展变化，将专业技能和知识始终保持在应有的水平，确保为客户提供具有专业水准的服务。

(2) 如果注册会计师缺乏专业胜任能力而提供专业服务，则构成欺诈，因为这可能给客户乃至社会公众带来危害。

(3) 当注册会计师在会计或审计以外的领域不具有专长时，可以利用有关专家的工作，从而使项目组具备应有的专业胜任能力。

【知识链接】
专业胜任能力架构

2. 应有的关注

应有的关注是指注册会计师遵守执业准则和职业道德规范的要求，勤勉尽责，认真、全面、及时地完成工作任务。

（1）应有的关注要求注册会计师在执业过程中保持职业怀疑态度，运用知识、经验和专业技能，获取和评价审计证据。

（2）注册会计师应采取措施 ，确保项目组成员得到适当的培训与督导。

（五）保密

注册会计师应当对职业活动中获知的客户及所在会计师事务所的涉密信息予以保密。

1. 注册会计师的保密责任

（1）未经客户授权或法律法规允许，不得向会计师事务所以外的第三方披露其所获知的涉密信息。

（2）不得利用所获知的涉密信息为自己或第三方谋取利益。

（3）警惕无意泄密的可能性，特别是警惕无意中向近亲属或关系密切的人员泄密的可能性。《中国注册会计师职业道德守则》中的近亲属包括主要近亲属（配偶、父母、子女）与其他近亲属（兄弟姐妹、祖父母、外祖父母、孙子女、外孙子女）。

例如，在一次聚会上注册会计师 X 与其同学讨论了 ABC 公司收购丙公司计划的可行性，一个月后 ABC 公司公告了该收购计划。在收购计划公告前，注册会计师在社交中讨论客户涉密信息，未履行保密责任。

（4）在终止与客户的关系之后，也不得泄露所获知的涉密信息。

2. 注册会计师的保密例外

在下列情况下注册会计师可以披露涉密信息：

（1）法律法规允许披露，并且取得客户或工作单位的授权。

（2）根据法律法规的要求，为法律诉讼、仲裁准备文件或提供证据，以及向有关监管机构报告发现的违法行为。

（3）法律法规允许的情况下，在法律诉讼、仲裁中维护自己的合法权益。

（4）接受注册会计师协会或监管机构的执业质量检查，答复其询问和调查。

（5）法律法规、执业准则和职业道德规范规定的其他情形。

（六）良好的职业行为

注册会计师应当遵守相关法律法规，避免发生任何损害职业声誉的行为。

注册会计师在向公众传递信息以及推介自己和工作时，应当客观、真实、得体，不得夸大宣传提供的服务、拥有的资质或获得的经验；不得贬低或无根据地比较其他注册会计师的工作；不得暗示有能力影响有关主管部门、监管机构或类似机构。

三、不利影响

注册会计师职业道德基本原则的遵循可能受到多种因素的不利影响，可以归纳为以下五类（见表 2－1）。

表 2－1　对遵循职业道德基本原则的不利影响因素及示例

不利影响的因素	可能产生不利影响的具体情形示例
自身利益	(1) 项目组成员或其主要近亲属在客户中拥有直接经济利益或重大间接经济利益； (2) 会计师事务所的收入过分依赖某一客户； (3) 项目组成员与客户存在重要且密切的商业关系； (4) 会计师事务所担心可能失去某一重要客户； (5) 项目组成员正在与客户协商受雇于该客户； (6) 会计师事务所与客户达成或有收费的协议； (7) 注册会计师在评价所在会计师事务所以往提供的专业服务时，发现了重大错误。
自我评价	(1) 会计师事务所在对客户提供财务系统的设计或操作服务后，又对系统的运行有效性出具鉴证报告； (2) 会计师事务所为客户编制原始数据，这些数据构成鉴证业务的对象； (3) 项目组成员担任或最近曾经担任客户的董事或高级管理人员； (4) 项目组成员目前或最近曾受雇于客户，且所处职位能够对鉴证对象施加重大影响； (5) 会计师事务所为客户提供直接影响鉴证对象信息的其他服务。
过度推介	(1) 会计师事务所推介审计客户的股份； (2) 在审计客户与第三方发生诉讼或纠纷时，注册会计师担任该客户的辩护人。
密切关系	(1) 项目组成员的近亲属担任客户的董事或高级管理人员； (2) 项目组成员的近亲属是客户的员工，其所处职位能够对业务对象施加重大影响； (3) 客户的董事、高级管理人员或所处职位能够对业务对象施加重大影响的员工，最近曾担任会计师事务所的项目合伙人； (4) 注册会计师接受客户的礼品或款待； (5) 会计师事务所的合伙人或高级员工与鉴证客户存在长期业务关系。
外在压力	(1) 会计师事务所受到客户解除业务关系的威胁； (2) 审计客户表示，如果会计师事务所不同意对某项交易的会计处理，则不再委托其承办拟议中的非鉴证业务； (3) 客户威胁将起诉会计师事务所； (4) 会计师事务所受到降低收费的影响而不恰当地缩小工作范围； (5) 由于客户员工对所讨论的事项更具有专长，注册会计师面临服从其判断的压力； (6) 会计师事务所合伙人告知注册会计师，除非同意审计客户不恰当的会计处理，否则将影响晋升。

四、防范措施

在具体业务中，注册会计师应对不利影响可能采取但不限于以下防范措施。

(1) 由审计项目组以外的注册会计师复核相关工作。

(2) 将相关人员调离项目组。

(3) 处置全部或部分经济利益。

(4) 降低对客户的收费依赖。

（5）提供非鉴证服务的人员或借出员工不能担任审计项目组成员。

（6）进行独立的项目质量控制复核。

（7）由其他会计师事务所再次执行项目质量控制复核。

（8）由其他会计师事务所评价或重新执行非鉴证业务。

（9）取消交易或降低交易规模。

（10）合理安排项目组有关成员的职责，使该成员的工作不涉及其近亲属或与其有密切关系的员工的职责范围，减少其对项目组的可能影响。

（11）轮换项目组合伙人和高级员工。

（12）向项目组委派经验更丰富的人员。

（13）对关键的职业判断向第三方（如客户审计委员会、监管机构、注册会计师协会或外部专业人员）咨询。

（14）修改审计计划。

（15）与客户治理层讨论有关的职业道德问题。

案例2－3

业务承接过程中对独立性的不利影响及防范

XYZ会计师事务所拟承接上市公司ABC公司（从事保险业务）2018年度财务报表审计业务，X拟任该项目合伙人。在业务接受评估过程中发现如下情形（见表2－2）。

表2－2　对独立性产生不利影响的常见情形及相应的防范措施举例

序号	情形	不利影响类型	防范措施
1	M注册会计师曾任XYZ会计师事务所合伙人，自2018年6月退休后担任XYZ会计师事务所技术顾问及ABC公司独立董事	密切关系：前任合伙人加入审计客户担任独立董事，并与会计师事务所保持重要联系（担任技术顾问）	在会计师事务所承接审计业务之前M辞去独立董事或者不再担任会计师事务所的技术顾问
2	X注册会计师的父亲通过二级市场买入并持有ABC公司股票1 000股	自身利益：主要近亲属持有审计客户股票	X的父亲在会计师事务所承接审计业务之前卖出股票
3	X注册会计师自2013年起每年按照通行商业条款购买ABC公司的健康医疗保险	没有影响：按照正常商业条件购买客户商品，属于公平交易	不适用
4	XYZ会计师事务所咨询部正在就ABC公司2018年度全部内部审计外包服务进行洽谈	自我评价：会计师事务所提供内部审计服务，将涉及自我评价	XYZ会计师事务所不提供有关内审服务
5	X注册会计师的妻子是ABC公司人力资源部经理	没有影响：主要近亲属不是董事、高管或对财务报表产生重大影响的特定员工	不适用

续前表

序号	情形	不利影响类型	防范措施
6	审计业务约定书约定，ABC 公司如果增发股票成功，将按照新增发行股票融资额的 0.1%另行奖励 XYZ 会计师事务所	自身利益：根据服务成果收费属于或有收费	取消或有收费条款

案例 2－4

审计过程中对职业道德遵循的不利影响及防范

上市公司 ABC 公司是 XYZ 会计师事务所常年审计客户。X 注册会计师担任 2018 年度财务报表审计项目合伙人。在 2018 年度财务报表审计过程中遇到以下情形（见表 2－3）。

表 2－3　对职业道德的遵循产生不利影响的常见情形及相应的防范措施举例

序号	情形	不利影响类型	防范措施
1	ABC 公司由于订单减少，大部分生产设备处于闲置状态，存在重大减值迹象。2018 年 12 月 1 日 XYZ 会计师事务所接受 ABC 公司委托对其固定资产进行评估，作为 ABC 公司管理层计提固定资产减值准备的依据	自我评价：因评估结果对作为公众利益实体的审计客户的财务报表影响重大，提供评估服务将因自我评价产生重大不利影响	无防范措施；该会计师事务所不得提供该评估服务
2	审计项目组成员 W 为新员工，其妻子曾担任 ABC 公司财务经理，于 2018 年 6 月离职	密切关系：审计组成员的主要近亲属所处职位对客户审计期间的财务报表具有重大影响	将 W 调离审计项目组
3	Y 注册会计师自 2011 年起一直担任该项目现场负责人	密切关系：与审计客户长期存在业务关系	轮换项目合伙人
4	XYZ 会计师事务所拟在 2018 年初为 ABC 公司担任法律诉讼的第一辩护人。该法律诉讼所涉金额对其财务报表无重大影响	过度推介与自我评价：为审计客户担任诉讼辩护人	由审计项目组以外的专业人员提供该诉讼服务
5	ABC 公司新收购互联网金融业务，由互联网金融领域杰出人物担任部门经理。目前审计项目组人员均不熟悉互联网金融业务	外在压力：审计客户员工对互联网金融更具专长，注册会计师面临服从其判断的压力	向项目组委派胜任的专业人员；聘请互联网金融专家
6	目前审计项目组成员 V 于 2018 年 5 月 1 日前曾经在 ABC 公司信息部工作，且参与了其信息技术系统的设计	自我评价、自身利益：审计项目组成员最近曾任审计客户特定岗位的员工	将 V 调离审计项目组

五、职业道德概念框架

职业道德概念框架为注册会计师提供解决职业道德问题的思路与方法，用以规范注册会计师职业行为，防止“法无禁止即可为”的思想出现。职业道德概念框架的内容如下：

（1）识别对职业道德基本原则的不利影响。

（2）评价不利影响的严重程度。

（3）必要时采取防范措施消除不利影响或将其降至可接受的低水平[①]。

（4）如果不能将不利影响降至可接受的低水平，则注册会计师应当消除产生不利影响的情形，可以考虑拒绝接受业务委托或终止业务约定。

【知识链接】
注册会计师职业道德守则
及其与执业准则的关系

职业道德概念框架的运用如图 2－1 所示。

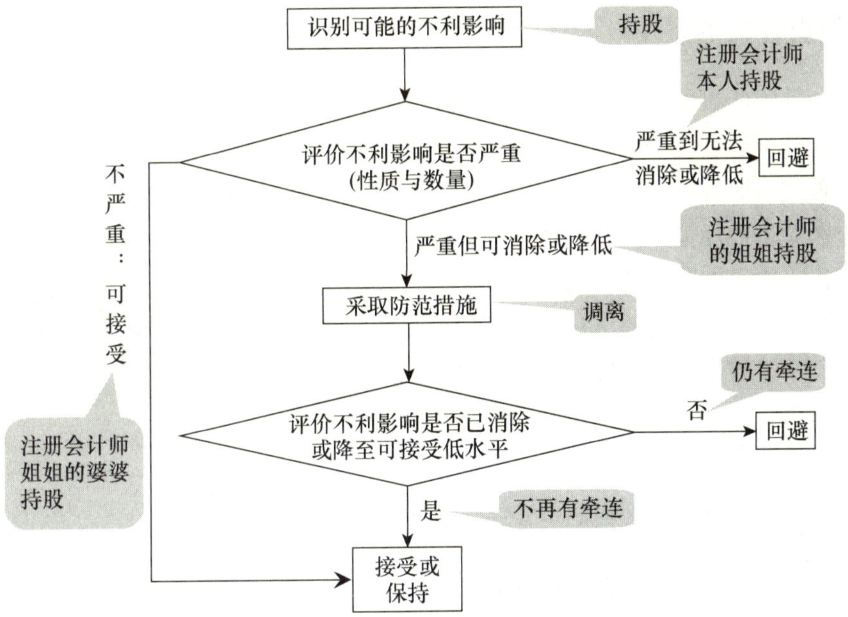

图 2－1　职业道德概念框架示意图

第 4 节　审计工作的前提

注册会计师执行审计工作的前提是被审计单位管理层和治理层[②]认可并理解其对财

---

① 可接受的水平是指注册会计师可以容忍的对遵循职业道德基本原则产生不利影响的最大程度。这一程度通常是一个理性且掌握充分信息的第三方很可能认为该不利影响并不损害遵循职业道德基本原则。

② 管理层是指对企业经营活动的执行负有管理责任的人员；治理层是指对企业战略方向和管理层履行经营管理职责负有监督责任的组织和人员。管理层包括部分或全部治理层人员。治理层的责任包括监督财务报表的编制和披露过程。

务报表应当承担的责任。

一、管理层与治理层的责任

管理层与治理层对财务报表的责任包括：

（1）按照适用的财务报告编制基础①编制财务报表，并使其实现公允反映（如适用）。

（2）设计、执行和维护必要的内部控制，以使财务报表不存在由舞弊或错误导致的重大错报。

（3）向注册会计师提供必要的工作条件。例如，允许注册会计师接触与编制财务报表相关的所有信息（如记录、文件和其他事项等），向注册会计师提供审计所需的其他信息，允许注册会计师在获取审计证据时不受限制地接触其认为必要的内部人员和其他相关人员。

二、注册会计师的责任

注册会计师的责任是按照中国注册会计师审计准则的规定对财务报表发表审计意见。注册会计师通过签署审计报告确认其责任。

为履行这一职责，注册会计师在审计过程中应合理运用职业判断，保持职业怀疑态度，遵守职业道德规范，按照审计准则的规定计划和实施审计工作，收集充分、适当的审计证据，据以得出合理的审计结论，发表恰当的审计意见。如果注册会计师在执业过程中没有遵循审计准则，例如注册会计师对存货执行了监盘，但由于经验不足抽点检查的数量规模偏小，以至于未能对存货取得充分、适当的审计证据，那么，注册会计师应当对不恰当的审计结论承担过失责任。

【知识链接】
注册会计师的法律责任

三、管理层、治理层的责任与注册会计师的责任之间的关系

财务报表审计不能减轻被审计单位管理层和治理层的责任。

财务报表编报和财务报表审计是财务信息生成链条上的不同环节。编报财务报表一般是管理层的责任，对于财务报表的编制和披露过程，治理层则负有监督职责。法律法规要求管理层和治理层对编报财务报表承担责任，有利于从源头上保证财务信息质量。尽管在审计过程中，注册会计师可能向管理层和治理层提出会计调整建议，甚至在不违反独立性的前提下为管理层编制财务报表提供一些协助，但仍然要由管理层、治理层对编报财务报表承担责任，并通过签署财务报表确认这一责任。

---

① 企业根据业务性质、规模、组织形式，可能分别适用企业会计准则、金融企业会计准则和小企业会计准则、国际财务报告准则等不同的财务报告编制基础。

如果财务报表存在重大错报，而注册会计师通过审计未能发现，注册会计师就可能承担过失或欺诈的责任，但不能因为财务报表已经过注册会计师审计这一事实而减轻管理层和治理层对财务报表的责任。

【知识链接】
审计期望差距

实训

一、判断题

1. 职业怀疑要求注册会计师客观评价管理层和治理层。（　　）

2. 注册会计师对财务报表审计，能够减轻被审计单位管理层和治理层对财务报表的责任。（　　）

3. 审计职业判断是指注册会计师针对被审计单位的具体事实和情况，综合运用专业知识、技能和经验，作出有根据的行动决策，无须考虑审计准则、财务报告编制基础和职业道德要求。（　　）

4. 如果注册会计师缺乏专业胜任能力而提供专业服务，则构成欺诈，因为这可能给客户乃至社会公众带来危害。（　　）

5. 如果注册会计师未查出被审计单位财务报表中的错报，则注册会计师应当承担相应的责任。（　　）

6. 职业道德概念框架为注册会计师提供解决职业道德问题的思路与方法，用以规范注册会计师职业行为，防止“法无禁止即可为”的思想出现。（　　）

7. 注册会计师执行审计工作的前提是被审计单位管理层和治理层认可并理解其对财务报表应当承担的责任。（　　）

8. 会计师事务所在任何情况下不得对外泄露审计档案所涉及的商业秘密等内容。（　　）

9. 职业怀疑是注册会计师执行审计业务的一种态度，包括采取质疑的思维方式，对可能表明由错误或舞弊导致错报的迹象保持警觉，以及对审计证据进行审慎评价。（　　）

10. 在审计过程中，当注册会计师在会计或审计以外的领域不具有专长时，可以利用有关专家的工作，使项目组具备应有的专业胜任能力。（　　）

二、单项选择题

1. 下列有关职业怀疑的提法中，表述不恰当的有（　　）。

A. 职业怀疑要求注册会计师具有批判和质疑的精神，对被审计单位提供的证据和解释不应不假思索全盘接受

B. 职业怀疑要求注册会计师不应依赖以往对管理层和治理层诚信形成的判断

C. 职业怀疑要求注册会计师应假设被审计单位管理层不诚信且存在舞弊行为

D. 职业怀疑要求注册会计师对引起疑虑的情形应保持警觉

2. 会计师事务所和注册会计师无法消除损害独立性的因素的影响或将其降至可接受的低水平时，会计师事务所应当（　　）。

A. 不予理睬，照常承接业务
B. 不予理睬，继续按原计划进行审计
C. 出具无法表示意见的审计报告
D. 拒绝承接业务或解除业务约定

3. 会计师事务所如果无法胜任或不能按时完成审计业务，应该（　　）。

A. 减少审计收费
B. 转包给其他会计师事务所
C. 拒绝接受委托
D. 聘请其他专家帮助

4. 下列关于注册会计师责任与被审计单位管理层、治理层责任之间的关系的表述不正确的是（　　）。

A. 如果财务报表存在重大错报，而注册会计师通过审计未能发现，则因为财务报表已经过注册会计师审计，所以注册会计师责任可以减轻管理层和治理层对财务报表的责任
B. 如果财务报表存在重大错报，而注册会计师通过审计未能发现，则注册会计师可能承担相应的法律责任
C. 如果财务报表存在重大错报，而注册会计师通过审计未能发现，则不能因为财务报表已经过注册会计师审计这一事实而减轻管理层和治理层对财务报表的责任
D. 管理层和治理层对编制财务报表承担责任，从源头上保证财务信息质量，管理层和治理层应对编制财务报表承担完全责任

5. 在确定执行审计工作的前提时，下列有关甲公司管理层责任的说法中，A 注册会计师认为不正确的有（　　）。

A. 甲公司管理层应当允许 A 注册会计师查阅与编制财务报表相关的所有文件
B. 甲公司管理层应当负责按照适用的财务报告编制基础编制财务报表
C. 甲公司管理层应当允许 A 注册会计师接触所有必要的相关人员
D. 甲公司管理层并不负责设计、执行和维护必要的内部控制

6. 注册会计师应当对在执业过程中获知的客户信息保密，但也有例外。下列不属于保密例外情形的是（　　）。

A. 法律法规允许披露，并且取得客户或雇佣单位的授权
B. 法律法规要求披露，包括为法律诉讼出示文件或提供证据，以及向有关监管机构报告发现的违法行为
C. 接受、答复注册会计师协会或监管机构的质量检查、询问和调查
D. 另一客户提出查看的要求

7. （　　）不属于审计职业判断的基础。

A. 专业胜任能力
B. 管理层认可其对财务报表的责任
C. 职业标准框架
D. 职业怀疑

8. （　　）是指注册会计师遵守执业准则和职业道德规范的要求，勤勉尽责，认

真、全面、及时地完成工作任务。

A. 独立原则　　B. 应有的关注　　C. 保密原则　　D. 客观原则

9.（　　）是一种内心状态，使得注册会计师在提出结论时不受损害职业判断的因素影响，诚信行事，遵循客观和公正原则，保持职业怀疑态度。

A. 实质上的独立　B. 经济上的独立　C. 形式上的独立　D. 组织上的独立

10.（　　）是一种外在表现，使得一个理性且掌握充分信息的第三方，在权衡所有相关事实和情况后，认为注册会计师没有损害诚信原则、客观和公正原则或职业怀疑态度。

A. 实质上的独立　B. 经济上的独立　C. 形式上的独立　D. 组织上的独立

三、多项选择题

1. 注册会计师执业准则体系包括（　　）。

A. 注册会计师业务准则　　B. 注册会计师职业道德规范

C. 会计师事务所质量控制准则　　D. 企业会计准则

2. 注册会计师业务准则体系包括（　　）。

A. 相关服务准则　　B. 注册会计师职业道德规范

C. 会计师事务所质量控制准则　　D. 鉴证业务准则

3. 我国注册会计师鉴证业务准则包括（　　）。

A. 相关服务准则　　B. 审计准则

C. 审阅准则　　D. 其他鉴证业务准则

4. 注册会计师职业道德基本原则包括（　　）。

A. 诚信和独立性　　B. 客观和公正

C. 专业胜任能力和应有的关注　　D. 保密和良好的职业行为

5. 对注册会计师遵循职业道德基本原则可能产生不利影响的情形有（　　）。

A. 自身利益　　B. 自我评价　　C. 过度推介　　D. 密切关系

6. 根据注册会计师的专业胜任能力和应有的关注的要求，注册会计师（　　）。

A. 即使不胜任的业务，也可承接

B. 应当持续了解和掌握相关的专业技术和业务的发展，以保持专业胜任能力

C. 应当保持职业怀疑态度

D. 不得按服务成果的大小收取各项费用

7. 职业道德概念框架的思路包括（　　）。

A. 识别对遵循职业道德基本原则的不利影响

B. 评价已识别不利影响的重要程度

C. 采取必要的防范措施消除不利影响或将其降至可接受的低水平

D. 如果不能消除不利影响或将其降至可接受的低水平，则考虑拒绝、终止或解除业务约定

8. 下列各项中，可能对职业道德遵循产生密切关系不利影响的有（　　）。

A. 项目组成员的近亲属担任客户的董事或高级管理人员

B. 项目组成员的近亲属是客户的员工，其所处职位能够对业务对象施加重大影响

C. 客户的董事、高级管理人员或所处职位能够对业务对象施加重大影响的员工，最近曾担任会计师事务所的项目合伙人

D. 项目组成员担任或最近曾经担任客户的董事或高级管理人员

9. 在作出下列（　　）决策时，审计职业判断尤其必要。

A. 确定审计重要性和评估审计风险

B. 确定所需实施的审计程序的性质、时间安排和范围

C. 评价管理层在应用适用的财务报告编制基础时作出的判断

D. 根据已获取的审计证据得出结论

10. 注册会计师执业时应遵守（　　）。

A. 注册会计师职业道德规范　　B. 注册会计师业务准则

C. 会计师事务所质量控制准则　　D. 企业会计准则

四、案例分析题

1. 讨论分析下列事项是否对注册会计师的独立性产生不利影响，并说明理由。

（1）注册会计师 A 拥有华兴公司超过 1%的股权，华兴公司聘请 A 审计其 2018 年度财务报表。

（2）注册会计师 A 长期为华兴公司代理记账和代编财务报表，华兴公司聘请 A 审计其 2018 年度财务报表。

（3）华兴公司聘请注册会计师 A 审计其 2018 年度财务报表，A 的妻弟担任华兴公司的董事。

（4）华兴公司聘请注册会计师 A 审计其 2018 年度财务报表，A 还为华兴公司提供资产评估服务，且评估结果对财务报表具有重大影响。

（5）注册会计师 A 已经担任华兴公司年度财务报表审计业务的项目经理 6 年，华兴公司仍聘请 A 审计其 2018 年度财务报表。

2. XYZ 会计师事务所接受委托，承办 ABC 商业银行 2018 年度财务报表审计业务。XYZ 会计师事务所指派注册会计师 A 和 B 为该项目负责人。假定存在以下情况：

（1）ABC 商业银行以 2018 年度经营亏损为由，要求 XYZ 会计师事务所降低一定数额的审计费用，但允诺对其正在申请的购买办公楼的按揭贷款利率给予相应优惠。XYZ 会计师事务所同意了 ABC 商业银行的要求，并与之签订了补充协议。

（2）A 注册会计师持有 ABC 商业银行的股票 100 股，市值约 600 元。由于数额较小，A 注册会计师未将该股票出售，也未回避。

（3）在接受客户委托前，注册会计师 A 与 B 对 ABC 商业银行的关键管理人员和治理层是否诚信，以及客户是否涉足非法活动或存在可疑的财务报告问题等进行评估。

要求：请根据中国注册会计师职业道德相关规范，逐项指出上述事项是否对注册会计师职业道德的遵循产生不利影响，并简要说明理由。

3. ABC 公司系 XYZ 会计师事务所的常年审计客户。2018 年 7 月，XYZ 会计师事务所与 ABC 公司续签了审计业务约定书，审计 ABC 公司 2018 年度财务报表。假定存在以下情形：

（1）ABC 公司由于财务困难，应付 XYZ 会计师事务所的 2013 年度审计费用 100 万元一直没有支付。经双方协商，XYZ 会计师事务所同意 ABC 公司延期至 2018 年年底支付。在此期间，ABC 公司按银行同期贷款利率支付资金占用费。

（2）ABC 公司由于财务人员短缺，2018 年向 XYZ 会计师事务所借用一名注册会计师，由该注册会计师将经会计主管审核的记账凭证录入计算机信息系统。XYZ 会计师事务所未将该注册会计师包括在 ABC 公司 2018 年度财务报表审计项目组。

（3）XYZ 会计师事务所针对审计过程中发现的问题，向 ABC 公司提出了会计政策选用和错报调整的建议。

要求：分析上述情形是否对 XYZ 会计师事务所的独立性产生不利影响，简要说明理由。

第3章

管理层认定与审计目标

引导案例

渝钛白事件

重庆渝港钛白粉股份有限公司（以下简称“渝钛白”）1997 年亏损额为 3 136 万元。重庆会计师事务所的注册会计师审计发现，1997 年渝钛白将已于 1995 年年底完工且投入试生产的钛白粉建设项目应付债券利息约 8 064 万元计入了在建工程成本。

渝钛白总会计师给出以下理由：一是钛白粉这种化工产品对各项技术指标的要求非常严格，需要反复试生产，直到生产出合格的产品才能投放市场，而试产期的产品性能不稳定，不能投放市场；二是原料（如硫酸）的腐蚀性强，一旦停工，原料在管道、容器中淤积，再次开工前须彻底清洗、调试设备，因此，钛白粉项目交付使用产生效益前，还有一个过渡的整改和试生产期，仍属工程建设期。因此，为建设该项目而发生的借款利息应当继续资本化。

注册会计师认为，应计利息 8 064 万元应计入当期损益。因为公司钛白粉工程于 1995 年下半年就开始投产，1996 年已经具备生产能力，可以生产出合格产品。工程一度停产，1997 年全年生产 0.168 万吨，这一产量尽管与设计能力 1.5 万吨相差甚远，但主要原因是缺乏流动资金及市场暂未打开，而非工程尚未完工，该工程已达到预定可使用状态。根据企业会计准则的规定，固定资产达到预定可使用状态时，为购建固定资产而发生的借款利息应当停止资本化，此后发生的借款利息应在发生时确认为费用。如此一来，渝钛白 1997 年亏损额应为 11 200 万元。

双方各执一词，最后，重庆会计师事务所为渝钛白的年报发表了否定意见。

资料来源：根据网上资料整理.

思考：

1. 被审计单位管理层针对借款费用如何在财务报表作出认定？

2. 在审计过程中，注册会计师如何根据管理层认定来确定审计目标，并据以设计和实施审计程序？

第1节　管理层认定

一、管理层认定的含义

认定是指管理层在财务报表中作出的明确或隐含的表达，它是管理层对财务报表各组成要素进行确认、计量与报告的结果展示。

例如：ABC公司2018年12月31日部分资产负债表如下：

流动资产：	
货币资金	5 000 000

明确的认定包括：记录的货币资金是存在的；记录的货币资金的正确余额是5 000 000元。

隐含的认定包括：所有应列报的货币资金都包括在财务报表中；记录的货币资金全部由本公司所拥有；货币资金的使用不受任何限制。

二、管理层认定的类别

注册会计师在审计过程中通常将管理层认定分为三个类别加以运用。

（一）与各类交易和事项相关的认定

1. 发生

记录的交易和事项已发生且与本单位有关。例如，如果没有发生销售交易，但在销售账中记录了一笔销售，则已记录的销售交易是不真实的，属于发生认定错报。

2. 完整性

所有应当记录的交易和事项均已记录。例如，如果发生了销售交易，但没有在销售账中记录，则已发生的销售交易被漏记了，属于完整性认定错报。

3. 准确性

与交易和事项有关的金额及其他数据已恰当记录。例如，如果销售交易中发出商品的数量与发票账单上的数量不符，或是开具发票账单时使用了错误的销售价格，或是发票账单中的乘积计算或加总有误，或是在销售账中记录了不恰当的金额，则已记录的销售交易金额不准确。

【特别提示】

（1）准确性与发生之间存在区别。例如，若已记录的销售交易是不应当记录的（如虚开发票），则即使发票金额是准确的，也属于发生认定错报。再如，若已入账的销售交易是对真实发出商品的记录，但金额计算多了，则属于准确性认定错报，而发生认定没有错报。

（2）完整性与准确性之间同样也存在区别。例如，若真实的销售交易没有记录，则属完整性认定错报。再如，若真实的销售交易已记录，但金额计算少了，则属于准确性认定错报，而完整性认定没有错报。

4. 截止

交易和事项已记录于正确的会计期间。例如，如果本期交易推迟到下期记录，或下期交易提前到本期记录，则均属于截止认定错报。

5. 分类

交易和事项已记录于恰当的账户。例如，如果将现销记录为赊销，将出售经营性固定资产所得的收入记录为营业收入，将应予资本化的利息记入财务费用，将应收账款记入其他应收款，则属于分类认定错报。

（二）与期末账户余额相关的认定

1. 存在

资产、负债和所有者权益账户的余额都是存在的。例如，如果不存在 A 客户的应收账款，在应收账款明细表中却列入了对 A 客户的应收账款，则属于存在认定错报。存在认定错报主要与财务报表组成要素的高估有关。

2. 权利与义务

资产由本单位拥有或控制，负债是本单位应当履行的现时义务。例如，将经营性租入机器设备记入本公司固定资产，属于权利认定错报；将关联方的应付广告费记入本公司其他应付款，属于义务认定错报。

3. 完整性

所有存在的资产、负债和所有者权益都包括在相关账户余额内。例如，如果存在 A 存货，却未在存货盘点表中列入，则属于完整性认定错报。完整性认定错报主要与财务报表组成要素的低估有关。

4. 计价与分摊

资产、负债和所有者权益已进行恰当的计价或分摊调整。例如，期末没有对应收账款足额计提坏账准备，致使高估应收账款金额，就属于计价认定错报；固定资产未正确计提折旧，无形资产未正确摊销，则属于分摊认定错报。

（三）与列报和披露相关的认定

1. 发生及权利与义务

披露的交易、事项和其他情况已发生，且与本单位有关。例如，附注披露将要获得政府补贴，将没有发生的交易、事项包括在财务报表中，属于发生认定错报。再如，固定资产抵押了却在财务报表附注中披露本期无抵押固定资产，未说明固定资产的权利受到限制，属于权利认定错报。

2. 完整性

所有应当包括在财务报表中的披露均已包括。例如，关联方和关联交易没有在财务报表附注中充分披露，属于完整性认定错报。

3. 分类与可理解性

交易与事项已被列示于恰当的报表项目，且披露内容表达清楚。例如，资产与负债分别列报，资产分为流动资产、固定资产及其他资产，负债分为流动负债和长期负债，以增强财务信息的有用性和可理解性。再如，将一年内到期的长期负债列入流动负债项下，则分类是正确的。又如，披露存货的主要类别，增强了存货信息的可理解性。

4. 准确性与计价

财务信息和其他信息列报与披露账表相符、金额恰当，有关报表项目的计价方法披露恰当。例如，资产负债表中的货币资金余额与库存现金、银行存款、其他货币资金三个总余额合计数相符，资产负债表中的流动资产小计计算准确，利润表中利润总额的计算准确无误，财务报表附注分别对原材料、在产品和产成品等存货成本核算方法作了恰当说明。

三、三类认定及其与报表的关系

对于利润表项目，注册会计师需要考虑交易与事项认定，进而考虑列报与披露认定；对于资产负债表项目，注册会计师需要考虑交易与事项认定，在此基础上考虑期末账户余额认定，进而考虑列报与披露认定。三类认定及其与报表的关系如图 3-1 所示。

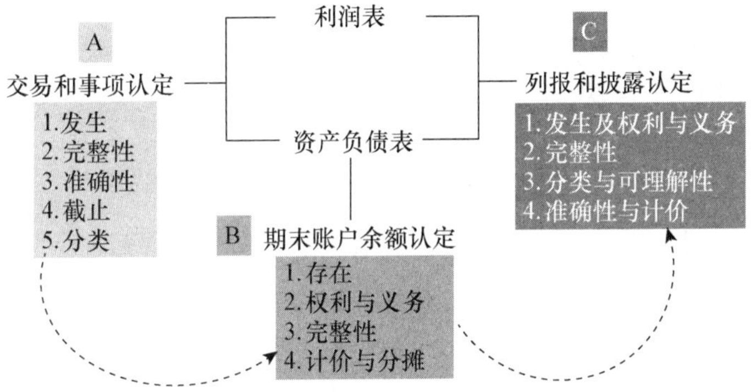

图 3-1　三类认定及其与报表的关系

【特别提示】

对于资产负债表项目，其交易和事项认定同期末账户余额认定非常容易混淆。比如，其他应付款 10 000 元记作 1 000 元，这种准确性错报常被当作其他应付款的计价错报。再如，固定资产建造成本中混入了业务招待费，这种分类错报常被当作固定资产计价错报。

第 2 节　审计目标

审计目标分为审计总目标与具体审计目标两个层次。

一、审计总目标

注册会计师财务报表审计的总目标是注册会计师对财务报表整体是否不存在由舞弊或错误导致的重大错报获取合理保证，使得注册会计师对财务报表的合法性和公允性发表审计意见。

合法性是指被审计单位财务报表是否按照适用的财务报告编制基础（如上市公司适用的企业会计准则）编制。

公允性是指被审计单位的财务报表是否在所有重大方面公允反映其财务状况、经营成果和现金流量。

【特别提示】

审计意见旨在提高财务报表的可信度，并不是对被审计单位持续经营能力或管理层经营效率、经营效果提供保证。

二、具体审计目标

具体审计目标是审计总目标的具体化。将审计总目标与管理层各项认定相对应，便形成了具体审计目标，这是因为审计就是对管理层认定进行再认定，即确定被审计单位管理层对其财务报表的认定是否恰当。注册会计师运用交易、账户余额、列报和披露认定，来确定每个报表项目的具体审计目标，考虑可能发生的错报类型，并评估重大错报风险以及设计和实施进一步审计程序。

（一）与各类交易和事项相关的审计目标

1. 发生

由发生认定推导的审计目标是确认已记录的交易和事项是否真实。它所要解决的问题是管理层是否把那些不曾发生的交易和事项记入财务报表。

2. 完整性

由完整性认定推导的审计目标是确认已发生的交易和事项是否确实已经记录。它所要解决的问题是管理层是否将真实发生的交易和事项未记入财务报表。

【特别提示】

发生和完整性两者强调的是相反的关注点，发生目标针对虚记，而完整性目标针对漏记。

3. 准确性

由准确性认定推导出的审计目标是确认交易和事项是否按正确金额记录，有无多计或少计。

4. 截止

由截止认定推导出的审计目标是确认接近资产负债表日的交易和事项是否记录于恰当的会计期间，有无跨期事项。通常，最可能出现截止错报的交易是那些临近资产负债表日前后的交易。

5. 分类

由分类认定推导出的审计目标是确认被审计单位记录的交易和事项是否记入恰当账户。

(二) 与期末账户余额相关的审计目标

1. 存在

由存在认定推导出的审计目标是确认账户余额是否确实存在。

2. 权利与义务

由权利与义务认定推导出的审计目标是确认资产是否归属于被审计单位（拥有或控制），负债是否属于被审计单位的现时义务。

3. 完整性

由完整性认定推导出的审计目标是确认已存在的资产、负债、所有者权益是否包含在相关的账户余额内。

4. 计价与分摊

由计价与分摊推导出的审计目标是资产、负债和所有者权益是否已进行恰当的计价或分摊调整。

(三) 与列报和披露相关的审计目标

交易和事项、期末账户余额的认定正确与否决定了列报和披露的正确性，但是，财务报表还可能因被审计单位误解有关列报和披露的规定或舞弊等而产生错报。另外，还可能因被审计单位没有遵守一些专门的列报要求而产生财务报表错报。即使注册会计师审计了各类交易和账户余额的认定，实现了各类交易和账户余额的具体审计目标，也不意味着获取了足以对财务报表发表审计意见的充分、适当的审计证据。因此，注册会计师还应当对各类交易和事项、期末账户余额等列报和披露的正确与否进行审计。

1. 发生及权利与义务

由发生及权利与义务认定推导出的审计目标是财务报表列报和披露的交易、事项与其他情况是否已真实发生，且与被审计单位有关。

2. 完整性

由完整性认定推导出的审计目标是所有应当在财务报表中列报和披露的交易、事项与其他情况是否均已包括在财务报表中。

3. 分类与可理解性

由分类与可理解性认定推导出的审计目标是确认交易和事项是否已被列示于恰当的报表项目，且表述清晰明了。

4. 准确性与计价

由准确性与计价认定推导出的审计目标是确认财务信息和其他信息的列报和披露是否账表相符、金额恰当，有关报表项目的计价方法是否披露恰当。

实训

一、判断题

1. 管理层认定是管理层在财务报表中作出的明确或隐含的表达。（　）

2. 交易的发生认定可能存在的错报是漏记交易。（　）

3. 期末账户余额的完整性认定可能存在的错报是把那些不曾发生的交易和事项记入财务报表，它主要与财务报表组成要素的高估有关。（　）

4. 若已入账的销售交易是对真实发出商品的记录，但金额计算错误，则属于准确性认定错报，而发生认定没有错报。（　）

5. 如果下期交易提前到本期记录，属于截止认定错报。（　）

6. 附注披露存货的主要类别，是为了增强财务报表的准确性。（　）

7. 如果交易和事项、期末账户余额的认定都不存在错报，那么列报和披露的认定一定也不存在错报。（　）

8. 如果财务报表中将一年内到期的借款列报为长期借款，则负债列报的分类认定是正确的。（　）

9. 由交易的分类认定推导出的审计目标是确认接近资产负债表日的交易是否记录于恰当的期间。（　）

10. 由期末账户余额的计价与分摊认定推导出的审计目标是确认已记录的交易是否真实发生，没有虚报。（　）

二、单项选择题

1. （　）是指管理层在财务报表中作出的明确或隐含的表达，它是管理层对财务报表各组成要素进行确认、计量、列报和披露的结果展示。

A. 认定　　B. 管理层责任

C. 具体审计目标　　D. 审计目标

2. 最有可能出现（　）错报的交易是那些临近资产负债表日前后的交易。

A. 发生　　B. 截止　　C. 准确性　　D. 分类

3. 如果将应资本化的借款利息记入财务费用，则属于（　）认定错报。

A. 发生　　B. 分类　　C. 准确性　　D. 可理解性

4. 将当年 12 月 31 日发生的一笔赊销交易记入次年 1 月 5 日主营业务收入明细账，这属于（　）认定错报。

A. 发生　　B. 完整性　　C. 截止　　D. 计价或分摊

5. 作为财务报表审计目标，（　）是指被审计单位财务报表是否按照适用的财务报告编制基础编制。

A. 合法性　　B. 公允性　　C. 一贯性　　D. 认定

6. 作为财务报表审计目标，（　）是指被审计单位的财务报表是否在所有重大方面公允反映其财务状况、经营成果和现金流量。

A. 合法性　　B. 公允性　　C. 一贯性　　D. 认定

7. 被审计单位下列会计处理属于准确性认定错报的是（　　）。

A. 将营业收入 100 000 元记入营业外收入 100 000 元

B. 将销售费用 5 000 元记入管理费用 5 000 元

C. 将低值易耗品 8 000 元记入固定资产 8 000 元

D. 将应付账款 6 000 元记为 600 元

8. 如果不存在某顾客的应收账款，在应收账款明细表中却列入了对该顾客的应收账款，则属于（　　）认定错报。

A. 存在　　B. 完整性　　C. 分类　　D. 截止

9. 资产负债表的货币资金项目包含了冻结存款 20 万元，这属于（　　）认定错报。

A. 存在　　B. 完整性　　C. 计价与分摊　　D. 分类

10. 审计意见旨在提高被审计单位（　　）的可信赖程度。

A. 财务报表　　B. 持续经营能力

C. 管理层经营效率　　D. 管理层经营效果

三、多项选择题

1. 注册会计师财务报表审计总目标是注册会计师对财务报表整体是否不存在由舞弊或错误导致的重大错报获取合理保证，使得注册会计师对财务报表的（　　）发表审计意见。

A. 合法性　　B. 公允性

C. 重大错报风险　　D. 重要性水平

2. 某公司 2018 年 12 月 31 日资产负债表流动资产项下列示存货 1 000 000 元，则明确的认定包括：（　　）。

A. 记录的存货是存在的

B. 记录的存货的价值是 1 000 000 元

C. 所有应列报的存货都包括在财务报表中

D. 记录的存货全部由本公司拥有

3. 某公司 2018 年 12 月 31 日资产负债表流动资产项下列示货币资金 2 000 000 元，则隐含的认定包括（　　）。

A. 记录的货币资金是存在的

B. 记录的货币资金全部由本公司拥有

C. 所有的货币资金都包括在财务报表中

D. 全部货币资金的使用不受任何限制

4. 审计目标分为（　　）两个层次。

A. 审计总目标　　B. 报表层次审计目标

C. 具体审计目标　　D. 认定层次审计目标

5. 一般说来，具体审计目标应根据（　　）来确定。

A. 审计总目标　　B. 管理层认定

C. 审计准则　　D. 审计范围

6. 与列报和披露相关的具体审计目标有（　　）。

A. 分类与可理解性　　B. 完整性

C. 截止　　D. 准确性与计价

7. 下列与期末账户余额相关的认定有（　　）。

A. 存在　　B. 权利与义务　　C. 完整性　　D. 计价与分摊

8. 下列与各类交易和事项相关的认定有（　　）。

A. 发生　　B. 权利与义务　　C. 完整性　　D. 截止

9. 下列属于交易的分类认定具体运用的有（　　）。

A. 应收账款与其他应收账款予以区分记录

B. 出售固定资产所得的收入与营业收入区分记录

C. 将现销与赊销区分记录

D. 财务报表附注分别对原材料、在产品和产成品等存货成本核算方法作了恰当说明

10. 注册会计师通过审计发现的下列情况中，被审计单位权利与义务认定不存在错报的有（　　）。

A. 将经营租入的设备作为自有固定资产

B. 将融资租入的设备作为自有固定资产

C. 将已出租的专利权作为自有无形资产

D. 将客户寄存的商品作为自有存货

四、案例分析题

1. 注册会计师通常依据各类交易、账户余额、列报和披露的相关认定确定审计目标，根据审计目标设计审计程序。对 ABC 公司 2018 年年报进行审计时，注册会计师已经确定了采购交易的各项认定，并决定根据认定来确定采购交易的具体审计目标。

（1）认定

a. 发生　　b. 完整性　　c. 准确性　　d. 截止　　e. 分类

（2）审计目标

A. 采购交易是否按正确金额记录，有无多计或少计。

B. 所有应当记录的采购交易均已记录。

C. 采购交易已记录于正确的会计期间。

D. 采购交易已记录于恰当的账户。

E. 所记录的采购交易已发生，且与被审计单位有关。

要求：针对上述采购交易的认定，请你代注册会计师指出对应的具体审计目标。

2. ABC 公司是一家专营商品零售的股份公司。注册会计师经过了解，确定存货项

目为重点审计领域，同时决定根据管理层认定来确定存货项目的具体审计目标。

具体审计目标：

（1）公司对存货是否拥有所有权；

（2）记录的存货数量是否包括了公司所有的在库存货；

（3）是否按成本与可变现净值孰低法调整期末存货的价值；

（4）已售存货成本的计算及结转是否准确；

（5）存货的计价基础是否已在财务报表附注中恰当披露；

（6）存货的主要类别是否已在财务报表附注中恰当披露。

认定：

A. 账户余额的完整性；

B. 账户余额的存在；

C. 账户余额的权利与义务；

D. 账户余额的计价与分摊；

E. 列报和披露的准确性与计价；

F. 列报和披露的分类与可理解性；

G. 交易的截止；

H. 交易的准确性。

要求：假定具体审计目标已经被注册会计师选定，注册会计师应当确定的与各具体审计目标最相关的认定是什么？（对每项认定，可以选择一次、多次或不选。）

第4章

审计方法与技术

引导案例

银广夏事件

1998—2001年，广夏（银川）实业股份有限公司（以下简称“银广夏”）采取虚构进货单位，虚构材料采购，伪造原料入库单、萃取产品的生产记录、产品出库单、销售发票、进出口报关单、银行汇款单、银行进账单，制造虚假的出口销售合同，虚列萃取产品等手段，虚构销售收入，少计费用，导致虚增利润达77 156.70万元。然而，银广夏的财务报表经深圳中天勤会计师事务所审计后，均被出具了“无保留意见”的审计报告（即银广夏的财务报告得到认可）。

中天勤会计师事务所在审计银广夏财务报表时，注册会计师违反了审计准则的规定，在审计方法上存在严重缺陷。例如：(1) 中天勤的注册会计师对其子公司天津广夏进行审计时，对其应收账款及出口执行函证程序，竟然委托被审计单位天津广夏代为向银行、海关、债务人寄发询证函，回函也由该公司收回后转交给注册会计师，致使被审计单位得以伪造函证结果，函证失去意义；(2) 中天勤的注册会计师过分依赖被审计单位提供的会计资料，在明知银广夏的财务报表可能存在虚假的情况下，没有实施有效的函证、监盘存货等审计程序，因而未能发现银广夏财务报表中的重大虚假收入。

资料来源：根据网上资料整理.

思考：审计方法的运用如何影响审计的成败？

审计方法是为了达到审计目的，完成审计任务，在审计过程中获取审计证据，形成审计结论而采取的措施、技术与手段。审计方法随着审计环境的变化而调整。

第1节　审计组织方法

审计组织方法有详查法与抽查法、顺查法与逆查法、报表项目法与业务循环法。这里只介绍报表项目法与业务循环法。

对财务报表进行审计时，通常将财务报表按一定的标准划分为更小的部分，以便于审计。按照对财务报表项目的不同划分方式，分为报表项目法和业务循环法。

一、报表项目法

按照财务报表的项目（货币资金、应收账款、存货……短期借款、应付账款……股本……营业收入、营业成本……）逐项实施审计的方法称为报表项目法。

报表项目法的优点是它与多数被审计单位账户设置体系及财务报表格式相吻合，操作方便。缺点是将紧密联系的相关账户（报表项目）人为分割开，比如，将同是形成于销售交易中的应收账款与营业收入分别进行审计，可能造成审计工作的重复；另外，由于对内部控制的了解与测试通常按照业务循环进行，报表项目法使实质性程序与控制测试脱节。

二、业务循环法

业务循环是指处理某一类经济业务的工作流程。把紧密相关的报表项目及涉及的交易和账户归入同一业务循环，然后按照业务循环来组织财务报表审计的方法称为业务循环法。

由于被审计单位的业务性质和规模各不相同，其业务循环的划分也有所不同。例如，制造业可以划分为以下几个业务循环：

1. 采购与付款循环

采购与付款循环包括请购存货、其他资产或劳务，编制与发出订货单，货物验收入库并填制验收单、入库单，记录应付账款，核准付款，支付款项和记录现金支出等。

2. 生产与存货循环

生产与存货循环包括领取原材料及其他物料用品，投入生产，分摊费用，计算生产成本，产品完工入库，核算商品销售成本，以及存货的存储管理。

3. 薪酬与人力资源循环

薪酬与人力资源循环包括聘用、辞退职工，制定职工薪酬等级标准，记录与核实实际工时，计算应付职工薪酬与代扣款项，发放职工薪酬，记录职工薪酬支出等。

4. 销售与收款循环

销售与收款循环包括接受客户订货单，核准购货方的信用，发运商品，开具销货发票，记录销售（收入和应收账款），收款并记录，以及办理与记录销售退回、折让，注销坏账，提取坏账准备等。

5. 筹资与投资循环

筹资与投资循环包括授权、核准、执行和记录有关资金筹措、资金运用及收益分配等。

6. 货币资金循环

货币资金与上述各业务循环均密切相关，但货币资金的业务又同上述业务循环有很大的不同，所以将货币资金单独作为一个业务循环。

通常业务循环与主要财务报表项目之间的对应关系如表 4-1 所示。

表 4-1　　业务循环与主要财务报表项目对照表

业务循环	资产负债表项目	利润表项目
销售与收款循环	应收账款、应收票据、长期应收款、预收款项、应交税费	营业收入、税金及附加、销售费用
采购与付款循环	预付款项、无形资产、开发支出、商誉、应付票据、应付账款、存货（材料采购、材料成本差异或在途物资、周转材料）、应交税费、长期应付款	管理费用
生产与存货循环	存货（包括原材料、库存商品、发出商品、商品进销差价、委托加工物资、委托代销商品、受托代销商品、周转材料、生产成本、制造费用、劳务成本、存货跌价准备等）、受托代销商品款、应付职工薪酬、长期待摊费用	营业成本、资产减值损失

业务循环的划分没有一定之规，例如，生产与存货循环、薪酬与人力资源循环视情况也可以合并为一个循环。被审计单位的业务性质和规模不同，其业务循环的划分有所不同，即使是同一被审计单位，不同的注册会计师也可能有不同的循环划分方法。

【知识链接】
顺查法和逆查法
详查法和抽查法

业务循环法的优点是将交易与账户的实质性程序与按业务循环进行的控制测试直接联系，可加深审计小组成员对被审计单位经济业务的理解，而且便于审计的合理分工，将特定业务循环所涉及的财务报表项目分配给一个或数个审计小组成员来审计，提高审计工作的效率。

第 2 节　审计程序

一、基本审计程序

审计程序是指获取审计证据的具体方法。在审计过程中，注册会计师可以单独或综合运用以下七种基本审计程序。

（一）检查

检查是指注册会计师对被审计单位内部或外部生成的，以纸质、电子或其他介质形式存在的记录或文件进行审查，或对实物资产进行审查。

记录或文件可能包括各种原始凭证、记账凭证、会计账簿、财务报表以及其他文件（合同、会议记录、构成金融工具的股票、债券等）。实物资产可能包括存货、固定资产等。

检查的目的是对财务报表所包含或应包含的信息进行确认。例如，检查被审计单位销售交易的客户订单、发货单、销售发票、客户验收单，以确认被审计单位记录的销售交易及营业收入的发生、准确性及截止认定；检查借款合同，以确认抵押资产的权利认定。又如，检查股票或债券，以确认相关金融资产的存在认定。再如，检查存货、固定资产，以确认存货、固定资产的存在认定及其状况。

检查程序的实施通常具有方向性。例如，如果要确认账上记录的交易是否都是真实发生的（发生认定），则需要从账簿记录中抽取交易，然后向原始凭证进行追查；如果要确认真实发生的交易是否都完整入账（完整性认定），则需要从原始凭证向账簿进行追查。

【知识链接】
检查程序的具体操作举例

（二）观察

观察是指注册会计师察看相关人员正在从事的活动或实施的程序。观察法适用于对内部控制的了解测试和对经营管理活动的考察。例如，对客户执行的存货盘点、信用审批过程进行观察，对客户车间生产活动进行观察，等等。

观察提供的审计证据仅限于观察发生的时点，并且在已经知道被观察时，相关人员从事活动或实施程序可能与日常的做法不同，从而会影响注册会计师对真实情况的了解。因此，观察时点的情况并不能证明一贯的情况，注册会计师在使用观察程序获取证据的时候，要注意其本身固有的局限性，有必要获取其他的佐证证据。

【特别提示】

在实务中对存货、库存现金的监盘是一项复合程序，是观察程序和检查程序的结合运用。

（三）询问

询问是指注册会计师以书面或口头方式，向被审计单位内部或外部的知情人员调查获取财务信息和非财务信息，并对答复进行评价的过程。例如，询问被审计单位管理层持有资产的意图，让被审计单位会计人员对会计处理作出解释。

作为其他审计程序的补充，询问广泛应用于整个审计过程。知情人员对询问的答复可能为注册会计师提供尚未获悉的信息，提供一些重要线索或佐证证据，也可能提供与已获悉信息存在重大差异的信息。但通过询问获得的证据（口头证据）一般不能作为结论性证据，注册会计师还应当实施其他审计程序获取充分、适当的审计证据。针对某些重要事项，注册会计师可能针对询问的口头答复获取书面声明。

（四）函证

函证是指注册会计师向第三方（被询证者）发函询证并直接从第三方获取书面答复（纸质、电子或其他介质形式）作为审计证据的过程。

1. 函证目的

函证通常用于确认账户余额，如应收账款、银行存款；也可能用于确认某些信息存在或不存在，如保证、抵押或质押、背后协议等；也可能用于获取某些细节信息，如某项重大交易的细节、合同条款的细节。

2. 函证适用的项目

凡是涉及第三方的账户或信息，都可以实施函证。例如：（1）银行存款、借款及与金融机构往来的其他金融工具；（2）应收账款；（3）应付账款；（4）应收票据；（5）应付票据；（6）预付账款；（7）预收账款；（8）长期股权投资；（9）由第三方保管的存货；（10）其他应收款；（11）保证、抵押或质押；（12）或有事项；（13）收入；等等。

3. 函证时间

通常以资产负债表日为截止日，在资产负债表日后适当时间内实施函证。如果重大错报风险评估为低水平，则可以选择资产负债表日前适当日期为截止日实施函证，但需要对所函证项目在剩余期间（截止日至资产负债表日）发生的变动实施进一步审计程序。

4. 函证方式

（1）积极函证方式。积极函证方式要求被询证者在所有情况下都予以回函。在实际应用时又可以分为两种：一种是在询证函中列明拟函证的账户余额或其他信息，要求被询证者核对确认；另一种是在询证函中不列明账户余额或其他信息，要求被询证者填写有关信息或提供进一步信息。

（2）消极函证方式。消极函证方式要求被询证者在不同意询证函列示信息的情况下才予以回函。

（3）函证方式的选择。

①注册会计师可采用积极或消极函证方式实施函证，也可将两种方式结合使用。

②考虑采用消极函证方式时一般同时满足下列条件：重大错报风险评估为低水平；涉及大量余额较小的账户；预期不存在大量的错误；没有理由相信被询证者不认真对待函证。

5. 函证的控制

为了保证函证的效果，注册会计师应当对询证函保持控制，包括：

（1）核实需要被询证者确认或填列的信息；

（2）选择适当的被询证者；

（3）设计询证函，包括正确填列被询证者的姓名和地址，以及被询证者直接向注册会计师回函的地址等信息；

（4）询证函经被审计单位签章后由注册会计师亲自寄发并跟进，必要时再次向被询证者寄发询证函；

（5）跟函（即注册会计师独自或在被审计单位员工的陪伴下亲自将询证函送至被询证者，在被询证者核对并确认回函后，亲自将回函带回的方式）时，保持对询证函的控制，并对被审计单位和被询证者之间串通舞弊的风险保持警觉。

（五）重新计算

重新计算是指注册会计师以人工方式或电子方式对记录或文件中数据计算的准确性

进行核对。例如，计算销售发票的金额，加总日记账和明细账，检查折旧费用的计算，检查应纳税额的计算等。重新计算往往同检查程序一并运用。

（六）重新执行

重新执行是指注册会计师对被审计单位内部控制组成部分的程序或控制重新独立执行，以验证相关控制执行的有效性。例如，注册会计师利用被审计单位的银行存款日记账和银行对账单，重新编制银行存款余额调节表，并与被审计单位编制的银行存款余额调节表进行比较，验证被审计单位银行存款对账控制的执行情况。

在审计实务中，重新执行程序的成本较高，通常在询问、观察、检查等其他程序不能获取充分适当的证据时，才使用重新执行程序。

（七）分析程序

分析程序是指注册会计师通过研究不同财务数据之间以及财务数据与非财务数据之间的内在关系，对财务信息作出评价，必要时调查已识别的与其他相关信息不一致或与预期值差异重大的波动或关系。

分析程序应用于整个审计过程中，其目的包括下列三种情况。

（1）用作风险评估程序，以了解被审计单位及其环境，识别那些可能表明财务报表存在重大错报风险的异常变化，进而评估重大错报风险。

例如，注册会计师根据对被审计单位及其环境的了解，得知本期在生产成本中占较大比重的原材料成本大幅上升。因此，注册会计师预期在销售收入没有较大变化的情况下，由于销售成本的上升，毛利率应下降。但是，注册会计师通过分析程序比较本期与上期毛利率，发现本期的毛利率与上期变化不大，据此推断销售成本可能存在重大错报风险。

（2）用作实质性程序，即实施实质性分析程序收集审计证据，识别重大错报，以适当减少细节测试的工作量，节约审计成本，降低审计风险。

实质性分析程序并不适用于所有的财务报表认定。其应用实例详见第 9 章第 4 节中的实质性分析程序。

（3）用于审计临近结束时的总体复核，即确定财务报表中列报的所有信息是否与注册会计师对被审计单位的了解一致，以佐证对财务报表形成的总体结论。

【特别提示】

分析程序不宜用于对控制的了解与测试，因为内部控制一般不涉及大量的财务数据，而分析程序却需要研究不同财务数据之间以及财务数据与非财务数据之间的关系。

在审计过程中，注册会计师可根据需要单独或综合运用上述审计程序，以获取充分、适当的审计证据。

二、审计程序的性质、时间安排与范围

注册会计师利用审计程序获取审计证据时，应确定恰当的审计程序的性质、时间安排与范围。

（一）审计程序的性质

审计程序的性质是指审计程序的目的和类型。

1. 审计程序的目的

（1）风险评估程序。通过实施风险评估程序来了解被审计单位及其环境，以评估重大错报风险。

（2）控制测试。通过实施控制测试以确定控制运行的有效性。

（3）实质性程序。通过实施实质性程序以发现与各类交易、账户余额、列报相关的认定层次的重大错报。

2. 审计程序的类型

审计程序的类型包括检查、观察、询问、函证、重新计算、重新执行和分析程序。在取证时无论是出于风险评估程序目的，还是出于控制测试目的，抑或是出于实质性程序目的，首先都要决策选用何种审计程序。审计程序类型与审计程序目的的对应关系如图 4－1 所示。

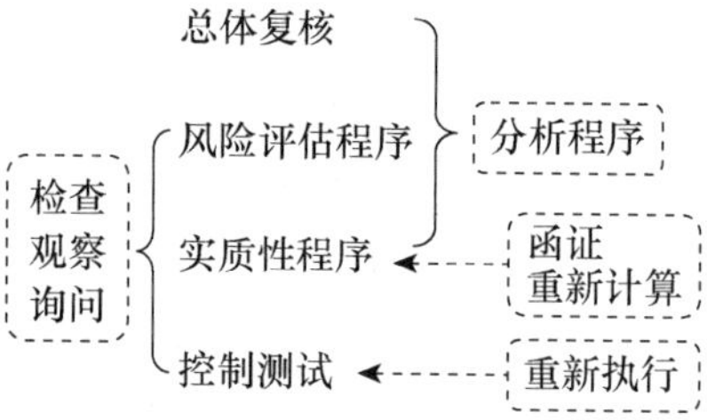

图 4－1　审计程序基本类型与审计程序目的的对应关系

（二）审计程序的时间安排

审计程序的时间安排有两层含义：一是指注册会计师何时实施审计程序，注册会计师可以在期中、期末及期后实施审计程序；二是指审计证据适用的期间或时点，例如，对于营业收入需要获取整个会计期间发生的证据，对于存货需要获取资产负债表日存在的证据。

【知识链接】
审计模式

（三）审计程序的范围

审计程序的范围是指实施审计程序的数量，如抽取的样本量、对某项控制活动的观察次数等。

案例 4－1

注册会计师评估 ABC 公司 2018 年营业收入的发生认定重大错报风险水平较高，为了验证有无虚增销售，注册会计师应确定审计程序的性质、时间安排与范围。

首先，选定审计程序。针对收入发生高估风险，注册会计师决定对 ABC 公司赊销客户（应收账款的债务人）进行函证。

其次，确定审计程序的范围。假定赊销客户有 300 家，注册会计师决定对应收账款余额较大的 100 家客户进行函证，再从其余 200 家客户中随机抽取 50 家进行函证。

最后，确定审计程序的时间安排。注册会计师决定选择在资产负债表日（2018 年 12 月 31 日）后的 10 日内发函。

实训

一、判断题

1. 货币资金与其他业务循环均密切相关，但其业务又同其他业务循环有很大的不同，所以实务中常将货币资金单独作为一个业务循环。（　）

2. 虽然每个被审计单位的业务性质和规模不同，但其业务循环的划分应该相同。（　）

3. 检查仅是对以纸质形式存在的记录或文件进行审查。（　）

4. 检查固定资产能够确认固定资产的存在认定及其使用状况。（　）

5. 重新执行是指注册会计师察看相关人员正在从事的活动或执行的程序。（　）

6. 通过询问可以从客户那里获得大量的证据，而且可以作为结论性证据。（　）

7. 检查程序的实施通常具有方向性。如果要确认交易的发生认定，则需要从原始凭证中抽取凭证样本，然后向账簿进行追查；如果要确认交易的完整性认定，则需要从账簿记录中抽取交易样本，然后向原始凭证进行追查。（　）

8. 分析程序只能用于风险评估，不能用于直接识别认定层次重大错报。（　）

9. 注册会计师实施函证只能用于确认账户的余额。（　）

10. 在取证时无论是出于风险评估程序、控制测试目的，还是出于实质性程序目的，首先都要决策选用何种审计程序类型。（　）

二、单项选择题

1. 注册会计师从管理费用明细账中抽取 10 笔交易，核对原始凭证是否齐全、记账凭证与原始凭证是否相符、账务处理是否正确、是否记录于恰当的会计期间。这是注册会计师在执行（　）程序。

A. 询问　　B. 检查　　C. 重新计算　　D. 观察

2. 报表项目法是按（　）来组织财务报表审计的方法。

A. 财务报表项目　　B. 业务循环　　C. 内部控制　　D. 重大错报风险

3.（　）是指注册会计师向第三方（被询证者）发函询证并直接从第三方获取书面答复（纸质、电子或其他介质形式）作为审计证据的过程。

A. 询问　　B. 检查　　C. 函证　　D. 观察

4. 下列审计程序中，只能用于对内部控制进行测试的是（　）。

A. 询问　　B. 检查　　C. 重新计算　　D. 重新执行

5. 下列不适用分析程序的是（　　）。

A. 主营业务收入的发生　　B. 管理费用的完整性

C. 应收账款的存在　　D. 存货内部控制的有效性

6.（　　）是指注册会计师对被审计单位内部或外部生成的，以纸质、电子或其他介质形式存在的记录或文件进行审查，或对实物资产进行审查。

A. 函证　　B. 询问　　C. 检查　　D. 重新计算

7.（　　）是指注册会计师以书面或口头方式，向被审计单位内部或外部的知情人员获取财务信息和非财务信息，并对答复进行评价的过程。

A. 函证　　B. 询问　　C. 分析程序　　D. 观察

8. 注册会计师索取被审计单位的银行存款日记账和银行对账单，重新编制银行存款余额调节表，并与被审计单位编制的银行存款余额调节表进行比较，验证被审计单位银行存款对账控制的执行情况。这属于（　　）程序。

A. 函证　　B. 重新执行　　C. 检查　　D. 重新计算

9. 把紧密相关的报表项目及涉及的交易和账户归入同一业务循环，然后按业务循环来组织财务报表审计的方法称为（　　）。

A. 逆查法　　B. 报表项目法

C. 顺查法　　D. 业务循环法

10.（　　）是指实施审计程序的数量，如抽取的样本量、对某项控制活动的观察次数等。

A. 审计程序的目的　　B. 审计程序的性质

C. 审计程序的范围　　D. 审计程序的类型

三、多项选择题

1. 制造业企业的业务循环通常可以划分为（　　）

A. 销售与收款循环　　B. 采购与付款循环

C. 筹资与投资循环　　D. 生产与存货循环

2. 审计程序的时间安排有两层含义：（　　）。

A. 注册会计师何时实施审计程序

B. 审计证据适用的期间或时点

C. 注册会计师在期中实施审计程序

D. 注册会计师在期末及期后实施审计程序

3. 下列属于执行检查程序的有（　　）。

A. 检查会计凭证有无涂改、挖补等伪造、变造现象

B. 审查原始凭证是否连续编号，大小写金额是否相符

C. 让被审计单位会计人员对借款利息资本化作出解释

D. 审查账户对应关系是否正常，交易金额有无异常的现象

4. 下列属于运用观察审计程序的是（　　）。

A. 监督客户执行的存货盘点　　B. 对客户的控制活动进行观察
C. 亲自抽点客户的存货　　D. 对客户的车间生产状况进行观察

5. 在审计实务中对库存现金、存货等常用的监盘是一项复合程序，由（　　）构成。

A. 检查　　B. 观察　　C. 重新计算　　D. 重新执行

6. 下列项目中适用检查程序的有（　　）。

A. 银行存款总账　　B. 保险柜内的现金
C. 销售发票记账联　　D. 应收账款明细账

7. 下列可以使用函证程序的项目有（　　）。

A. 银行存款　　B. 库存现金
C. 由其他单位代为保管、加工的存货　　D. 应收账款

8. 下列属于应用重新计算审计程序的是（　　）。

A. 比较本年各月主营业务收入　　B. 检查应纳税额的计算
C. 计算销售发票的总金额　　D. 重新编制银行存款余额调节表

9. 下列关于分析程序的用法中正确的有（　　）。

A. 用作风险评估程序，识别、评估重大错报风险
B. 用于审计临近结束时的总体复核，即确定财务报表中列报的所有信息是否与注册会计师对被审计单位的了解相一致，以佐证对财务报表形成的总体结论
C. 用作实质性程序，直接识别重大错报
D. 用于控制测试，以确定控制运行的有效性

10. 实施审计程序的目的有（　　）。

A. 风险评估程序　　B. 控制测试　　C. 实质性程序　　D. 总体复核

四、案例分析题

1. ABC 公司 2018 年的借款规模、存款规模分别与 2017 年基本持平，但财务费用比 2017 年有所下降。ABC 公司作出以下解释：

（1）ABC 公司于 2017 年 1 月初借入 3 年期的工程项目专门借款 10 000 000 元，该工程项目于 2017 年 1 月开工建设，在 2018 年 6 月完工。

（2）ABC 公司从 2013 年起至今一直有美元存款 200 000 美元。由于人民币在 2018 年持续贬值，人民币对美元的汇率在 2018 年有较大幅度下降。

（3）为了缓解流动资金紧张的压力，ABC 公司从 2018 年 5 月起增加了商业汇票的贴现规模。

（4）根据 ABC 公司与开户银行签订的存款协议，从 2018 年 7 月 1 日起，ABC 公司在开户银行的存款余额超过 1 000 000 元的部分所适用的银行存款利率上浮 0.5%。

要求：分析上述理由能否解释财务费用变动趋势。

2. 注册会计师负责对 ABC 公司 2018 年度财务报表实施审计，计划实施以下审计程序：

（1）抽取 12 月份应付账款明细账借方记录，追查到银行对账单。

（2）检查资产负债表日前后发货单日期、发票日期与营业收入的记账日期。

（3）获取银行存款明细表，复核加计是否正确，并与银行存款日记账和总账进行核对。

（4）将员工工薪表中列示的员工总人数与经实际清点并确认的员工人数比较。

（5）检查固定资产抵押担保情况。

要求：请指出上述审计程序可能证实哪一种认定，并指出与该认定最相关的财务报表项目（仅限于货币资金、固定资产、应付账款、营业收入、营业成本、应付职工薪酬项目）。

第5章

审计证据与审计工作底稿

引导案例

审计工作底稿的严肃性

2018 年 12 月 31 日，审计助理小丁去 ABC 公司监盘存货，听到几个员工议论可能存在变质产品。小丁对存货进行抽点，结果表明存货数量准确、收发有序。由于产品技术含量较高，小丁无法鉴别产品是否变质，于是他去询问存货部主管，得到的答复是产品无质量问题。在编制审计工作底稿时，小丁在备注中写下“听说有变质产品，建议在下阶段的存货计价审计中应予以特别关注”。注册会计师老张在复核工作底稿时，向小丁详细了解存货监盘情况，特别是有关变质产品的情况，并询问当时议论此事的员工，但这些员工矢口否认。于是，老张与存货部主管沟通之后得出结论：“存货未发现重大错报”，并且在底稿备注中注明“变质产品问题经核实尚无证据，但下次审计时应加以考虑”。

由于 ABC 公司总经理抱怨老张前两次发表保留意见，使其贷款遇到了麻烦，因此本次审计老张发表了无保留意见。六个月后，ABC 公司资金周转不灵，主要是存货中存在大量变质产品无法出售，致使无法偿还银行贷款。银行提起诉讼，拟向会计师事务所索赔。会计师事务所向法庭出示了审计工作底稿。法院审理后认为，注册会计师明知存货价值高估，但迫于该公司的压力而未揭示，具有重大过失，应承担银行的贷款损失。

资料来源：改编自李若山，刘大贤．审计学——案例与教学．北京：经济科学出版社，2000.

思考：

1．员工的议论能否作为充分、适当的审计证据支持注册会计师得出恰当的审计结论？

2．对于从员工议论中获悉的信息，注册会计师应当如何做？

3．审计工作底稿是否要对审计过程中形成的一切信息做记录？

第 1 节　审计证据

一、审计证据的含义

审计证据就是注册会计师为了得出审计结论和形成审计意见而使用的信息，包括构成财务报表基础的会计记录中含有的信息和从其他来源获取的信息。审计证据的内容及举例如表 5－1 所示。

表 5－1　审计证据的内容及举例

审计证据	会计记录中含有的信息	原始凭证	如支票存根、电子资金转账记录、发票
		记账凭证	如记录销售交易的记账凭证
		总账和明细（日记）账	如主营业务收入总账与明细账
		未在记账凭证中反映的对财务报表的其他调整	如编制财务报表时的重分类调整、编制合并财务报表时的内部交易抵销调整
		支持成本分配、计算、调节和披露的手工计算表和电子数据表	如制造费用分配表
	从其他来源获取的信息	从被审计单位内部或外部获取的会计记录以外的信息	如被审计单位会议记录、内部控制手册、询证函的回函、分析师的报告、与竞争者的比较数据、合同、对账单、人事档案等
		通过询问、观察和检查等审计程序获取的信息	如通过检查存货获取存货是否存在的证据（监盘表）等
		注册会计师自身编制或获取的可以通过合理推断得出结论的信息	如注册会计师编制的各种计算表、分析表

会计记录是编制财务报表的基础，构成注册会计师执行财务报表审计业务所需获取的审计证据的重要部分。但是会计记录中含有的信息不足以提供充分的证据以作为发表意见的基础，注册会计师还需要获取其他信息，比如，巨额应收款的存在认定不能只凭会计记录，还需要函证来获得证据。没有前者，审计工作将无法进行；没有后者，可能无法识别重大错报，因此二者缺一不可。

【知识链接】
审计证据的类型

二、审计证据的特征

审计证据要具有较强的证明力，就必须具有充分性和适当性两大特征。

（一）充分性

审计证据的充分性是对审计证据数量的衡量，是指审计证据的数量足以支持注册会计师的审计结论。也就是说，审计证据的充分性是注册会计师得出审计结论所需的审计证据的最低数量要求。审计证据的充分性主要与注册会计师选取测试项目（或者样本）

的数量有关。例如，检查销售发票是否附有相匹配的商品出库单，从全部1 000张销售发票中选取200个样本获得的证据要比选取100个样本获得的证据更充分。

恰当的审计结论需要建立在充分的审计证据基础之上，但并不意味着审计证据的数量越多越好，因为收集审计证据要考虑成本效益原则。如果检查100张发票就足以得出发票价格与商品价目表一致的结论，那么检查第101张发票可能是不必要的。收集过多的审计证据，会增加不必要的审计成本，降低审计效率。

（二）适当性

审计证据的适当性是对审计证据质量的衡量，包括相关性和可靠性两层含义。

1. 相关性

审计证据的相关性是指审计证据应与审计目标相关。例如，存货监盘表和存货的存在这一目标相关，却不能证明存货的所有权和价值。再如，如果从发货单中选取样本，追查与每张发货单相应的销售发票，由此获得的证据可以确定是否每张发货单均已开具发票，却不能确定是否存在虚开发票；如果从销售发票中选取样本，并追查至与每张发票相应的发货单，由此获得的证据可以确定是否虚开发票，却不能确定是否每张发货单均已开具发票。

收集的证据如果与审计目标不相关，即使证据再可靠、数量再多，也起不到证明作用，只会浪费时间和增加审计成本。收集审计证据必须紧紧围绕审计目标进行。

2. 可靠性

审计证据的可靠性是指审计证据的可信赖程度。如果审计证据不可靠，即使数量再多、与审计目标再相关，也不能起到证明作用。

审计证据的可靠性取决于审计证据的来源和性质，并受取证环境的影响，也就是说，在确定审计证据是否可靠时，应当具体问题具体分析。审计证据的可靠性通常遵循以下判断原则。

（1）外部证据可能比内部证据更可靠，如银行对账单比银行存款余额调节表更可靠；从外部独立来源获取的审计证据可能比从其他来源获取的审计证据更可靠，如银行询证函回函比银行对账单更可靠；获得外部认可的内部证据可能比仅在被审计单位内部流转的证据要可靠，如销售发票副本比被审计单位的期末存货盘点表更可靠。

（2）内部控制有效时内部生成的审计证据比内部控制薄弱时内部生成的审计证据更可靠。例如，如果与销售业务相关的内部控制有效，从销售发票和发货单中取得的证据就比相关内部控制无效时获取的证据更可靠。

（3）直接获取的审计证据比间接获取或推论得出的审计证据更可靠。例如，注册会计师观察某项控制的运行得到的证据比询问被审计单位某项控制的运行得到的证据更可靠。但要考虑例外情形。例如，如果注册会计师无法鉴别人造玉石与天然玉石，那么他检查天然玉石存货获取的直接证据也不能证明有关天然玉石是否实际存在。又如，注册会计师观察时正在执行的控制在注册会计师不在场时可能未被执行。

（4）以文件、记录形式（包括纸质、电子或其他介质）存在的审计证据比口头形式的审计证据更可靠。例如，会议的同步书面记录比对讨论事项事后的口头表述更可靠。在一般情况下，口头证据往往需要得到其他相应证据的支持。

（5）从原件获取的审计证据比从传真或复印件获取的审计证据更可靠。

（6）从不同来源获取的审计证据或不同性质的审计证据能够相互印证，则相关的审计证据具有更强的说服力。例如，注册会计师通过检查委托加工协议发现被审计单位有委托加工材料，且委托加工材料占存货比重较大，经函证证实委托加工材料确实存在。委托加工协议和函证回函这两个不同来源的审计证据互相印证，证明委托加工材料真实存在。

从不同来源获取的审计证据或不同性质的审计证据相互矛盾，则审计证据不可靠。上例中，如果注册会计师函证证实委托加工材料已加工完成并返回被审计单位，则委托加工协议和函证回函这两个不同来源的证据不一致，委托加工材料是否真实存在受到质疑。这时，注册会计师应追加审计程序，确认委托加工材料收回后是否未入库，或被审计单位收回后予以销售而未入账。

三、评价审计证据的特殊考虑

（一）对文件记录可靠性的考虑

审计工作通常不涉及鉴定文件记录的真伪，因为注册会计师不是鉴定文件记录真伪的专家。但注册会计师应考虑审计证据的可靠性，如果在审计过程中识别出文件记录可能是伪造的，注册会计师应当作出进一步调查，例如直接向第三方函证、聘请专家鉴定，等等。

（二）对审计成本的考虑

在保证获取充分、适当的审计证据的前提下，注册会计师应考虑控制审计成本。但审计证据获取难、成本高不应成为减少不可替代的审计程序的理由。例如，存货监盘是证实存货存在认定的不可替代的审计程序，注册会计师在审计中不得以实施成本高和难以实施为由而不执行该程序。

（三）使用被审计单位生成信息的考虑

在设计和实施审计程序时使用被审计单位生成的信息，注册会计师应评价该信息是否足够准确、详细和完整。例如，用价格乘以销售量来对收入进行审计时，必须确定价格信息的准确性和销售量数据的完整性和准确性。测试付款是否经过授权，若选取的测试项目总体不完整，则测试结果可能不可靠。利用内部审计报告来评价某项控制运行的有效性，内部审计报告的准确性与详细程度将对这一评价产生很大影响。拟利用被审计单位内部信息系统生成的财务业绩衡量指标，注册会计师应当考虑相关信息是否可靠。

（四）利用管理层的专家的工作的考虑

管理层的专家是指在会计、审计以外的某一领域具有专长的个人或组织，其工作被管理层利用以协助其编制财务报表。如果审计证据拟利用管理层的专家的工作，注册会计计师应当评价管理层的专家的胜任能力、专业素质和客观性，评价管理层的专家的工作用作审计证据的适当性。

第 2 节　审计工作底稿

一、审计工作底稿的含义

审计工作底稿是指注册会计师对制定的审计计划、实施的审计程序、获取的相关审计证据，以及得出的审计结论作出的记录。审计工作底稿是审计证据的载体，它形成于审计过程，也反映整个审计过程。

二、审计工作底稿的要素与格式

（一）审计工作底稿的要素

审计工作底稿通常包括下列全部或部分要素：

1. 审计工作底稿的标题

（1）被审计单位的名称（可简称）。

（2）审计项目名称。即某财务报表项目（或会计科目）名称或者某审计程序及实施对象的名称。

（3）审计项目时点或期间。即资产负债表日或者底稿覆盖的会计期间。

2. 审计过程记录

（1）实施的审计程序的性质、时间安排和范围，以及实施审计程序的结果和获取的审计证据。

（2）具体项目或事项的识别特征，即测试项目或事项表现出的唯一标志。根据这一识别特征可以从总体中找到该项目或事项。比如，对销售发票进行测试，可以将销售发票的日期或编号作为识别特征；对库存现金日记账进行测试，可以将金额范围作为识别特征，测试一定金额以上的所有记录；存货监盘时可以将存货存放的仓库作为识别特征；询问时可以将询问的时间、被询问人的职位及姓名作为识别特征。

（3）重大事项，即对整个审计工作和审计结论产生重大影响的事项。比如，无法实施重要存货的监盘、引起特别风险的事项、实施审计程序的结果（该结果表明可能存在重大错报或需要修正以前对重大错报风险的评估）、导致出具非标准审计报告的事项，等等。

注册会计师需要在底稿中记录重大事项的内容以及与管理层等相关人员对重大事项的讨论，包括讨论的时间、地点和参加人员。有关重大事项的记录可能分散在审计工作底稿的不同部分，为了便于注册会计师评价重大事项对审计工作的影响，有效地复核底稿，需要将其汇总在“重大事项概要”中，并记录重大事项如何得到解决，交叉索引相关支持性审计工作底稿。

通常会计师事务所会采用统一印制的程序表（或者标准的底稿模式）来进行审计过程的记录，以简化规范审计工作的实施。

3. 审计结论

注册会计师对被审计事项作出职业判断，得出审计结论，描述已实施审计程序的结果、是否实现审计目标、重大事项如何得到解决。例如，“销售交易相关控制有效运行”“明细表已与明细账、总账、报表数核对相符”“营业收入没有发现重大错报”。

4. 审计标识及其说明

审计工作底稿中可使用各种审计标识，需要说明其含义，且保持前后一致。这些标识及其完整的含义应详细记录于审计标识一览表内以供检查、复核者正常阅读。

下面列举一些标识并说明其含义（见表 5－2）。

表 5－2　　审计标识及其含义举例

审计标识	含义	审计标识	含义
Λ	纵加核对相符	<	横加核对相符
B	与上年结转数核对一致	T	与原始凭证核对一致
G	与总账核对一致	S	与明细账核对一致
C	已发询证函	C\	已收回询证函

5. 索引号及页次

索引号就是按照一定的规律对审计工作底稿进行的分类编号。注册会计师可以按照所记录的审计工作的内容、层次进行编号，编号具有唯一性，不允许重复。例如，初步业务活动类为 A，风险评估类为 B，控制测试类为 C，实质性程序类为 D，完成审计业务类为 E。以固定资产实质性程序底稿为例，固定资产审定表的索引号为 DZ5，按类别列示的固定资产明细表的索引号为 DZ5－1，单个固定资产原值及累计折旧的明细表索引号包括房屋建筑物（索引号为 DZ5－1－1）、机器设备（索引号为 DZ5－1－2）、运输工具（索引号为 DZ5－1－3）及其他设备（索引号为 DZ5－1－4），其他固定资产底稿索引号为 DZ5－2，DZ5－3，…，依此类推。

页次是同一索引号下多页审计工作底稿的顺序编号，一般以分数形式表示（如 2/8 表示本页为本索引号下的 8 页底稿中的第 2 页）。页次编排时应连续。

在实务中，可在外勤开始时按照财务报表项目的顺序先编制各类底稿的索引号（如 DZ1，DZ2，…），在实际执行审计程序中再依次编制底稿页次。这样既能保证索引号的唯一性和相互索引，又可防止页次编制时的缺号、重号。

引用底稿时，需要在审计工作底稿中注明引用的那张底稿的索引号，使相关审计工作底稿之间保持清晰的勾稽关系，以便于查阅复核。

6. 编制者姓名及编制日期

审计工作的执行人员在审计工作底稿上签名并注明完成审计工作的日期。

7. 复核者姓名及复核日期、复核范围

审计工作的复核人员在底稿上签名并注明完成复核的日期以及复核的事项。

编制与复核签名均可采用简签格式，并记录于审计标识一览表内。

(二) 审计工作底稿的格式

会计师事务所基于审计准则及审计实务经验，统一制定审计工作底稿模板和范例。在此基础上，注册会计师再根据各具体审计项目的特点进行必要的修改，制定适用于具体项目的审计工作底稿。审计工作底稿格式与内容的示例如表5-3、表5-4、表5-5、表5-6所示。

1. 分析表

表5-3　　应收账款周转分析表

被审计单位：ABC公司　　索引号：ZA3-5　　页次：1/1
项目：应收账款周转分析　　财务报表截止日：2017年12月31日
编制：李鸣　日期：2018-2-25　　复核：王路　日期：2018-2-28

1. 预期				
该公司前两年的应收账款周转天数分别是70天和72天。通过询问销售经理，获知本期提供给客户的信用条件没有变化，均为60天。因此，预期本期的应收账款周转天数为72天。				
2. 可接受的差异额				
基于重要性水平和计划的保证水平，确定可接受的差异额为应收账款周转天数与预期值相差5天。				
项目	本期	预期值	差异	可接受的差异额
应收账款周转天数	80天	72天	8天	5天
3. 对偏离预期数据的重大波动或关系实施的审计程序				
应收账款周转天数重大波动的主要原因是ABC公司为扩大销售吸引了一批新的客户，部分新客户的应收账款账龄超过了ABC公司提供的还款期。信用部门已对这些客户的资信状况进行了跟进了解，这些新客户多为房地产企业，资金周转周期较长。通过检查这些新客户的资信状况资料，没有发现重大的支付能力异常情况。				
4. 结论				
基于以上分析程序，应收账款的实际周转情况与预期数据之间没有重大异常情况。				

2. 细节测试工作底稿

表5-4　　营业收入审定表

被审计单位：ABC公司　　索引号：SA1-5　　页次：1/1
项目：营业收入　　财务报表期间：2017年1月至12月
编制：张良　日期：2018-3-25　　复核：王路　日期：2018-4-1

项目类别	本期未审数	索引号	账项调整				本期审定数	上期审定数
			借方	索引号	贷方	索引号		
一、主营业务收入								
A产品	1 420 000	SA2	100 000	SA5-1			1 320 000	1 100 000
小计	1 420 000		100 000				1 320 000	1 100 000

续前表

项目类别	本期未审数	索引号	账项调整				本期审定数	上期审定数
			借方	索引号	贷方	索引号		
二、其他业务收入								
小计								
营业收入合计	1 420 000		100 000				1 320 000	1 100 000

调整分录：

借：营业收入——主营业务收入——A　100 000
　　应交税费——应交增值税（销项税额）　17 000
　贷：应收账款——甲　117 000

审计结论：

经审计发现提前确认主营业务收入 100 000 元，除此之外没有发现其他重大错报。

表 5-5　主营业务收入明细表

被审计单位：ABC 公司　　索引号：SA2-5　页次：1/1
项目：营业收入——主营业务收入明细表　　财务报表期间：2017 年 1 月至 12 月
编制：张良　日期：2018-2-15　　复核：王路　日期：2018-2-20

月份	主营业务收入明细项目						
	合计	A					
1		100 000					
2		110 000					
3		100 000					
⋮							
9		100 000					
10		120 000					
11		110 000					
12		230 000					
合计		1 420 000					

审计说明：

与主营业务收入明细账合计数、总账数核对相符。

表 5-6　主营业务收入截止测试

被审计单位：ABC 公司　　索引号：SA5-1　页次：1/1
项目：营业收入——主营业务收入截止测试　　财务报表期间：2017 年 1 月至 12 月
编制：张良　日期：2018-2-19　　复核：王路　日期：2018-2-20

从发货单到明细账

编号	发货单		发票内容					明细账				是否跨期 √(×)
	日期	号码	日期	客户名称	货物名称	销售额	税额	日期	凭证号	主营业务收入	应交税费	
1	12.30	1008	12.30	甲	A	50 000	8 500	12.31	转字 118	50 000	8 500	×

续前表

编号	发货单		发票内容					明细账				是否跨期√(×)
	日期	号码	日期	客户名称	货物名称	销售额	税额	日期	凭证号	主营业务收入	应交税费	
2	12.29	1006	12.29	甲	A	60 000	10 200	12.30	转字 112	60 000	10 200	×
⋮												
截止日前												
截止日期：2017 年 12 月 31 日												
截止日后												
7	1.2	0001	12.31	甲	A	100 000	17 000	12.31	转字 001	100 000	17 000	√
8	1.5	0006	1.5	甲	A	80 000	13 600	1.5	转字 009	80 000	13 600	×
⋮												

审计说明：

取得截止日前后各 5 天内的全部发货单进行截止测试，结果发现 2018 年 1 月 2 日第 0001 号发货单对应的发票日及记账日为 2017 年 12 月 31 日，提前确认收入 100 000 元。

三、审计工作底稿编制的要求

（1）注册会计师应当及时编制审计工作底稿。

（2）注册会计师编制的审计工作底稿应当使未曾接触该审计项目的有经验的专业人士清楚地了解实施的审计程序的性质、时间安排与范围，实施审计程序的结果，获取的审计证据，审计中遇到的重大事项和得出的结论，以及作出的重大判断。

（3）已被取代的审计工作底稿的草稿、不全面或对初步思考的记录、存在印刷错误或其他错误而作废的文本，以及重复的文件记录，不能作为审计工作底稿。

（4）对于被审计单位或第三方提供的诸如余额明细表、折旧计提计算表、回函等资料，在实施必要的审计程序并形成相应的记录后，才能作为审计工作底稿的组成部分。为避免被审计单位或第三方提供的资料因要素不全等状况而无法直接利用或进一步分析，可以对相关人员给予必要的指导，要求他们按照合乎审计程序要求的格式提供数据资料。

四、复核审计工作底稿

（一）项目组内部复核

项目组内部复核是常规的业务复核，会计师事务所通常建立三级复核制。所有的审计工作底稿至少要经过一级复核。

1. 复核人员与复核范围

按照项目组内富有经验的人员复核经验较少的人员的工作这一原则，项目组在制订审计计划时就要确定好复核人员。对于较为复杂、审计风险较高的领域，例如，涉及重大会计估计、重大合同、关联交易等，要指派经验丰富的项目组成员执行复核。

（1）一级复核——富有经验的人员（或项目经理）复核。项目组内经验较多的人员（或项目经理）实施现场复核，以便及时发现和解决问题，复核的主要内容如表5-7所示。

表5-7　　一级复核事项

1. 审计工作是否已按照职业准则和适用的法律法规的规定执行。 2. 重大事项是否已提请进一步考虑。 3. 相关事项是否已进行适当咨询，由此形成的结论是否已得到记录和执行。 4. 是否需要修改已执行审计工作的性质、时间安排和范围。 5. 已执行的审计工作是否支持形成的结论，并已得到适当记录。 6. 已获得的审计证据是否充分、适当。 7. 审计程序的目标是否已实现。

（2）二级复核——项目经理（或签字注册会计师）复核。项目经理（或签字注册会计师）实施现场复核，以便及时发现和解决问题，具体复核事项如表5-8所示。

表5-8　　二级复核事项

1. 是否已复核已完成的审计计划，以及导致对审计计划作出重大修改的事项。 2. 是否已复核重要的财务报表项目。 3. 是否已复核特殊交易或事项，包括债务重组、关联方交易、非货币性交易、或有事项、期后事项、持续经营能力等。 4. 是否已复核重要会计政策、会计估计的变更。 5. 是否已复核重大事项概要。 6. 是否已复核建议调整事项。 7. 是否已复核管理层声明书，股东大会、董事会相关会议纪要，与客户的沟通记录及重要会谈记录，律师询证函复函。 8. 是否已复核审计小结。 9. 是否已复核已审计财务报表和拟出具的审计报告。 10. 实施上述复核后，是否可以确定下列事项： （1）审计工作底稿提供了充分、适当的记录，作为审计报告的基础。 （2）已按照中国注册会计师审计准则的规定执行了审计工作。 （3）对重大错报风险的评估及采取的应对措施是恰当的，针对存在特别风险的审计领域，设计并实施了针对性的审计程序，且得出了恰当的审计结论。 （4）作出的重大判断恰当合理。 （5）提出的建议调整事项恰当，相关调整分录正确。 （6）未更正错报无论是单独还是汇总起来对财务报表整体均不具有重大影响。 （7）已审计财务报表的编制符合企业会计准则的规定，在所有重大方面公允反映了被审计单位的财务状况、经营成果和现金流量。 （8）拟出具的审计报告措辞恰当，已按照中国注册会计师审计准则的规定发表了恰当的审计意见。

（3）三级复核——项目合伙人复核。项目合伙人复核既是对项目经理复核的再监督，也是对重要审计事项的把关。项目合伙人无须复核所有的审计工作底稿，具体复核事项如表5-9所示。

表5-9　　三级复核事项

1. 是否已复核已完成的审计计划，以及导致对审计计划作出重大修改的事项。 2. 是否已复核重大事项概要。 3. 是否已复核存在特别风险的审计领域，以及项目组采取的应对措施。

4. 是否已复核项目组作出的重大判断。 5. 是否已复核建议调整事项。 6. 是否已复核管理层声明书，股东大会、董事会相关会议纪要，与客户的沟通记录及重要会谈记录，律师询证函复函。 7. 是否已复核审计小结。 8. 是否已复核已审计财务报表和拟出具的审计报告。 9. 实施上述复核后，是否可以确定下列事项： (1) 对项目经理实施的复核结果满意。 (2) 对重大错报风险的评估及采取的应对措施是恰当的，针对存在特别风险的审计领域，设计并实施了针对性的审计程序，且得出了恰当的审计结论。 (3) 项目组作出的重大判断恰当合理。 (4) 提出的建议调整事项恰当合理，未更正错报无论是单独还是汇总起来对财务报表整体均不具有重大影响。 (5) 已审计财务报表的编制符合企业会计准则的规定，在所有重大方面公允反映了被审计单位的财务状况、经营成果和现金流量。 (6) 拟出具的审计报告措辞恰当，已按照中国注册会计师审计准则的规定发表了恰当的审计意见。

2. 复核时间

审计项目复核贯穿审计全过程，随着审计工作的推进，复核人员在计划审计阶段、实施审计阶段和完成审计阶段应及时复核相应的工作底稿。例如，在计划审计阶段复核总体审计策略和审计计划的工作底稿，在实施审计阶段复核实质性程序的工作底稿，在完成审计阶段复核审计调整的工作底稿。

3. 复核责任

项目合伙人应当对审计项目的总体质量负责，对项目组按照会计师事务所复核政策和程序对底稿实施的复核负责。

(二) 项目质量控制复核（必要时）

会计师事务所对特定业务（如涉及公众利益的上市公司财务报表审计、高风险业务）应实施独立的项目质量控制复核。

1. 质量控制复核人员

进行这种独立复核的人员通常是没有直接参加这个项目审计且富有执业经验、能够提供业务咨询、具备必要权限的人员，例如合伙人或专门负责质量控制复核的注册会计师。

2. 质量控制复核范围

项目质量控制复核人员应当客观地评价项目组作出的重大判断和得出的结论，以及拟出具的审计报告的恰当性，具体复核事项如表5-10。

表5-10　　项目质量控制复核事项

1. 项目质量控制复核之前进行的复核是否均已得到满意的执行。 2. 是否已复核项目组针对本业务对本所独立性作出的评价，并认为该评价是恰当的。 3. 是否已复核项目组在审计过程中识别的特别风险以及采取的应对措施，包括项目组对舞弊风险的评估及采取的应对措施，并认为项目组作出的判断和采取的应对措施是恰当的。 4. 是否已复核项目组作出的判断，包括关于重要性和特别风险的判断，并认为这些判断恰当合理。

5. 是否确定项目组已就存在的意见分歧、其他疑难问题或争议事项进行适当咨询，且咨询得出的结论是恰当的。
6. 是否已复核项目组与管理层和治理层沟通的记录以及拟与其沟通的事项，并对沟通情况表示满意。
7. 是否认为所复核的审计工作底稿反映了项目组针对重大判断执行的工作，能够支持得出的结论。
8. 是否已复核已审计财务报表和拟出具的审计报告，认为已审计财务报表符合企业会计准则的规定，拟出具的审计报告已按照中国注册会计师审计准则的规定发表了恰当的审计意见。

3. 质量控制复核时间

只有完成了项目质量控制复核，才能签署审计报告，但并非所有质量控制复核都是临近出具审计报告前才实施。项目质量控制复核人员可在业务过程中的适当阶段及时实施项目质量控制复核，例如，在审计计划阶段，质量控制复核人员复核项目组在制定审计策略和审计计划时作出的重大判断。

五、审计工作底稿的管理

（一）审计工作底稿的归档

注册会计师应当及时将审计工作底稿归整为审计档案，这只是一项事务性工作，不涉及实施新的审计程序，也不会得出新的结论。审计工作底稿的归档期间为审计报告日后 60 天内。如果注册会计师未能完成审计业务，则审计工作底稿的归档期限为中止审计业务日后 60 天内。

（二）审计工作底稿的保存期限

自审计报告日（或中止审计业务日）起，审计工作底稿至少应保存 10 年。

（三）审计工作底稿的修改

在完成审计档案归档工作后，注册会计师如果发现有必要修改现有审计工作底稿或增加新的审计工作底稿，应当记录修改或增加审计工作底稿的时间和人员、复核的时间和人员，以及修改或增加的理由。

（四）审计档案的组成

审计档案是指以实物或电子形式存在的构成某项具体业务的审计工作底稿的集合。审计档案内容示例如表 5 - 11 所示。

表 5 - 11　　审计档案内容示例

初步业务活动工作底稿	初步业务活动程序表
	业务承接评价表
	业务保持评价表
	审计业务约定书
风险评估工作底稿	预备会会议纪要
	了解被审计单位及其环境
	项目组讨论纪要——风险评估
	风险评估结果汇总表

风险评估工作底稿	总体审计策略和具体审计计划
	对内部审计的评价、对外部专家的评价、对服务机构的评价
	被审计单位提交资料清单
进一步审计程序工作底稿	控制测试工作底稿
	实质性程序工作底稿（如各种程序表、分析表、问题备忘录、询证函回函等）
特定项目审计程序工作底稿	舞弊、持续经营、关联方、对法律法规的考虑等
业务完成阶段工作底稿	账项调整分录汇总表、重分类调整分录汇总表、列报调整汇总表、未更正错报汇总表
	资产负债表试算平衡表、利润表试算平衡表
	总结会会议纪要、与治理层的沟通函、专业意见分歧解决表、重大事项概要汇总表
	管理层声明书
	审计总结、审计工作完成情况核对表、业务复核核对表
	审计报告和经审计的财务报表
	管理建议书

案例5-1

行有踪，去有影

一、证监会处罚决定

XYZ会计师事务所（以下简称“XYZ所”）审计了大智慧公司201×年财务报表，出具了无保留意见的审计报告。证监会查证XYZ所在审计过程中存在的违法事实之一是：未对销售与收款业务中已关注到的异常事项执行必要的审计程序。

二、XYZ所的申辩

1. 针对临近资产负债表日大智慧软件产品销售大增。(1) 注册会计师执行了常规审计程序，并实施了追加的审计程序，未发现大智慧存在“3月31日前可全额退款”的销售政策。(2) 会计师对电话录音实施了询问程序，项目组以普通客户名义电话询问大智慧销售人员的审计程序也可实现与抽样查听电话营销录音同样的审计目标。(3) 针对个人用户无法函证时采取的替代审计程序，采取了相比函证程序更有针对性的审计程序：抽取了销售发票、对应的银行进账单以及服务开通的系统记录，逐一核对记载的客户姓名、金额、销售内容、时间是否一致。对201×年12月大智慧销售收入按照软件产品类型进行了分层测试，测试结果未发现重大异常情况。

2. 针对期后退货显著增加，注册会计师设计并实施了有针对性的审计程序。(1) 向管理层询问了解期后退货原因。退货增加主要是由于日后一段时间内证券市场低迷，以及部分用户参考大智慧推出的模拟盘导致投资出现严重亏损，在监管部门立即处理投诉的要求下，对该部分客户进行了退货处理。(2) 实施期后退货细节测试。根据大智慧退款流程，检查了退货协议、退款申请审批单、付款原始凭证、红冲发票、客服部门退货清单等。客户与大智慧根据退货协议就退款事宜协商一致，且部分用户是扣除一定使用费后退还，并非“3 月 31 日可全额退款”的情形。同时，注册会计师已将 2 242 万元销售收入进行审计调减处理。

三、证监会的认定

针对 201×年大智慧软件产品临近资产负债表日销售大增，期后退货显著增加的情况。

1. 审计工作底稿显示，在常规审计程序的基础上，当事人实施的追加审计程序仅查验一项，并未实施过以普通客户名义询问大智慧工作人员的审计程序。

2. 会计师执行电话查听程序的前提是其已对期后退款事项产生的原因有足够的了解和认识。(1) 了解期后退货原因的审计程序在审计工作底稿中未明确记录，且相关的管理层声明系第二年签署，不能证明会计师实施了该项审计程序以获取充分的审计证据。(2) 由于收入和期后退款均存在大幅增加的异常情况，注册会计师即使取得公司管理层说明，但以内部审计证据就认可管理层提出的退款理由，显然不足以应对可能存在的舞弊风险。(3)《退款协议》为统一制式合同，无法获悉退款的真实原因，且大量退款发生在软件销售合同约定的 5 个工作日之后，对此异常情况，注册会计师未执行进一步审计程序。当事人申辩其通过询问大智慧管理层，了解到退款原因系投资顾问业务导致客户亏损从而引发客户过度维权所致，但审计工作底稿中并没有相关记录。故根据大智慧的销售特点，在对个人客户函证效果较差、内部证据可靠性较低的情况下，当事人执行电话查听是其获取直接的审计证据最有效的程序之一。

综上，针对临近资产负债表日的销售大增、期后大量退回，XYZ 所没有取得充分、适当的审计证据。XYZ 所对期后大量销售退回做出的审计调整，未在审计工作底稿中记录调整的理由以及对是否存在其他潜在退款的考虑，亦未针对期后大额退款的情况重新评估资产负债表日收入确认的合理性。

资料来源：中国证券监督委员会行政处罚决定. http://www.csrc.gov.cn/pub/zjhpublic/index.htm? channel=3300/3313.

分析：审计工作底稿是审计过程中记录审计程序的执行情况和获取的审计证据的载体。审计工作底稿是审计工作质量的证明。审计程序未在审计工作底稿中记录，等同于审计程序没有实施。

【知识链接】
常用工作底稿目录

【知识链接】
永久性档案清单

实训

一、判断题

1. 如果审计证据不可靠，审计证据数量再多也不能起到证明作用。（　　）

2. 进行存货计价测试，从全部1 000种存货中选取200个样本获得的证据要比选取100个样本获得的证据更充分。（　　）

3. 监盘存货形成的存货盘点表能够证明存货的存在，却不能证明存货的所有权与价值。（　　）

4. 询问形成的口头证据并不能独立证明被审计事项的真相，但往往能够提供重要的审计线索。（　　）

5. 在保证获取充分、适当的审计证据的前提下，注册会计师应考虑控制审计成本，但如果审计证据获取难、成本高，则可减少不可替代的审计程序。（　　）

6. 审计证据要满足充分性，因此，审计证据的数量越多越好。（　　）

7. 在完成审计档案归档工作后，注册会计师可以修改现有审计工作底稿或增加新的审计工作底稿而无须做任何记录。（　　）

8. 审计工作底稿必须有编制人和复核人的签名。（　　）

9. 会计师事务所及其人员应对审计工作底稿包含的信息予以保密。（　　）

10. 引用底稿时，需要在审计工作底稿中注明引用的那张底稿的索引号，使相关审计工作底稿之间保持清晰的勾稽关系，以便于复核。（　　）

二、单项选择题

1. （　　）是注册会计师为了得出审计结论、形成审计意见而使用的信息，包括构成财务报表基础的会计记录中含有的信息和从其他来源获取的信息。

A. 审计工作底稿　　B. 审计证据
C. 审计准则　　D. 审计标准

2. 对于下列销售收入认定，通过检查资产负债表日前后几天的发货单日期与记账日期获得的证据，注册会计师认为最可能证实的是（　　）。

A. 发生　　B. 完整性　　C. 截止　　D. 分类

3. 审计证据的（　　）是指审计证据的数量足以支持审计意见。

A. 客观性　　B. 相关性　　C. 充分性　　D. 可靠性

4. 在获取的下列审计证据中，可靠性最强的是（　　）。

A. ABC公司连续编号的采购订单　　B. ABC公司编制的成本分配计算表
C. ABC公司提供的银行对账单　　D. ABC公司管理层提供的声明书

5. 审计证据的相关性是指审计证据应与（　　）相关。

A. 审计工作底稿　　B. 审计目标
C. 审计标准　　D. 审计准则

6. 收集（　　）是审计工作的核心。

A. 审计证据　　B. 审计工作底稿

C. 审计计划　　D. 审计标准

7. 下列关于审计工作底稿的说法不正确的是（　　）。

A. 为了确保项目组审计执业符合审计准则的要求，减少或消除人为的判断失误，降低审计风险，保证审计质量，必须对审计工作底稿进行复核

B. 对重大的审计项目（如上市公司财务报表审计），还应当由会计师事务所委派未参加该业务的有经验的人员实施项目质量控制复核

C. 注册会计师应当及时将审计工作底稿归整为审计档案，这只是一项事务性工作，不涉及实施新的审计程序，也不会得出新的结论

D. 在完成审计档案归档工作后，如果对原审计工作底稿进行必要的修改，注册会计师无须记录修改的时间、人员以及修改的理由

8. 下列关于审计工作底稿的表述正确的是（　　）。

A. 审计工作底稿只能由注册会计师亲自编制，不可以从被审计单位获取

B. 向委托人提交审计报告后，审计工作底稿可以立即销毁

C. 审计工作底稿是审计证据的载体

D. 由资深的注册会计师编制的审计工作底稿不必进行复核

9. 对审计工作底稿负有复核责任的是（　　）。

A. 项目合伙人　　B. 项目组内除项目合伙人以外的复核人

C. 项目组外的项目质量控制复核人　　D. 被审计单位管理层

10. 会计师事务所应按照规定的期限保存审计工作底稿。自审计报告日（或审计业务中止日）起，审计工作底稿至少保存（　　）年。

A. 5　　B. 10　　C. 20　　D. 50

三、多项选择题

1. 下列情形中关于获取的审计证据与特定审计目标不相关的有（　　）。

A. 监盘存货，验证存货的存在认定

B. 监盘存货，验证存货的所有权和价值

C. 从发货单中选取样本，追查至销售发票，验证虚开发票

D. 从销售发票中选取样本，追查至发货单，验证虚开发票

2. 审计证据的特征有（　　）。

A. 充分性　　B. 风险性　　C. 可靠性　　D. 相关性

3. 审计证据的适当性是对审计证据质量的衡量，包括（　　）两层含义。

A. 客观性　　B. 相关性　　C. 充分性　　D. 可靠性

4. 下列说法正确的有（　　）。

A. 一般地，独立来源的证据比内部证据更可靠，如银行对账单要比银行存款余额调节表可靠

B. 从原件获取的审计证据比从传真或复印件获取的审计证据更可靠

C. 直接获取的审计证据一定比间接获取或推论得出的审计证据更可靠

D. 以文件、记录形式存在的审计证据比口头形式的审计证据更可靠，如会议的同步书面记录比对讨论事项事后的口头表述更可靠

5. 在审计工作底稿中应记录被测试的具体项目或事项的识别特征，例如，对被审计单位的销售发票进行检查时，注册会计师可能将（　　）单独或结合起来作为识别特征。

A. 销售发票的日期　　B. 销售发票的金额范围

C. 销售发票的编号　　D. 销售发票付款人

6. 下列属于审计工作底稿复核内容的有（　　）。

A. 审计工作是否已按照职业道德规范、审计准则和适用的法律法规的规定执行

B. 已执行的审计程序的性质、时间安排和范围是否需要修改

C. 获取的审计证据是否充分、适当

D. 审计结论是否恰当，审计程序的目标是否实现

7. 审计证据中会计记录以外的其他信息来源于三个渠道：（　　）。

A. 从被审计单位内部或外部获取的会计记录以外的信息

B. 通过询问、观察和检查等审计程序获取的信息

C. 注册会计师自身编制或获取的可以通过合理推断得出结论的信息

D. 会计记录中含有的信息

8. 注册会计师编制的审计工作底稿，应当使没有接触过该项审计工作的有经验的专业人士看了后，清楚地了解该项审计工作的以下内容：（　　）。

A. 实施的审计程序的性质、时间安排和范围

B. 实施审计程序的结果

C. 获取的审计证据

D. 审计中遇到的重大事项和得出的结论，以及作出的重大判断

9. 下列有关识别特征的表述中正确的有（　　）。

A. 询问管理层存货出库控制执行情况时，以询问时间为主要识别特征

B. 检查销售合同时，以合同编号为主要识别特征

C. 检查销售发货运单时，以运单编号为主要识别特征

D. 测试应收账款信用授权控制时，以债务人名称、销售业务发生的时间为主要识别特征

10. 下列属于永久性档案的审计工作底稿的有（　　）。

A. 审计业务约定书　　B. 被审计单位公司章程

C. 被审计单位董事会会议纪要　　D. 银行存款函证的回函

四、案例分析题

1. 注册会计师在对ABC公司2018年度财务报表进行审计时，收集到以下六组审

计证据：

（1）材料入库单与购货发票；

（2）销售发票副本与产品出库单；

（3）领料单与材料成本计算表；

（4）薪酬费用分配表与薪酬发放表；

（5）存货盘点表与存货监盘记录；

（6）银行询证函回函与银行对账单。

要求：分别指出每组审计证据中哪项证据较为可靠，并简要说明理由。

2. 注册会计师李浩在复核助理审计人员编制的工作底稿时，发现助理人员把向被审计单位 ABC 公司索要的应收账款账龄分析表直接当作了审计工作底稿，并按照表中所列账龄确认被审计单位应收账款的计价认定。李浩应当指导助理人员如何编制这一审计工作底稿？

3. 助理审计人员在检查期末发生的一笔大额赊销时，要求 ABC 公司提供由购货单位签收的商品验收确认单，ABC 公司因此提供了商品验收确认单复印件。助理审计人员在将品名、数量、收货日期等内容与账面记录逐一核对相符后，将获取的商品验收确认单复印件作为审计证据纳入审计工作底稿，并据以确认该笔销售“未见异常”。助理审计人员的这种做法是否恰当？说明理由。

第6章

审计重要性与审计风险

引导案例

无保留意见等于报表没有错报吗?

某会计师事务所的注册会计师对ABC公司2018年度财务报表审计后发表了无保留意见。

半年后，ABC公司因无法按时偿还巨额债务而宣告破产。股东与债权人集体上诉，状告为ABC公司审计的会计师事务所。其诉讼理由是ABC公司的2018年财务报表中存在严重错报，而注册会计师发表了无保留意见，误导了报表使用者。会计师事务所对此提出了抗辩，认为审计中发现的被审计单位ABC公司财务报表中存在的重大错报都已要求ABC公司调整，并且ABC公司也接受了调整建议，未调整的错报是不重要的，且在审计报告中使用了“在所有重大方面公允反映了ABC公司2018年12月31日的财务状况以及2018年度的经营成果和现金流量”这一表述。

法院经过审理最终认定，ABC公司财务报表中存在将2019年的销售收入提前记入2018年，造成2018年虚增收入9.8万元与高估资产11.6万元，以及低估负债16.1万元的错报。对于销售额近千万元、资产近千万元的ABC公司来说，这些错报从金额来看并不重要，但是导致ABC公司的盈利能力保持持续增长，偿债能力的指标恰巧达到银行贷款门槛。这些错报无疑会误导报表使用者，对于报表使用者来说是重大的。会计师事务所理应承担赔偿责任。

思考:

1. 是不是注册会计师发表无保留意见就意味着被审计单位的财务报表不存在错报呢?

2. 为什么被审计单位的财务报表存在错报而注册会计师还要发表无保留意见呢?

第 1 节　审计重要性

一、审计重要性的含义

审计重要性是指在具体环境下被审计单位财务报表错报的严重程度。如果错报单独或汇总起来可能影响财务报表使用者依据财务报表作出的经济决策，则错报就是重大的。这里的错报含漏报，包括财务报表表内列示的错报和财务报表附注披露的错报。对于审计重要性可以从以下几个方面理解。

1. 财务报表使用者视角

确定一项错报重要与否，应站在财务报表使用者的视角。如果财务报表中的某项错报足以改变或影响财务报表使用者的相关决策，则该项错报就是重要的。当然财务报表使用者应当是拥有经营和会计方面的常识、能够作出理性决策、有着共同的财务信息需求的财务报表使用者整体。由于不同财务报表使用者对财务信息的需求可能差异很大，因此不考虑错报对个别财务报表使用者可能产生的影响。

2. 结合具体环境

由于不同的被审计单位所处的环境不同，因此不同被审计单位或同一被审计单位不同时期的财务报表错报的重要性可能各不相同。例如，错报 50 万元对一家小公司的财务报表来说可能是重要的，而对一家大公司的财务报表来说可能不重要。

3. 运用职业判断

重要性是客观存在的，却没有一个客观的计量，需要注册会计师根据被审计单位所处的环境，综合考虑有关影响因素，运用职业判断来合理确定重要性。因此，不同的注册会计师即便在确定同一被审计单位同一时期的财务报表错报的重要性时，也可能得出不同的结论。

4. 考虑错报的金额和性质

（1）对重要性的判断受错报金额的影响。一般而言，金额大的错报比金额小的错报更重要；小额错报如果经常发生，对报表的累计影响可能重大；许多交易或账户存在小额错报，对报表的合计影响可能重大。

（2）对重要性的判断受错报性质的影响。在有些情况下，某些错报从金额上看并不重要，从性质上考虑则可能是重要的。例如，舞弊导致的错报，不能认为金额小就不重要。在有些情况下，某些大额错报从性质上看可能不重要。例如，某项应付账款误计入其他应付款，这一分类错报金额很大，但该错报不影响经营业绩和关键财务指标，注册会计师可能认为并不重大。

二、重要性的评估

（一）财务报表整体重要性

由于财务报表审计的目标是注册会计师在执行审计工作的基础上对财务报表发表审

计意见，因此，注册会计师必须考虑财务报表整体的重要性。即财务报表存在多大金额的错报时，注册会计师就会判断其可能影响财务报表使用者的经济决策，不能认为财务报表是公允的。

注册会计师通常先选择一个基准，再确定一个百分比，二者相乘，得出财务报表整体重要性。

1. 基准的选择

（1）基准的常用指标。在实务中，确定财务报表整体重要性的基准通常选择汇总性财务数据，例如总资产、净资产、营业收入、费用总额、毛利、税前利润、净利润等。

（2）基准选择时需要考虑的主要因素有：

①财务报表要素（如资产、负债、所有者权益、收入和费用）；

②报表使用者对报表项目的关注度（是否存在财务报表使用者特别关注的项目，如为了评价财务业绩，使用者可能更关注利润、收入或净资产）；

③被审计单位的性质、所处的生命周期阶段以及所处行业和经济环境；

④被审计单位的所有权结构和融资方式（例如，如果被审计单位仅通过权益而非债务进行融资，财务报表使用者可能更关注被审计单位的收益，而非资产及资产的索偿权）；

⑤基准的相对波动性。

（3）基准选择举例（见表6-1）。

表6-1　　常用基准选择举例

被审计单位的情况	可能选择的基准（财务指标）	财务数据类别
企业处于开办期，尚未开始经营，目前正在建造厂房及购买机器设备	总资产	前期审定数据 本期最新数据 本期预算或预测数据 近几期数据平均值
企业处于成长期，目前侧重于抢占市场份额、扩大企业知名度和影响力	营业收入	
企业处于成熟期，盈利水平保持稳定	经常性业务的税前利润	
企业近年来经营状况大幅波动，盈利和亏损交替发生，或者由正常盈利变为微利或微亏，或者本年度税前利润因情况变化而出现意外增加或减少	过去3～5年经常性业务的平均税前利润或亏损（取绝对值），或财务报表使用者关注的其他财务指标，例如营业收入、总资产等	
开放式基金，致力于优化投资组合、提高基金净值、为基金持有人创造投资价值	净资产	
企业集团设立的研发中心，主要为集团下属各企业提供研发服务，并以成本加成的方式向相关企业收取费用	成本与营业费用总额	
公益性质的基金会	捐赠收入或捐赠支出总额	

2. 百分比的选择

为选定的基准确定百分比需要运用职业判断。百分比和选定的基准之间存在一定的联系，如经常性业务的税前利润对应的百分比通常比营业收入对应的百分比要高。例如，对以营利为目的的制造业企业，注册会计师可能认为经常性业务税前利润的5%是适当的；对非营利组织，注册会计师可能认为收入总额或费用总额的1%是适当的。百分比无论是高还是低，只要符合具体情况，都是适当的。

在确定百分比时，注册会计师需要考虑的因素包括但不限于：

（1）被审计单位是否为上市公司或公众利益实体；

（2）财务报表是否分发给大范围的使用者；

（3）被审计单位是否由集团内部关联方提供融资或是否有大额对外融资（如债券或银行贷款）；

（4）财务报表使用者是否对基准数据特别敏感（如特殊目的财务报表的使用者）。

上述问题的答案为“是”时，百分比一般都确定得较低。

案例 6-1

确定财务报表整体重要性

ABC公司是一家A股上市公司，主要从事工程机械生产与销售，在行业内知名度较高，2017年以前盈利水平保持稳定。但2018年受宏观经济下行影响，国内固定资产与基础设施建设规模缩减，工程机械行业产能过剩，行业竞争日趋激烈。ABC公司有关财务数据如表6-2所示。

表6-2　　部分财务数据　　单位：万元

项目	2017年	2018年
营业收入	7 500 000	8 000 000
利润总额	50 000	2 000

ABC公司是诚信会计师事务所的常年审计客户。2017年以前的财务报表审计，注册会计师都是以利润总额作为确定财务报表整体重要性的基准，并配以5%的百分比。对ABC公司2018年财务报表进行审计时，注册会计师决定沿用2017年财务报表审计时确定财务报表整体重要性的方法。

注册会计师评估财务报表整体重要性的做法是否恰当？

分析： 2018年被审计单位ABC公司利润总额较2017年大幅下降，由正常盈利转为微利状态。所以2018年利润总额已不适宜作为确定财务报表整体重要性的基准，建议选择其他基准作为财务报表整体重要性的基准，如过去3～5年平均利润总额，或者营业收入、总资产等。假设选择营业收入作为基准，配以0.3%，则2018年财务报表整体重要性水平为24 000万元（8 000 000×0.3%）。

（二）特定类别的交易、账户余额或披露的重要性

在某些情况下，特定类别的交易、账户余额或披露发生的错报金额虽然低于财务报表整体的重要性，但是仍然可能影响财务报表使用者依据财务报表作出的经济决策。此时，需要根据被审计单位的特定情况，为特定类别的交易、账户余额或披露确定重要性（以下简称“交易重要性”）。例如，财务报表使用者特别关注的新收购的业务。

交易重要性与报表整体重要性的关系如图 6－1 所示。

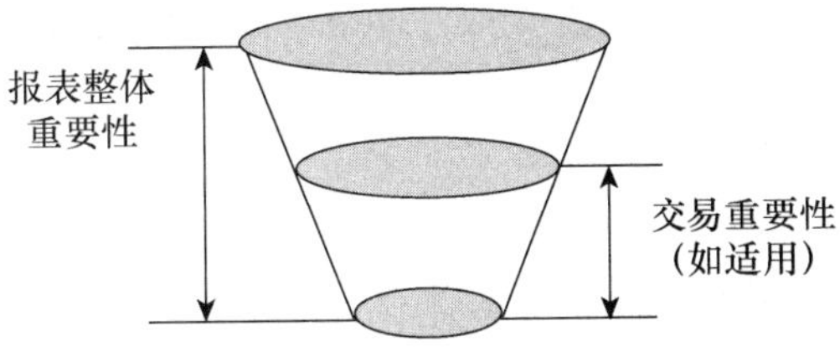

图 6－1　交易重要性与报表整体重要性的关系

（三）实际执行的重要性

1. 实际执行的重要性的含义

（1）报表整体实际执行的重要性。为了将财务报表中未更正和未发现错报的汇总数超过财务报表整体重要性的可能性降到适当的低水平，注册会计师确定的低于财务报表整体重要性的一个或多个金额。

（2）交易层次实际执行的重要性。如果适用，注册会计师还需要确定低于特定类别的交易、账户余额或披露重要性的一个或多个金额的实际执行的重要性，以使这些交易、账户余额或披露中未更正与未发现错报汇总数超过这些交易、账户余额或披露的重要性的可能性降至适当的低水平。

实际执行的重要性与报表整体（交易）重要性的关系如图 6－2 所示。

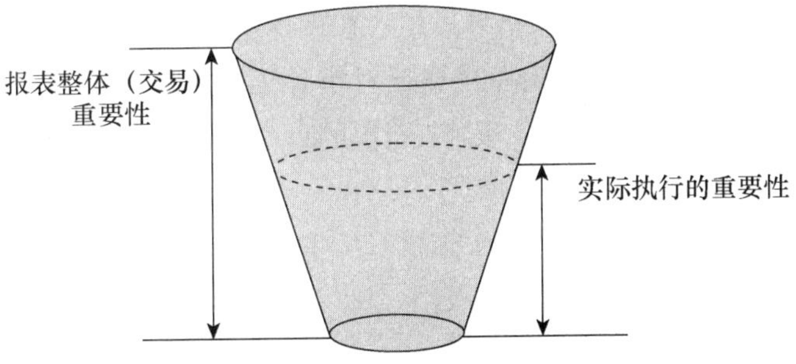

图 6－2　实际执行的重要性与报表整体（交易）重要性的关系

2. 实际执行的重要性的确定

（1）一般规律。注册会计师运用职业判断，可能将实际执行的重要性确定为财务报表整体重要性的一定百分比，例如 50%～75%。实际执行的重要性的确定如表 6－3 所示。

表 6-3　　实际执行的重要性的确定

选择较低的百分比来确定实际执行的重要性	选择较高的百分比来确定实际执行的重要性
首次接受委托的审计	
连续审计，以前年度审计调整较多	连续审计，以前年度审计调整较少
项目总体风险较高，例如处于高风险行业、管理层能力欠缺、面临较大市场竞争压力或业绩压力等	项目总体风险为低到中等，例如处于非高风险行业、管理层有足够能力、面临较低的业绩压力等
存在或预期存在值得关注的内部控制缺陷	以前期间的审计经验表明内部控制运行有效

案例 6-2

财务报表项目实际执行的重要性的确定

注册会计师对 ABC 公司 2018 年年报进行审计，确定的财务报表整体重要性为 100 万元。本年风险评估结果表明，与营业收入项目相关的内部控制可能存在缺陷，其他报表项目重大错报风险评估水平不高。在前两年的审计中，营业收入项目存在较多的审计调整，其他报表项目审计调整较少。注册会计师应如何确定实际执行的重要性？

分析：根据以前期间的审计经验和本期计划审计工作的风险评估结果，注册会计师认为可以财务报表整体重要性的 75%作为大多数报表项目的实际执行的重要性；与营业收入项目相关的内部控制存在控制缺陷，而且以前年度审计中存在较多的审计调整，因此考虑以财务报表整体重要性的 50%作为营业收入项目的实际执行的重要性，从而有针对性地对高风险领域执行更多的审计工作。

（2）确定实际执行的重要性的指导思想。在审计实务中，重要性的评估是非常复杂的，对于实际执行的重要性评估偏高或偏低对审计工作都是不利的。如果重要性估高了，可能会得出不恰当的审计结论，影响审计质量；如果重要性估低了，则可能会浪费审计时间，增加审计成本，降低审计效率。所以，注册会计师应该充分了解被审计单位及其环境，运用职业判断，合理确定实际执行的重要性，尽可能做到在保证审计效果的前提下，合理降低审计成本，提高审计效率。

三、重要性的运用

审计重要性的运用贯穿整个审计过程。

（一）确定审计程序的性质、时间安排和范围

1. 实际执行重要性的运用

计划审计工作时，注册会计师需要考虑实际执行的重要性以确定审计程序的性质、

时间安排和范围。设计的审计程序应合理保证发现重大错报，但不应浪费时间去查找并不影响报表使用者作出经济决策的非重大错报。

例如，对于实际执行的重要性为 50 万元的营业收入项目，注册会计师计划抽取 50 万元以上的营业收入记录进行检查通常是恰当的，而计划抽取 20 万元以上的营业收入记录就是不可取的，会增加不必要的审计成本，因为没有必要找出 20 万元到 50 万元之间的错报。而对于实际执行的重要性为 20 万元的营业收入项目，注册会计师计划抽取 20 万元以上的营业收入记录进行检查通常是恰当的，而计划抽取 50 万元以上的营业收入记录进行检查一定是不恰当的，很可能得出不恰当的结论。

2. 重要性的修改

在实施审计过程中，注册会计师需要根据被审计单位具体情况的变化或者获取的新信息，及时重估报表整体（交易）重要性与实际执行的重要性是否仍然适当。如果认为不适当，则要修改重要性，进而修改进一步审计程序的性质、时间安排和范围。也就是说，审计重要性的评估与运用是一个过程。

（二）评价错报的影响

在完成审计工作阶段评价错报的影响时，注册会计师应当重新评估报表整体（交易）重要性，并考虑错报的性质，据以确定审计意见类型（详见第 14 章）。

四、错报

错报是指某一财务报表项目的金额、分类、列报或披露，与按照适用的财务报告编制基础应当列示的金额、分类、列报或披露之间存在的差异；或者导致财务报表未能公允反映的需要对金额、分类、列报或披露作出的必要调整。

（一）错报的种类

错报的种类、产生原因及举例如表 6－4 所示。

表 6－4　　错报的种类、产生原因及举例

错报种类		产生原因	举例	调整建议
已识别错报（注册会计师在审计过程中发现的能够具体识别的错报）	事实错报	收集和处理数据时出现错误	购入存货的实际价值为 15 000 元，但账面记录的金额却为 10 000 元，存货和应付账款分别被低估了 5 000 元	建议被审计单位调整，无论错报是否重要，除非为明显微小的错报
		遗漏	漏记销售费用 150 000 元	
		舞弊行为	虚构销售 100 000 元	
	判断错报	管理层对会计估计值的判断不合理	可能发生坏账损失 10 000 元，却计提坏账准备 4 000 元，应收账款高估 6 000 元	
		管理层对会计政策的选择和运用不恰当	发出存货计价采用后进先出法	

续前表

错报种类	产生原因	举例	调整建议
推断错报（可能错报） （注册会计师对不能明确、具体识别的错报的最佳估计数）	运用抽样技术，测试样本后估计出的总体错报减去在测试中发现的已经识别错报后的差额	应收账款总账年末余额为 2 000 万元，1 000 个明细账户，注册会计师抽取 100 户样本（余额合计为 500 万元），发现金额有 100 万元的高估，高估部分为账面余额的 20%，据此注册会计师推断总体的错报金额为 400 万元（2 000×20%），上述 100 万元是已识别错报，其余 300 万元即为推断错报	不能建议被审计单位直接调整，可要求被审计单位自行检查相关交易、账户余额或披露，了解错报产生的原因，确定错报金额，作出适当调整
	通过实质性分析程序估计出的推断错报	注册会计师根据被审计单位的预算资料及行业趋势等，对其年度销售费用作出估计，并与账面金额比较，发现两者间有 50%的差异；考虑到估计的精确性有限，注册会计师根据经验认为 10%的差异通常是可接受的，而剩余 40%的差异需要作进一步调查，结果注册会计师对其中 15%的差异无法得到合理解释或不能取得佐证，这 15%的差异金额即为推断错报	

（二）累积错报与明显微小的错报

为评价错报的影响，注册会计师需要累积错报，除非是明显微小的错报。明显微小的错报是指无论在数量上还是在性质上，无论单独还是汇总，都明显不会对财务报表产生重大影响的错报。“明显微小”不等同于“不重要”，而是“远远低于重要性”。如果不确定错报是否明显微小，就不能认为错报是明显微小的。注册会计师需要在计划审计工作时运用职业判断确定明显微小错报的临界值。通常这一临界值被确定为财务报表整体重要性的 3%～5%（实践中可能高一些或低一些）。

在确定明显微小错报的临界值时应考虑以下因素：

（1）以前年度审计中识别出的错报数量和金额。

（2）重大错报风险的评估结果。

（3）治理层与管理层对注册会计师与其沟通错报的期望。

（4）财务指标达到监管机构的要求或投资者的期望。

【特别提示】

（1）错报不是孤立发生的，一项错报的发生可能表明还存在其他错报。

（2）审计的局限性可能导致某些错报未被发现。而未被发现的错报连同累积的不重要的错报可能超过审计重要性。

【知识链接】
审计重要性的影响因素

五、重要性评估工作底稿范例（见表 6－5）

表 6－5　　重要性评估

1. 财务报表整体重要性			
确定基础	理由	比率	计算数值
总资产 100 000 000.00 元	公司的资产能够反映公司总体规模	0.5%	500 000 元
定性因素的影响	无		
财务报表整体重要性（取整）	500 000 元		
2. 特定类别的交易、账户余额或披露的重要性的确定（如适用）			
特定类别的交易、账户余额或披露	考虑的因素	确定的重要性	
收入	收入确认存在舞弊风险	300 000 元	
3. 报表整体实际执行的重要性			
比率	考虑的因素	计算数值	
50%	连续审计，以前年度审计调整较少	250 000 元	
确定的报表整体实际执行的重要性	250 000 元		
4. 特定类别的交易、账户余额或披露实际执行的重要性			
特定类别的交易、账户余额或披露	考虑的因素	确定的实际执行重要性	
收入	舞弊风险高	100 000 元	
5. 明显微小错报的临界值			
比率	考虑的因素	计算数值	
5%	重大错报风险较低	25 000 元	
确定的明显微小错报的临界值	25 000 元		

第 2 节　审计风险

一、审计风险的含义

审计风险是指被审计单位的财务报表存在重大错报，而注册会计师审计后发表不恰当审计意见的可能性。

注册会计师不能绝对保证发现所有重大错报，这意味着审计风险始终存在。

【知识链接】
审计证据、审计重要性与审计风险的关系

二、审计风险的构成要素

审计风险取决于重大错报风险和检查风险（见图 6－3）。

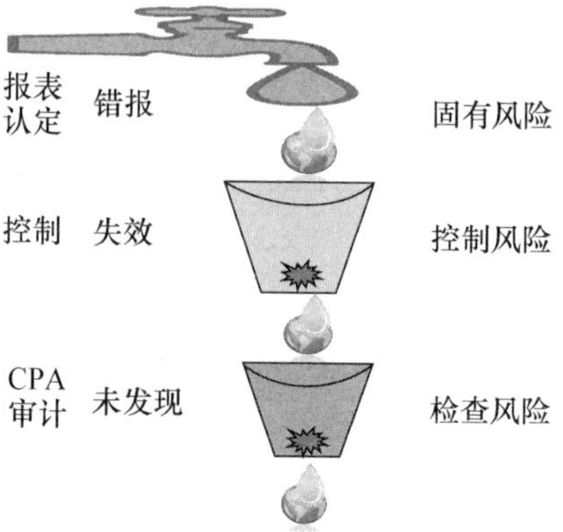

图 6－3　审计风险要素示意图

（一）重大错报风险

重大错报风险是指财务报表在审计前存在重大错报的可能性。

注册会计师在设计审计程序时应当分清重大错报风险是与报表整体广泛相关，还是仅与特定认定相关，即需要从财务报表与认定这两个层次考虑重大错报风险。

1. 财务报表层次重大错报风险

财务报表层次重大错报风险对财务报表整体产生广泛影响，可能影响多项认定，难以限定于某类交易、账户余额、披露的具体认定。诸如经济危机、管理层缺乏诚信、治理层形同虚设等情形可能引发舞弊风险，与财务报表整体相关。

2. 认定层次重大错报风险

各类交易、账户余额、披露认定层次重大错报风险与特定的某类交易、账户余额、披露的认定相关。例如，被审计单位存在复杂的联营或合资，这一情形表明长期股权投资账户的相关认定可能存在重大错报风险；主要客户经营失败而陷入财务困境，则应收账款计价认定可能存在重大错报风险。

认定层次重大错报风险可以从固有风险和控制风险两个层面理解。

（1）固有风险是指假定在考虑相关的内部控制之前，某一认定存在重大错报的可能性。例如，假如没有设立复核控制，开具发票时单价 100 元开成 1 000 元。

（2）控制风险是指某一认定存在重大错报，而未能被相关控制防止、发现并纠正的可能性。例如开具发票时单价 100 元开成 1 000 元，复核人员却没有发现。

（二）检查风险

检查风险是指某一认定存在重大错报，但注册会计师没有发现这种错报的可能性。例如开具发票时单价 100 元开成 1 000 元，复核人员没有发现，注册会计师审计后也未能发现。

三、审计风险模型

（一）审计风险模型的建立

认定层次重大错报风险或检查风险水平越高，审计风险水平也越高。审计风险模型就是根据审计风险的各构成要素的相互关系建立的。现代审计风险模型如下：

审计风险＝重大错报风险×检查风险

例如，注册会计师评估应收账款计价认定存在的重大错报风险水平为50%，估计检查风险水平为10%，则审计风险水平为：

$$50\% \times 10\% = 5\%$$

即注册会计师对应收账款计价认定得出不恰当审计结论的可能性为5%。

（二）审计风险模型的运用

在计划审计工作时，可运用审计风险模型确定可接受的检查风险水平。

审计风险模型可以演变为：

$$可接受的检查风险水平 = \frac{可接受的审计风险}{重大错报风险}$$

在既定的可接受的审计风险水平下，首先评估认定层次重大错报风险，然后利用上述审计风险模型来确定可接受的检查风险水平，并据以设计和实施恰当的审计程序（性质、时间安排与范围），以获取充分适当的审计证据，从而将检查风险控制在可接受的水平。

案例6－3

审计风险模型的运用

注册会计师对ABC公司2017年度财务报表进行审计，确定可接受的审计风险水平为3%。

情况一：假定评估存货存在认定的重大错报风险水平为30%，则计算可接受的检查风险水平为：

$$\frac{3\%}{30\%} \times 100\% = 10\%$$

即注册会计师需要设计与执行恰当的审计程序，获取充分适当的审计证据，将检查风险水平控制在10%以下，以使对存货存在认定得出不恰当结论的可能性（审计风险）不超过3%。

情况二：假定评估存货存在认定的重大错报风险水平为60%，则计算可接受的检查风险水平为：

$$\frac{3\%}{60\%} \times 100\% = 5\%$$

即注册会计师需要设计与执行足够的审计程序，获取充分适当的审计证据，将检查风险水平控制在5%以下，以使对存货存在认定得出不恰当结论的可能性（审计风险）不超过3%。

显然，5%可接受的检查风险与10%可接受的检查风险相比，前者对注册会计师执行审计工作的要求会更严格，需要的审计证据更多。

【特别提示】

(1) 重大错报风险的评估不能随心所欲。重大错报风险水平的评估不能偏离其实际水平，估计水平偏高或偏低都是不利的。偏高会导致审计成本增加，偏低则会导致审计风险加大。

(2) 重大错报风险的评估应当以了解被审计单位及其环境时获取的审计证据为基础。

(3) 重大错报风险的评估水平可能随着审计的深入和不断获取新的审计证据而加以修正。即审计风险模型的这种运用延续整个审计过程。

(4) 在审计实务中，审计风险难以精确地量化，通常采用高、中、低定性评估，也就是说，它只是一种职业判断，而不是一种精确的计量。

四、审计风险的控制

（一）审计风险控制的总体要求

注册会计师应当保持应有的职业怀疑态度，通过计划和实施审计工作，获取充分、适当的审计证据，将审计风险降到可接受的低水平。

（二）关于重大错报风险

重大错报风险是客观存在的，注册会计师无法改变其实际水平。注册会计师只能通过实施适当的审计程序（风险评估程序），了解被审计单位及其环境（包括内部控制），以评估重大错报风险，并根据评估的两个层次的重大错报风险分别采取相应的应对措施（详见第10章第2节）。

（三）关于检查风险

检查风险是注册会计师可以控制的风险。注册会计师应执行恰当的审计程序，获取充分、适当的审计证据，以控制检查风险，从而保证以可接受的低水平审计风险对财务报表整体发表审计意见。对检查风险的控制取决于审计程序设计的合理性和执行的有效性。在审计实务中，注册会计师通常无法将检查风险降低为零，其原因如下：一是注册会计师通常并不对所有的交易、账户余额和披露进行检查；二是注册会计师可能选择了不恰当的审计程序，或是审计程序执行不当，或是错误地评价了审计证据，或是错误地解读了审计结论。

五、审计抽样时的检查风险考虑

注册会计师在审计过程中应用抽样技术时，检查风险可能受到两个因素的影响，一个因素直接与抽样相关（称为抽样风险），另一个因素却与抽样无关（称为非抽样风险）。

（一）抽样风险

抽样风险是指注册会计师依据样本结果得出的结论与对审计对象总体全部项目实施同样的审计程序得出的结论存在差异的可能性，即样本不能代表总体的风险。产生抽样风险的原因可能是样本量过小，或者选择的抽样方法不适当。

1. 实施控制测试时的抽样风险

（1）信赖不足风险。指抽样结果使注册会计师推断的控制有效性低于其实际有效性的可能性。

（2）信赖过度风险。指抽样结果使注册会计师推断的控制有效性高于其实际有效性的可能性。

2. 实施实质性程序（细节测试）时的抽样风险

（1）误受风险。指抽样结果表明某一重大错报不存在而实际上存在的可能性。

（2）误拒风险。指抽样结果表明某一重大错报存在而实际上不存在的可能性。

抽样风险对审计工作的影响如表 6－6 所示。

表 6－6　　抽样风险对审计工作的影响

审计测试	抽样风险种类	对审计工作的影响
控制测试	信赖不足风险	效率
	信赖过度风险	效果
实质性程序（细节测试）	误受风险	效果
	误拒风险	效率

信赖不足风险与误拒风险会导致注册会计师执行额外的审计测试，降低审计效率；信赖过度风险与误受风险很可能导致注册会计师得出不正确的审计结论。

在审计时只要使用了抽样，就会存在抽样风险。一般地，抽样风险与样本规模成反向变动，样本规模越小，抽样风险越大。可以通过扩大样本规模来降低抽样风险。

案例 6－4

ABC 公司应收账款客户有 1 000 户，期末余额 15 003 509.84 元。注册会计师通过对被审计单位及其环境的了解，认为被审计单位应收账款高估的风险很大。拟运用函证来测试应收账款的余额是否被高估，设定可容忍错报（高估金额）700 000 元。运用审计抽样抽取 100 户样本，占总户数的 10%，样本的总金额为 11 402 667.48 元，占期末应收账款余额的 76%。对样本执行函证程序，全部收到回函。注册会计师对回函进行分析，发现差异（高估）119 014.96 元。推断总体错报 156 598.63 元（119 014.96/76%），低于 700 000 元，因此认为总体可以接受。而实际上 ABC 公司高估应收账款 1 085 680.66 元。注册会计师推断应收账款项目不存在重大错报而实际上存在重大错报，这就是误受风险，可能导致注册会计师得出不恰当的审计结论。

（二）非抽样风险

非抽样风险是指与审计抽样无关的因素导致注册会计师得出不恰当结论的可能性。

产生非抽样风险的主要原因有：

（1）注册会计师选择的总体不适合审计目标。例如，要确定销售交易的完整性，选择主营业务收入明细账贷方记录作为总体是不恰当的。

（2）未能适当地定义偏差或错报，导致注册会计师未能发现样本中存在的偏差或错报。例如，对于出差报销单经主管经理审批的控制，只是将报销单未经签字审批定义为偏差，而签字人未经主管经理书面授权的情况却没有界定为偏差。

（3）选择了不适合审计目标的审计程序。例如，函证程序显然不能保证查出未入账的应付账款。

（4）未能适当地评价审计发现的情况。例如，注册会计师对发现的错报的重要性判断有误，忽略了性质十分重要的错报，或者未对发现的例外事项进行恰当的追查，导致得出不恰当的结论。

非抽样风险对审计的效果与效率都会产生影响。注册会计师可通过实施质量控制，保持应有的职业怀疑态度，对审计工作进行指导、监督和复核，以及改进审计程序等，来降低非抽样风险。

实训

一、判断题

1. 注册会计师可以通过调高重要性来降低审计风险，因为重要性是注册会计师职业判断的结果。（ ）

2. 一般地，注册会计师运用职业判断，可能将实际执行的重要性确定为财务报表整体重要性的一定百分比。（ ）

3. 为了将财务报表中未更正和未发现错报的汇总数超过财务报表整体重要性的可能性降到适当的低水平，实际执行的重要性应高于财务报表整体重要性。（ ）

4. 如果财务报表中的某项错报足以影响财务报表使用者依据财务报表作出的经济决策，则该项错报就是重大的。（ ）

5. 审计重要性是客观存在的，因此，注册会计师不应当运用职业判断来确定重要性水平。（ ）

6. 注册会计师发表无保留意见就意味着被审计单位的财务报表没有错报。（ ）

7. 审计重要性在计划审计工作时初步确定后，就不应再变动，以保证审计工作的稳定。（ ）

8. 小额错报即使经常发生，对财务报表的累计影响也不可能重大。（ ）

9. 运用审计风险模型时，只要将重大错报风险水平估计得很低，就能节省审计成本，提高审计效率。（ ）

10. 检查风险是注册会计师可以控制的风险，但是注册会计师通常无法将检查风险降低为零。（　　）

二、单项选择题

1. 理解和运用重要性要站在（　　）的视角去判断。

A. 被审计单位管理层　　B. 财务报表使用者

C. 注册会计师　　D. 被审计单位全体员工

2. 在某些情况下，特定类别的交易、账户余额或披露发生的错报金额虽然低于财务报表整体重要性，但是仍然可能影响财务报表使用者依据财务报表作出的经济决策。此时，需要根据被审计单位的特定情况，确定（　　）。

A. 财务报表整体重要性

B. 资产负债表重要性

C. 特定类别的交易、账户余额或披露的重要性

D. 实际执行的重要性

3.（　　）是指被审计单位的财务报表存在重大错报，而注册会计师审计后发表不恰当审计意见的可能性。

A. 审计风险　　B. 重大错报风险

C. 检查风险　　D. 审计重要性

4. 不同的注册会计师在确定同一被审计单位同一时期的重要性时，得出的结果可能不同。这体现了注册会计师在确定重要性时需要运用（　　）。

A. 分析程序　　B. 职业判断

C. 实际执行的重要性　　D. 独立性

5. 在特定审计风险水平下，检查风险同重大错报风险之间的关系是（　　）。

A. 同向变动关系　　B. 反向变动关系

C. 有时同向变动，有时反向变动　　D. 没有确切的关系

6. 注册会计师对重大错报风险的估计水平与所需审计证据数量之间（　　）。

A. 呈同向变动　　B. 呈反向变动

C. 呈比例变化　　D. 不存在关系

7. 随着审计过程的推进，注册会计师认为修改重要性水平的合理理由是（　　）。

A. 获取被审计单位具体情况发生变化的新信息

B. 被审计单位将在下一年度采用新的会计政策

C. 审计的时间预算重新调整

D. 约定的审计收费发生变化

8. 在审计风险要素中，（　　）是客观存在的，注册会计师无能为力。

A. 审计风险　　B. 检查风险

C. 重大错报风险　　D. 被审计单位经营风险

9.（　　）是指注册会计师在审计过程中发现的能够准确计量的错报。

A. 已识别错报　　B. 推断错报
C. 会计核算差异　　D. 重分类差异

10.（　　）是指财务报表在审计前存在重大错报的可能性。
A. 审计风险　　B. 检查风险
C. 重大错报风险　　D. 被审计单位经营风险

三、多项选择题

1. 在确定审计程序的性质、时间安排和范围时，注册会计师应当考虑（　　）。
A. 审计风险　B. 独立性　C. 重要性　D. 绝对保证

2. 注册会计师在运用重要性原则时，应从错报的（　　）两个方面考虑。
A. 行业状况　　B. 内部控制状况
C. 数量　　D. 性质

3.（　　）相对稳定、可预测且能够反映被审计单位正常规模，注册会计师经常将其用作确定财务报表整体重要性的基准。
A. 营业收入　B. 总资产　C. 营业外收入　D. 存货

4. 注册会计师应考虑两个层次的重大错报风险：（　　）。
A. 财务报表层次　　B. 认定层次
C. 账簿层次　　D. 凭证层次

5. 在审计过程中，注册会计师可能在（　　）两个方面运用重要性。
A. 确定审计程序的性质、时间安排和范围
B. 签订审计业务约定书
C. 确定审计具体目标
D. 评价错报的影响

6. 审计风险的构成要素包括（　　）。
A. 重大错报风险　B. 检查风险　C. 审计重要性　D. 合理保证

7. 注册会计师不能改变其实际水平的有（　　）。
A. 重大错报风险　B. 检查风险　C. 审计风险　D. 审计重要性

8. 注册会计师选择重要性的基准时，需要充分考虑被审计单位的（　　）。
A. 性质　　B. 所处的生命周期阶段
C. 所处行业和经济环境　　D. 报表使用者对报表项目的关注度

9. 选择较低的百分比来确定实际执行的重要性的情形有（　　）。
A. 首次接受委托的审计
B. 连续审计，以前年度审计调整较多
C. 项目总体风险较高，例如处于高风险行业、管理层能力欠缺、面临较大市场竞争压力或业绩压力等
D. 存在或预期存在值得关注的内部控制缺陷

10. 审计人员能控制的风险有（　　）。

A. 审计风险　　B. 检查风险
C. 重大错报风险　　D. 控制风险

四、案例分析题

1. XYZ 会计师事务所的注册会计师对 ABC 公司 2018 年度财务报表进行审计，其未经审计的财务报表的有关项目金额如表 6－7 所示。

表 6－7　　单位：万元

资产总额	180 000
净资产	88 000
营业收入	240 000
净利润	24 120

该公司所处行业的市场波动较大，销售与盈利水平受到很大影响，但总资产比较稳定。XYZ 会计师事务所在 2016 年、2017 年对该公司年报审计时，审计调整较多。

要求：

（1）以资产总额、净资产、营业收入和净利润作为基准，百分比分别为资产总额、净资产、营业收入和净利润的 0.5%，1%，1%和 5%，请代注册会计师计算确定 ABC 公司 2018 年度财务报表整体的重要性（请列示计算过程），并简要说明理由。

（2）请代注册会计师确定实际执行的重要性，并简要说明理由。

2. 假如某注册会计师对被审计单位 ABC 公司的主营业务收入进行审计时，面临的可接受的审计风险和主营业务收入发生认定的重大错报风险水平可能出现以下四种情况（见表 6－8）。

表 6－8

风险类别	情况一	情况二	情况三	情况四
可接受的审计风险	4%	4%	2%	2%
重大错报风险	40%	100%	40%	100%

要求：

（1）上述四种情况下的可接受检查风险水平分别是多少？

（2）哪种情况需要注册会计师获取最多的审计证据？为什么？

第 2 篇
审计流程

在风险导向审计模式下，审计流程充分体现了重大错报风险的识别、评估与应对的过程。审计流程框架如下图所示。

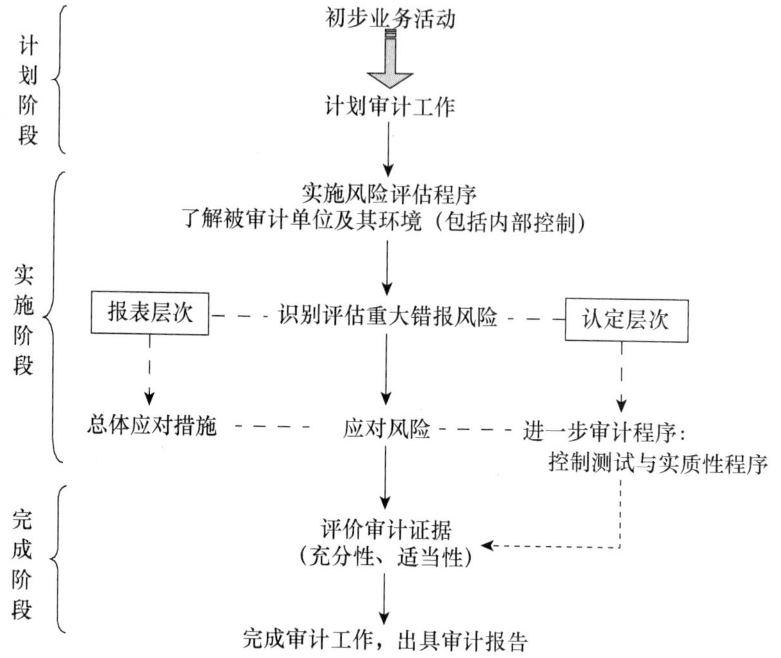

审计流程框架

审计业务错综复杂，有些具体的审计工作难分先后，有些具体的审计工作贯穿审计全过程，有些具体的审计工作是同时交叉进行的。

为了便于组织教学并遵循审计的一般认知规律，本书将“完成审计工作”作为第4篇放到第3篇“交易与账户余额审计技能”之后。

第7章

初步业务活动与计划审计工作

引导案例

“预则立，不预则废”

某会计师事务所对ABC公司（大型制造业企业）已连续审计多年，由于该公司的内部控制一直令人满意，所处的行业非常稳定，实施审计工作的结果表明，该公司的财务报表合法、公允，因此从未向其出具过非无保留意见审计报告。

2018年，会计师事务所派一位新招募来的职员负责这项审计工作。合伙人通知他，今年的时间预算应当与以前年度保持一致。审计期间他向合伙人报告了以下事项：该公司最近对存货系统实行自动化改造；总会计师辞职，其职位空缺有两个月；控制测试发现一些控制缺陷。尽管如此，原定的时间预算并未做修改。由于时间预算紧，审计人员并未对自动化系统进行测试，也没有执行债务周转率等分析程序。审计刚好在时间预算内完成，最终发表了无保留意见。合伙人对审计组的工作效率和效果感到很满意。但几个月后这家公司陷入严重的财务困境。随后的调查表明，计算机系统错误的存货定价（未考虑存货的过期贬值）导致高估存货价值。新任总会计师伪造发票，维持销售收入水平与以前年度相当，由此高估了销售收入和债权。此外，负责存货审计的助理人员是一个刚毕业的大学生，只测试了很少的存货样本。样本中存在的存货计价错报被认为不重要，因此没有追加进一步的审计程序。这些情况导致了审计失败。

思考：审计计划在审计工作中起到什么作用？

第1节　初步业务活动

一、初步业务活动的目的

初步业务活动主要是通过对被审计单位的情况和注册会计师自身的情况进行了解和

评估，确定是否接受或保持审计业务。这是控制审计风险的第一道屏障。

二、初步业务活动的内容

（1）初步了解被审计单位及其环境。比如，了解被审计单位的业务性质、经营规模、组织结构、经营状况和财务状况、以前年度接受审计的情况、所在行业的市场竞争状况与发展趋势、技术变动、行业适用的法律法规、环保问题、监管情况、信息系统等。

通过这种了解来确定是否接受或保持审计业务，比如被审计单位如果已陷入财务困境，就要审慎决策。如果决定接受或保持审计业务，则这种了解又为计划审计工作提供了基础。

（2）评价被审计单位的治理层、管理层是否诚信。选择诚信的被审计单位是有效控制审计风险和避免法律后果的重要措施。会计师事务所不应和不诚信的被审计单位签约，因为如果治理层、管理层缺乏诚信，财务报表就容易出现舞弊导致的重大错报。

（3）评价会计师事务所与注册会计师遵守职业道德的情况，包括评价独立性、专业胜任能力以及必要的时间和资源。若不独立、专业胜任能力欠缺或时间、资源不足，会计师事务所就要拒绝承接审计业务。

（4）签订或修改审计业务约定书。在作出接受或保持审计业务的决策后，在审计业务开始前，注册会计师应与被审计单位商定审计收费，就审计业务约定条款达成一致意见，签订或修改审计业务约定书，以避免双方对审计业务的理解产生分歧。

初步业务活动形成的部分简化审计工作底稿示例如表 7－1 所示。

表 7－1　　业务承接评价表

1. 客户法定名称：________________　证券代码（上市公司）：__________
2. 客户地址：__________　电话：__________　网址：__________　联系人：__________
3. 客户所属行业、业务性质与主要业务：

____

4. 最初接触途径（详细说明）：

（1）本所职工引荐________________

（2）外部人员引荐________________

（3）其他________________

5. 主要股东情况（包括实际股东和名义股东）：

股东的姓名和名称	是否上市	本所与其业务关系	所占权益（%）	背景资料

6. 治理层及管理层关键人员：

姓名	职位	姓名	职位

7. 主要财务人员：

姓名	职位	姓名	职位

8. 子公司的名称、地址、相互关系、主营业务及持股比例：
____

9. 客户主管税务机关：______________________________

10. 客户法律顾问（机构、经办人、联系方式）：______________________

11. 客户常年会计顾问（机构、经办人、联系方式）：______________________

12. 前任注册会计师（机构、经办人、联系方式），变更会计师事务所的原因，以及最近三年变更会计师事务所的频率：______________________________

13. 根据对客户及其环境的了解，记录下列事项：

客户的诚信
信息来源：
考虑因素： 客户主要股东、关键管理人员、关联方及治理层的身份和商业信誉 客户的经营性质 客户主要股东、关键管理人员及治理层对内部控制环境和会计准则等的态度 工作范围受到不适当限制的迹象 关键管理人员是否更换频繁
经营风险
信息来源：
考虑因素： 行业内类似企业的经营状况 法律环境 监管环境（是否属于受监管的行业，例如银行业、证券业、保险业、基金管理或涉及公共利益的公司，又如上市公司、大型国有企业集团等） 受国家宏观调控政策的影响程度 是否涉及重大法律诉讼或调查 是否计划或有可能进行合并或处置资产 是否依赖主要客户（来自该客户的收入占全部收入的大部分）或主要供应商（来自该供应商的采购占全部采购的大部分） 管理层是否倾向于异常或冒不必要的风险 关键管理人员的薪酬是否基于客户的经营状况确定 管理层是否在达到财务目标或降低所得税方面承受不恰当的压力
财务状况
信息来源：
考虑因素： 是否存在对发行新债务和权益的大量需求 贷款是否延期未清偿或存在违反贷款协议条款的情况 最近几年销售、毛利率或收入是否存在恶化的趋势 是否涉及重大关联方交易 是否经常在年末或临近年末发生重大异常交易 是否对持续经营能力产生怀疑

客户的风险级别（高/中/低）：______________________

14. 根据本所目前的情况，考虑下列事项：

项目组的时间和资源
考虑因素： 是否拥有足够的具有必要素质和专业胜任能力的人员组建项目组 是否能够在提交报告的最后期限内完成业务
项目组的专业胜任能力
考虑因素： 初步确定的项目组关键人员熟悉相关业务或对象、具有执行类似业务的经验 在需要时能够得到专家的帮助 如果需要项目质量控制复核，具备符合标准和资格要求的项目质量控制复核人员
独立性
经济利益
考虑因素： 本所或项目组成员是否存在经济利益对独立性的影响
自我评价
考虑因素： 本所或项目组成员是否存在自我评价对独立性的影响
过度推介
考虑因素： 本所或项目组成员是否存在过度推介对独立性的影响
密切关系
考虑因素： 本所或项目组成员是否存在密切关系对独立性的影响
外界压力
考虑因素： 本所或项目组成员是否存在外界压力对独立性的影响
预计收取的费用及可回收比率
预计审计收费： 预计成本（计算过程）： 可回收比率：

结论：

基于上述方面，我们__________此项业务。

项目负责人签名：____________　日期：__________

批准人签名：__________　日期：__________

三、审计业务约定书的基本内容

审计业务约定书的具体内容和格式可能因被审计单位不同而存在差异，但应当包括下列主要方面：

（1）审计范围与审计目标。

（2）管理层对财务报表的责任，包括指出编制财务报表所适用的财务报告编制基础（如企业会计准则）、管理层为注册会计师提供必要的工作条件和协助，等等。

（3）注册会计师的责任，包括指明在执行财务报表审计业务时遵守的中国注册会计师审计准则、明确审计风险、出具审计报告的时间要求等。

（4）审计收费，包括收费的计算基础和收费安排。（在专业服务得到良好的计划、监督及管理的前提下，通常以合理估计的每一专业人员审计工时和适当的小时费用率为基础计算收费。）

（5）审计报告的格式和对审计结果的其他沟通形式。

（6）违约责任。

（7）解决争议的方法。

（8）签约双方法定代表人或其授权代表的签字盖章，以及签约双方加盖的公章。

审计业务约定书一式两份，任何一方如需修改、补充审计业务约定书，应以适当方式获得双方的确认。

【特别提示】

（1）在某些情况下，注册会计师可能考虑在审计业务约定书中列明：在某些方面对利用专家工作的安排；与审计涉及的内部审计人员工作的协调；在首次接受审计委托时对与前任注册会计师沟通的安排。

（2）对于连续审计，可以与被审计单位签订长期审计业务约定书，而不必每次审计都重新签订审计业务约定书。但是，注册会计师应当考虑是否需要根据具体情况修改业务约定条款，以及是否需要提醒被审计单位注意现有的业务约定条款。

（3）如果被审计单位不是委托人，在签订审计业务约定书前，注册会计师应当与委托人、被审计单位就审计业务约定相关条款进行充分沟通，并达成一致意见。但仍然要与被审计单位而不是委托人签约，因为需要被审计单位提供审计所需要的资料和条件。

四、审计业务约定书范例

在实务中，审计业务约定书可以采用合同式或信函式两种形式，尽管形式不同，但实质内容是相同的。合同式审计业务约定书范例如下。

审计业务约定书

甲方：ABC股份有限公司

乙方：××会计师事务所

兹由甲方委托乙方对2017年度财务报表进行审计，经双方协商，达成以下约定：

一、业务范围与审计目标

1. 乙方接受甲方委托，对甲方按照企业会计准则编制的2017年12月31日的资产负债表，2017年度的利润表、股东权益变动表和现金流量表以及财务报表附注（以下统称“财务报表”）进行审计。

2. 乙方通过执行审计工作，对财务报表的下列方面发表审计意见：(1) 财务报表是否在所有重大方面按照企业会计准则的规定编制；(2) 财务报表是否在所有重大方面公允反映甲方2017年12月31日的财务状况以及2017年度的经营成果和现金流量。

二、甲方的责任

1. 根据《中华人民共和国会计法》及《企业财务会计报告条例》，甲方及甲方负责人有责任保证会计资料的真实性和完整性。因此，甲方管理层有责任妥善保存和提供会计记录（包括但不限于会计凭证、会计账簿及其他会计资料），这些记录必须真实、完整地反映甲方的财务状况、经营成果和现金流量。

2. 按照企业会计准则的规定编制和公允列报财务报表是甲方管理层的责任，这种责任包括：(1) 按照企业会计准则的规定编制财务报表，并使其实现公允反映；(2) 设计、执行和维护必要的内部控制，以使财务报表不存在由舞弊或错误而导致的重大错报。

3. 及时为乙方的审计工作提供与审计有关的所有记录、文件和所需的其他信息（在2018年3月5日之前提供审计所需的全部资料，如果在审计过程中需要补充资料，亦应及时提供），并保证所提供资料的真实性和完整性。

4. 确保乙方不受限制地接触其认为必要的甲方内部人员和其他相关人员。

5. 甲方管理层对其作出的与审计有关的声明予以书面确认。

6. 为乙方派出的有关工作人员提供必要的工作条件和协助，乙方将于外勤工作开始前提供主要事项的清单。

7. 按照本约定书的约定及时足额支付审计费用以及乙方人员在审计期间的交通、食宿和其他相关费用。

8. 乙方的审计不能减轻甲方及甲方管理层的责任。

三、乙方的责任

1. 乙方的责任是在执行审计工作的基础上对甲方财务报表发表审计意见。乙方按照中国注册会计师审计准则（以下简称“审计准则”）的规定进行审计工作。审计准则要求注册会计师遵守中国注册会计师职业道德守则，计划和执行审计工作以对财务报表是否不存在重大错报获取合理保证。

2. 审计工作涉及实施审计程序，以获取有关财务报表金额和披露的审计证据。选择的审计程序取决于乙方的判断，包括对由舞弊或错误导致的财务报表重大错报风险的评估。在进行风险评估时，乙方要考虑与财务报表编制和公允列报相关的内部控制，以设计恰当的审计程序，但目的并非是对内部控制的有效性发表意见。审计工作还包括评价管理层选用会计政策的恰当性和作出会计估计的合理性，以及评价财务报表的总体列报。

3. 由于审计和内部控制的固有限制，即使按照审计准则的规定适当地计划和执行审计工作，仍不可避免地存在财务报表的某些重大错报在审计后可能未被乙方发现的风险。

4. 在审计过程中，乙方若发现甲方存在乙方认为值得关注的内部控制缺陷，应以书面形式向甲方治理层或管理层通报。但乙方通报的各种事项，并不代表已全面说明所有可能存在的缺陷或已提出所有可行的改进建议。甲方在实施乙方提出的改进建议前应全面评估其影响。未经乙方书面许可，甲方不得向任何第三方提供乙方出具的沟通文件。

5. 按照约定时间完成审计工作，出具审计报告。乙方应于2018年4月20日前出具审计报告。

6. 除下列情况外，乙方应当对执行业务过程中知悉的甲方信息予以保密：(1) 法律法规允许披露，并取得甲方的授权；(2) 根据法律法规的要求，为法律诉讼、仲裁准备文件或提供证据，以及向监管机构报告发现的违法行为；(3) 在法律法规允许的情况下，在法律诉讼、仲裁中维护自己的合法权益；(4) 接受注册会计师协会或监管机构的执业质量检查；(5) 法律法规、执业准则和职业道德规范规定的其他情形。

四、审计收费

1. 本次审计服务的收费是以乙方各级别工作人员在本次工作中所耗费的时间为基础计算的。乙方预计本次审计服务的费用总额为人民币××万元。

2. 甲方应于本约定书签署之日起××日内支付×%的审计费用，剩余款项于××月××日（如审计报告草稿完成日）结清。

3. 如果由于无法预见的原因，致使乙方从事本约定书所涉及的审计服务的实际时间较本约定书签订时预计的时间有明显的增加或减少，甲乙双方应通过协商，相应调整本部分第一段所述的审计费用。

4. 如果由于无法预见的原因，致使乙方人员抵达甲方的工作现场后，本约定书所涉及的审计服务中止，甲方不得要求退还预付的审计费用；如上述情况发生于乙方人员完成现场审计工作，并离开甲方的工作现场之后，甲方应另行向乙方支付人民币××元的补偿费，该补偿费应于甲方收到乙方的收款通知之日起××日内支付。

5. 与本次审计有关的其他费用（包括交通费、食宿费等）由甲方承担。

五、审计报告和审计报告的使用

1. 乙方按照中国注册会计师审计准则规定的格式和类型出具审计报告。

2. 乙方向甲方致送审计报告一式××份。

3. 甲方在提交或对外公布乙方出具的审计报告及后附的已审计财务报表时，不得对其进行修改。当甲方认为有必要修改会计数据、报表附注和所作的重要说明时，应当事先通知乙方，乙方将考虑有关的修改对审计报告的影响，必要时，将重新出具审计报告。

六、本约定书的有效期间

本约定书自签署之日起生效，并在双方履行完毕本约定书约定的所有义务后终止。但其中第三项第六段，第四、五、七、八、九、十项并不因本约定书终止而失效。

七、约定事项的变更

如果出现不可预见的情况，影响审计工作如期完成，或需要提前出具审计报告，甲乙双方均可要求变更约定事项，但应及时通知对方，并由双方协商解决。

八、终止条款

1. 如果根据乙方的职业道德及其他有关专业职责、适用的法律法规或其他任何法定的要求，乙方认为已不适宜继续为甲方提供本约定书约定的审计服务，乙方可以采取向甲方提出合理通知的方式终止履行本约定书。

2. 在本约定书终止的情况下，乙方有权就其于终止日前对约定的审计服务项目所做的工作收取合理的审计费用。

九、违约责任

甲、乙双方按照《中华人民共和国合同法》的规定承担违约责任。

十、适用法律和争议解决

本约定书的所有方面均应适用中华人民共和国法律的解释并受其约束。本约定书履行地为乙方出具审计报告所在地，因本约定书引起的或与本约定书有关的任何纠纷或争议（包括关于本约定书条款的存在、效力或终止，或无效之后果），双方协商确定采取以下第______种方式予以解决：

（1）向有管辖权的人民法院提起诉讼；

（2）提交××仲裁委员会仲裁。

十一、双方对其他有关事项的约定

本约定书一式两份，甲、乙双方各执一份，具有同等法律效力。

甲方：ABC股份有限公司（盖章）

授权代表：（签名并盖章）

二〇一八年二月七日

乙方：××会计师事务所（盖章）

授权代表：（签名并盖章）

二〇一八年二月七日

第2节　计划审计工作

计划审计工作主要以总体审计策略与具体审计计划为依托，对审计工作做出安排。

一、总体审计策略

总体审计策略用以确定审计范围、时间安排和方向等，并指导制定具体审计计划。

（一）总体审计策略的主要内容

1. 审计范围

在确定审计范围时，注册会计师需要考虑下列情况：

（1）被审计单位编制财务报表所依据的财务报告基础（如企业会计准则、小企业会计准则等）。

（2）特定行业的报告要求，如某些行业监管机构要求提交的报告。

（3）预期的审计工作涵盖范围，包括所审计的集团内各组成部分的数量及所在地点。

（4）内部审计工作的可获得性及注册会计师对内部审计工作的拟依赖程度。比如，内部审计部门对各仓库的存货每半年至少盘点一次。在中期审计时，项目组已经对内部审计部门的盘点步骤进行观察，对结果满意，因此项目组将查阅其年底的盘点结果，并缩小存货监盘的范围。

（5）需要阅读的含有已审计财务报表的文件中的其他信息，如上市公司年报。

（6）信息技术对审计程序的影响，包括数据的可获得性和对使用计算机辅助审计技术的预期。

（7）对利用在以前审计工作中获取的审计证据（如获取的与风险评估程序和控制测试相关的审计证据）的预期。

2. 审计时间安排

在确定审计时间安排时，注册会计师需要考虑下列情况：

（1）被审计单位对外报告的时间表。

（2）执行审计的时间安排。

①期中审计的执行时间。

②期末审计的执行时间。

（3）沟通的时间安排。

①与管理层和治理层沟通（讨论审计工作的性质、时间和范围，讨论注册会计师拟出具的报告的类型和时间安排及其他事项，讨论审计工作的进展）。

②项目组成员之间沟通的时间安排（包括项目组会议的性质和时间安排、复核工作的时间安排）。

③与前任注册会计师沟通的时间安排。

④与对集团内各组成部分执行审计的其他注册会计师沟通的时间安排（拟出具的报告类型和时间安排、其他事项）。

⑤与第三方进行其他沟通的时间安排（如有必要），包括与审计相关的法定或约定的报告责任。

3. 审计方向

在确定审计方向时，注册会计师需要考虑下列情况：

（1）确定适当的重要性水平。

（2）识别重要的账户（包括本身具有重要性的账户，如存货以及评估出存在重大错报风险的账户）。

（3）重大错报风险较高的审计领域。

（4）评估的财务报表层次的重大错报风险对指导、监督及复核的影响。

（5）项目时间预算。

（6）以往审计中对内部控制运行有效性评价的结果，及管理层重视内部控制的相关证据。

（7）业务交易量规模。

（8）影响被审计单位经营的重大变化，包括信息技术和业务流程的变化，关键管理人员的变化，以及收购、兼并和分立。

（9）重大的行业发展情况，如行业法规变化。

（10）会计准则的变化。

4. 审计资源

在调配审计资源时，注册会计师需要考虑下列情况：

（1）向具体审计领域调配的资源，包括向高风险领域分派有适当经验的项目组成员、就复杂的问题利用专家工作等。

（2）向具体审计领域分配资源的数量，包括分派对重要存货进行监盘的项目组成员的数量、对高风险领域分配的审计时间预算等。

（3）何时调配这些资源，包括是在期中审计阶段还是在关键的截止日期调配资源等。

（4）如何管理、指导、监督这些资源，包括预期何时召开项目组预备会和总结会、预期项目负责人和经理如何进行复核（如是现场复核还是非现场复核）、是否需要实施项目质量控制复核等。

总体审计策略的详略程度因被审计单位的规模及该项审计业务的复杂程度不同而存在差异，比如，在小型被审计单位审计中，总体审计策略可以相对简单。而且，注册会计师应当根据实施风险评估程序的结果对上述内容进行调整。

（二）总体审计策略范例

下面是总体审计策略的一个例子（见表7－2）。

表7－2　　总体审计策略

一、审计范围

适用的财务报告编制基础	企业会计准则
适用的审计准则	中国注册会计师审计准则
与财务报告相关的行业特别规定	例如：监管机构发布的有关信息披露的法规、特定行业主管部门发布的与财务报告相关的法规等
审计工作涵盖范围	需审计的集团内组成部分的数量及所在地点
制定审计策略需考虑的其他事项	不适用

二、审计业务时间安排

（一）对外报告时间安排

审计工作	时间
提交审计报告草稿	
签署正式审计报告	
公布已审计报表和审计报告	

（二）执行审计时间安排

审计工作	时间
了解被审计单位及其环境并评估重大错报风险的时间	
要求客户准备完成相关资料及填列完相关表格的时间	
存货监盘时间	
应收账款询证函时间	
观察固定资产时间	
完成现场工作时间	
最终复核完成时间	
确定报表及报告意见时间	

（三）沟通的时间安排

所需沟通	时间
与管理层及治理层的会议	
项目组预备会	
项目组总结会	
与专家或有关人士的沟通	
与前任注册会计师的沟通	

三、影响审计业务的重要因素

（一）重要性

重要性类型	数值		索引号
1. 财务报表整体重要性		500 000 元	
2. 报表整体实际执行的重要性		250 000 元	
3. 特定类别的交易、账户余额或披露的重要性的确定（如适用）	收入	300 000 元	
4. 特定类别的交易、账户余额或披露实际执行的重要性	收入	100 000 元	
5. 明显微小错报的临界值		25 000 元	

（二）可能存在较高重大错报风险的领域

可能存在较高重大错报风险的领域	索引号
营业收入	
应收账款	

（三）重要的组成部分和账户余额

重要的组成部分和账户余额	索引号
1. 重要的组成部分	
(所审计的集团内重要的组成部分)	
2. 重要的账户余额	
(包括本身具有重要性的账户，如存货以及评估出存在重大错报风险的账户)	

四、人员安排

职位	姓名	主要职责
项目合伙人		
项目经理		
组员		
组员		

注：在分配职责时可以根据被审计单位的不同情况按会计科目划分，或按交易类别划分。

五、对专家或有关人士工作的利用（如适用）

（一）对内部审计工作的利用

主要报表项目	拟利用的内部审计工作	索引号
存货	内部审计部门对各仓库的存货每半年至少盘点一次。在中期审计时，项目组已经对内部审计部门的盘点步骤进行观察，对结果满意，因此项目组将审阅其年底的盘点结果，并缩小存货监盘的范围	

（二）对其他注册会计师工作的利用

其他注册会计师姓名	利用其工作的范围及程度	索引号
（审计集团重要组成部分的注册会计师）		

（三）对专家工作的利用

主要报表项目	专家名称	主要职责及工作范围	利用专家工作的原因	索引号

二、具体审计计划

具体审计计划一般依据总体审计策略制订，比总体审计策略更加详细。具体审计计划包括项目组成员拟实施的审计程序的性质、时间安排和范围。具体审计计划可能针对以下三种具体程序制订。

（一）风险评估程序

注册会计师计划实施的风险评估程序的性质、时间安排和范围。

（二）进一步审计程序

针对评估的认定层次重大错报风险，注册会计师计划实施的进一步审计程序的性质、时间安排和范围。

进一步审计程序分为进一步审计程序总体方案和拟实施的具体审计程序两个层次。进一步审计程序总体方案可以是实质性方案或综合性方案。具体审计程序则是对进一步审计程序总体方案的延伸和细化，包括控制测试和实质性程序的性质、时间安排和范围。在实务中，注册会计师通常编制一套“进一步审计程序表”来计划针对各类交易、账户余额和披露实施的具体审计程序的性质、时间安排和范围，包括抽样的样本量等，并在审计程序实施时记录审计程序的实施与结果，最终形成相关的审计工作底稿。

（三）其他审计程序

注册会计师针对特别项目需要实施的其他审计程序。例如，针对电子商务、环境事项、关联方、舞弊，寻求与被审计单位专家、律师直接沟通等。

【特别提示】

（1）注册会计师可以同被审计单位管理层、治理层就计划审计工作的某些情况进行沟通，但要保持职业谨慎，以防止由于具体审计程序易于被管理层或治理层预见而损害审计工作的有效性。

（2）独立制订审计计划仍然是注册会计师的责任。

（3）审计计划并不是一成不变的，根据审计业务的实际情况及时修正、更新审计计划贯穿整个审计过程。注册会计师应记录对审计计划作出的重大更改及其理由，以及采取的应对措施。

（4）总体审计策略和具体审计计划的内容、制订过程都紧密联系。比如：注册会计师了解到被审计单位全面实施复杂的自动化信息系统，因此计算机信息系统的有效性对其经营、管理及财务报告具有重大影响。对此，注册会计师在具体审计计划中决定更多地依赖控制测试，相应地调整总体审计策略，决定利用信息风险管理专家的工作。

（5）项目负责人和项目组其他关键成员都应当参与计划审计工作，利用其经验和见解，以提高计划过程的效率和效果。

实训

一、判断题

1. 审计业务错综复杂，即使归属于同一审计阶段的几项具体审计工作，有时也是难分先后的。（　　）

2. 如果被审计单位不是委托人，审计业务约定书是由注册会计师与委托人签订的书面协议。（　　）

3. 审计业务约定书一式两份，只能由签约双方法人代表亲自签署。（　　）

4. 初步业务活动主要是对被审计单位的财务报表及账户余额进行检查。（　　）

5. 总体审计策略的详细程度随被审计单位的规模及该项审计业务的复杂程度不同而变化。（　　）

6. 具体审计计划比总体审计策略更加详细。（　　）

7. 审计计划一旦制订，在执行中就不得作任何修改。（　　）

8. 具体审计计划用以确定审计范围、时间安排、方向和审计资源，并指导制定总体审计策略。（　　）

9. 除了项目负责人，项目组其他成员都不应当参与计划审计工作，以免对计划过程的效率和效果产生不利影响。（　　）

10. 为了防止审计程序被管理层或治理层预见，注册会计师不可以同被审计单位的

管理层与治理层就计划审计工作进行沟通。（ ）

二、单项选择题

1.（ ）是指会计师事务所与被审计单位签订的，用以记录和确认审计业务的委托与受托关系、审计目标和业务范围、双方的责任以及报告的格式等事项的书面协议。

A. 审计计划　　B. 审计业务约定书

C. 总体审计策略　　D. 具体审计计划

2.（ ）主要是对被审计单位的情况和注册会计师自身的能力进行了解和评估，确定是否接受或保持审计业务，是控制审计风险的第一道屏障。

A. 初步业务活动　　B. 风险识别

C. 风险评估　　D. 风险应对

3. “凡事预则立，不预则废”，这句话在审计工作中体现在（ ）上。

A. 审计计划　　B. 审计业务约定书

C. 审计准则　　D. 审计工作底稿

4.（ ）是指注册会计师为了高效地完成某项审计业务、达到预期审计目标而对审计工作做出的安排。

A. 审计计划　　B. 审计业务约定书

C. 审计准则　　D. 审计工作底稿

5. 编制与实施（ ），并对其执行情况进行检查，可以保证审计工作有效地进行，有利于合理利用审计资源。

A. 审计计划　　B. 审计业务约定书

C. 审计准则　　D. 审计程序

6.（ ）用以确定审计范围、时间安排、方向和审计资源。

A. 总体审计策略　　B. 审计业务约定书

C. 审计依据　　D. 具体审计计划

7.（ ）是依据总体审计策略制订的，比总体审计策略更加详细。

A. 审计业务约定书　　B. 具体审计计划

C. 审计准则　　D. 审计工作底稿

8. 具体审计计划不包括的是（ ）。

A. 计划实施的风险评估程序　　B. 计划实施的进一步审计程序

C. 计划实施的其他审计程序　　D. 向具体审计领域调配的资源

9. 下列不包括在总体审计策略中的是（ ）。

A. 计划实施的风险评估程序　　B. 向具体审计领域分配资源的数量

C. 何时向具体审计领域调配资源　　D. 向具体审计领域调配的资源

10. 下列说法正确的是（ ）。

A. 注册会计师不可以同被审计单位管理层、治理层就计划审计工作的某些情况进行沟通

B. 审计计划可以交由被审计单位管理层制订

C. 审计计划的修正、更新贯穿整个审计过程

D. 总体审计策略与具体审计计划的制订过程完全孤立

三、多项选择题

1. 审计业务约定书的具体内容包括（　　）。

A. 财务报表审计的目标　　B. 管理层对财务报表的责任

C. 执行审计工作的安排　　D. 确定审计收费

2. 下列关于审计业务约定书的说法正确的有（　　）。

A. 审计业务约定书是会计师事务所与被审计单位签订的协议

B. 审计业务约定书的具体内容和格式可能因被审计单位的不同而存在差异

C. 会计师事务所承接某些审计业务可以不与被审计单位签订审计业务约定书

D. 审计业务约定书应由会计师事务所与被审计单位法人代表或授权代表签署，并加盖双方单位印章

3. 在实务中，审计业务约定书可以采用的形式有（　　）。

A. 合同式　　B. 媒体公告式

C. 口头约定式　　D. 信函式

4. 初步业务活动包括（　　）。

A. 初步了解被审计单位及其环境

B. 评价被审计单位的治理层、管理层是否诚信

C. 评价会计师事务所与注册会计师遵守职业道德的情况

D. 签订或修改审计业务约定书

5. 在确定审计工作方向时，需要注册会计师考虑（　　）。

A. 确定适当的重要性水平

B. 重大错报风险较高的审计领域

C. 识别重要账户余额

D. 影响被审计单位经营的重大发展变化

6. 注册会计师应当在总体审计策略中清楚地说明（　　）。

A. 向具体审计领域调配的资源

B. 向具体审计领域分配资源的数量

C. 何时调配资源

D. 如何管理、指导、监督资源的利用

7. 在制订总体审计策略时，注册会计师应考虑的主要事项有（　　）。

A. 审计工作范围　　B. 审计业务时间安排

C. 审计工作方向　　D. 风险评估程序

8.（　　）都应当参与计划审计工作，利用其经验和见解，以提高计划过程的效率和效果。

A. 项目负责人　　B. 项目组其他关键成员

C. 被审计单位管理层　　D. 被审计单位治理层

9. 具体审计计划的主要内容有（　　）。

A. 项目组成员的分工　　B. 风险评估程序

C. 计划实施的进一步审计程序　　D. 计划其他审计程序

10. 审计计划可分为（　　）。

A. 总体审计策略　　B. 具体审计计划

C. 审计工作底稿　　D. 审计业务约定书

四、案例分析题

1. XYZ会计师事务所接受ABC公司委托，预计在2019年1月15日到3月15日完成对该公司2018年度财务报表的审计。双方约定：(1) 在1月20日前，ABC公司需要提供审计需要的全部资料，把三楼会议室用作审计组的办公场所；(2) XYZ会计师事务所在3月18日提交审计报告，审计工作结束后，注册会计师对在审计过程中获知的信息保密，并根据具体情况对ABC公司内部控制及其他不足提交管理建议书；(3) 审计收费以实际参加本项审计业务的各级别工作人员所花费的时间为基础计算，预计为180万元人民币，与审计有关的其他费用（交通费、食宿费）由ABC公司承担；(4) ABC公司要恰当使用审计报告；(5) 如果出现不可预见的情况，影响审计工作逾期完成，双方均可要求变更约定事项，由双方协商解决；(6) 如果出现违约，双方要按照《中华人民共和国合同法》的规定承担违约责任。

要求：根据上述材料撰写审计业务约定书。

2. 注册会计师负责审计ABC公司2018年度财务报表，在具体审计计划中记录拟对采购与付款循环采用综合性方案，后因在控制测试时发现相关控制运行无效，于是将其改为实质性方案，重新编制具体审计计划工作底稿，并替换原具体审计计划工作底稿。

要求：指出注册会计师的做法是否恰当，如不恰当，说明理由。

第8章

风险评估

引导案例

蓝田神话

1996年蓝田股份有限公司（以下简称“蓝田”）在上海证券交易所上市，它的主业之一是农副水产养殖，上市后业绩骄人，被誉为“中国农业第一股”。现在来看一下蓝田存在的主要问题。

(1) 鱼塘里的业绩神话。蓝田声称创造了立体养殖技术，即“水中有鱼，水面有鸭，水下有藕”，每亩水面年产值3万元，而同在湖北的另一家养鱼企业的这个指标不足1 000元。蓝田的鱼塘业绩相当于同业的30倍。

(2) 巨额现金交易。2000年蓝田销售收入18.4亿元，应收账款857.2万元，应收账款占主营业务收入的比重仅为4.6‰。蓝田解释说，其客户有大量的个体户，他们自己上门提货，钱货两清，所以应收账款占销售收入的比重很低。然而巨额收入不通过银行结算，交易真假难辨。

(3) 严重现金流缺口。更令人费解的是，有巨额现金收入，蓝田却存在严重的现金流缺口。2000年末流动比率为0.77，营运资金为−1.27亿元，这意味着流动资产低于流动负债，有1.27亿元短期债务没有偿还保障。一边是巨额的现金收入，一边是巨额的现金流缺口。

(4) 扔到水里的固定资产。蓝田称鱼塘改造投入巨额资金，现金收入转化成固定资产。2000年末蓝田的固定资产已达21.69亿元，占总资产的76.4%。作为农业企业，如此高的固定资产比重是极其不正常的。农业产业的特殊性又使得它在湖里打了几根桩、鱼塘里有多少只甲鱼很难验证。

资料来源：根据网上资料整理.

思考：

1. 本案例所描述的情形是否表明蓝田公司财务报表存在重大错报风险？
2. 注册会计师应如何识别与评估重大错报风险？

风险评估是指实施风险评估程序，了解被审计单位及其环境（包括内部控制），以充分识别和评估财务报表层次和认定层次的重大错报风险。

第1节 了解被审计单位及其环境

一、了解被审计单位及其环境的主要内容

（一）了解被审计单位性质（见表8-1）

表8-1 了解被审计单位性质

因素	内容
所有权结构	（1）所有者（法人/自然人）、企业类型、所属地区、规模、自然人的社会职务； （2）所有者与被审计单位之间的关系； （3）控股母公司、实际控制人。
治理结构	（1）董事会的构成情况、董事会内部是否有独立董事； （2）治理结构中是否设有审计委员会或监事会，如有，其运作情况如何； （3）治理层能否独立于管理层对相关事务（包括财务报告）做出客观判断。
组织结构	组织结构的特征及复杂程度，以及复杂的组织结构可能导致的重大错报风险。
经营状况	（1）主营业务的性质，例如，汽车制造、大型商超、交通运输、软件开发、网络技术服务、业务咨询； （2）与生产相关的市场信息，例如，主要客户和合同、市场份额、竞争、出口等； （3）业务开展情况，例如，业务分部的设立情况； （4）联盟、合营与外包情况； （5）从事电子商务的情况； （6）地区与行业分布； （7）生产设施、仓库的地理位置及办公地点； （8）关键客户状况，例如，销售客户是少量的大客户还是众多的小客户，有无超过销售总额10%的高依赖客户； （9）重要供应商，例如，是否签订长期供应合同，原材料供应的可靠性与稳定性； （10）劳动用工情况，例如，劳动力供应情况、工薪水平、股权激励； （11）研发活动及其支出； （12）关联方交易。
筹资活动	（1）债务结构和相关条款，包括资产负债表表外融资和租赁安排； （2）主要子公司和联营企业（无论是否处于合并范围内）； （3）实际受益方及关联方； （4）衍生金融工具的使用。

续前表

因素	内容
投资活动	(1) 近期拟实施或已实施的并购活动与资产处置情况，包括业务重组或某些业务的终止； (2) 证券投资、委托贷款的发生与处置； (3) 资本性投资活动（包括固定资产和无形资产投资）近期或计划发生的变动，以及重大的资本承诺等； (4) 不纳入合并范围的投资，例如，联营、合营或其他投资。
信息来源	记录以上所取得的信息来源，包括接受访谈的人员的名字。
结论	为各个已识别的重大错报风险生成风险提示，记录报表层次和认定层次的风险。

案例 8-1

ABC 公司是 XYZ 会计师事务所的常年审计客户，现执行 2018 年财务报表审计。注册会计师在了解 ABC 公司及其环境时注意到以下情况：

(1) 2018 年 12 月，ABC 公司从银行取得长期借款用于新生产线建设。12 月 30 日，银行发现 ABC 公司未按照规定用途使用借款，将长期借款用于偿还到期债务，当日决定停止向 ABC 公司发放剩余贷款，并要求其偿还已经发放的长期借款本金。

(2) 2018 年 1 月，ABC 公司与丙公司签订建造办公楼的合同。在建造过程中，由于未约定首期付款时间，丙公司拒绝在 ABC 公司为其支付首期付款前垫支工程款项，办公楼于 2018 年 3 月停建，到 2018 年年末仍未复工，预计在未来三年内不会重新开工。

分析：

(1) ABC 公司用长期借款偿还到期债务，说明 ABC 公司日常经营资金不能偿还到期债务。银行停止向 ABC 公司发放剩余贷款，并要求其偿还已经发放的长期借款本金，ABC 公司的持续经营能力存在重大疑虑，对财务报表整体存在广泛影响，表明存在报表层次的重大错报风险。

(2) 在建办公楼停工，预计未来三年内不会复工，存在减值迹象，表明在建工程的计价认定（资产减值损失的准确性认定）存在重大错报风险。

(二) 被审计单位对会计政策的选择和运用（见表 8-2）

表 8-2　　被审计单位对会计政策的选择和运用

内容	示例
重要项目的会计政策和行业惯例	收入确认、存货的计价方法、投资的核算、固定资产的折旧政策、各项减值准备的计提、借款费用的资本化方法、合并报表的编制方法、行业惯例及例外。
重大和异常交易的会计处理方法	企业合并的会计处理方法。

续前表

内容	示例
会计政策（或会计估计）的变更	固定资产折旧政策由平均年限法变更为双倍余额递减法，变更的原因及其合理性，报表附注披露情况。
应用新颁布的会计准则	2017 年 7 月 1 日起执行《企业会计准则第 16 号——政府补助》。 2018 年 1 月 1 日起执行《企业会计准则第 22 号——金融工具确认和计量》。
会计计量过程复杂	在缺乏市场价格的条件下应用未来现金流量的现值来确定公允价值。
在缺乏权威性标准或新兴领域采用的重要会计政策	互联网＋行业收入的确认。
信息来源	记录以上所取得的信息来源，包括接受访谈的人员的名字。
结论	（1）被审计单位的会计政策是否适当，是否与财务报告框架及会计法规的要求相一致。 （2）关于会计政策的选择及应用可能导致财务报表重大错报的风险。 （3）为各个识别的重大错报风险生成风险提示，记录财务报表和认定层次的风险；对于重大错报风险（包括舞弊风险），记录可能的错报及应对。

案例 8－2

ABC 公司是 XYZ 会计师事务所的常年审计客户，现执行 2017 年财务报表审计。注册会计师在了解 ABC 公司及其环境时注意到以下情况：

2018 年 11 月，被审计单位 ABC 公司向乙公司投资 120 000 万元，取得了乙公司 20%的股权，并对该长期股权投资采用权益法核算，但是并未向乙公司派出董事。2018 年 1 月 ABC 公司向乙公司派出一名董事。乙公司章程规定，公司的财务和经营政策要由 2/3 以上表决权通过。

分析：乙公司章程规定，公司的财务和经营政策要由 2/3 以上表决权通过，ABC 公司仅持有 20%，并且 2019 年 1 月才派出董事，在此之前，也就是 2018 年的长期股权投资要采用成本法核算。这表明 ABC 公司长期股权投资的计价认定存在重大错报风险。

（三）相关行业状况、法律环境、监管环境和其他外部因素（见表 8－3）

表 8－3　　行业状况、法律环境、监管环境和其他外部因素

因素	内容
行业状况	（1）行业的市场供求与竞争； （2）生产经营的季节性和周期性； （3）产品生产科学技术的变化； （4）能源供应与成本； （5）行业的关键指标和统计数据。

续前表

因素	内容
法律环境及监管环境	(1) 会计政策和行业特定惯例； (2) 监管行业的相关规定； (3) 对企业经营活动产生重大影响的法律法规，包括直接的监管活动； (4) 税收政策； (5) 对被审计单位开展经营活动产生影响的政府政策，如货币政策（包括外汇管制）、财政政策（如政府援助项目）、关税或贸易政策等； (6) 影响行业和企业经营活动的环保要求（例如，法律规定某些行业应支付土地污染金，应识别未合理记录该负债而引起的风险）。
其他外部因素	经济形势、利率、融资的可获得性、通货膨胀或币值变动的影响等。
提示	将了解的重点放在对被审计单位的经营活动可能产生重要影响的关键外部因素以及与前期相比发生的重大变化上。例如，对于从事计算机硬件制造的企业，应重点了解其市场和竞争以及技术进步的情况，行业竞争激烈，技术进步快，对其经营可能产生重大影响，造成存货滞销，导致其存货计价存在错报风险。
信息来源	记录以上所取得的信息来源，包括接受访谈的人员的名字。
结论	为各个已识别的重大错报风险生成风险提示，记录财务报表和认定层次的风险；对于重大错报风险（包括舞弊风险），记录可能的错报及应对。

（四）被审计单位的目标及战略（见表 8－4）

表 8－4 目标、战略以及相关经营风险

内容	示例
被审计单位的目标及战略 相关经营风险 可能导致的重大错报风险	例如，为保持和扩大市场，应对消费者需求的变化（目标），企业开发了新产品（战略）。但是，开发新产品可能会产生许多经营风险，比如，开发失败的风险；市场需求没有充分开发而导致产品滞销的风险；产品的缺陷导致声誉受损的风险和承担赔偿责任的风险。这些经营风险反映到财务报表中，可能会出现研发支出资本化与费用化的问题，存货的计价问题、销售费用与预计负债的确认与计量问题，导致重大错报风险。
信息来源	记录以上所取得的信息来源，包括接受访谈的人员的名字。
结论	为各个已识别的重大错报风险生成风险提示，记录财务报表和认定层次的风险；对于重大错报风险（包括舞弊风险），记录可能的错报及应对。

（五）被审计单位财务业绩的衡量和评价（见表 8－5）

表 8－5 财务业绩的衡量和评价

因素	内容
内部业绩衡量与评价	(1) 关键业绩指标及激励性报酬政策； (2) 财务业绩趋势； (3) 预算及差异分析； (4) 竞争对手的业绩比较。

续前表

因素	内容
外部业绩衡量与评价	（1）证券分析师的报告； （2）信用评级机构的报告。
管理层如何进行财务业绩衡量和评价	由谁执行及执行的频率；管理层制定的财务业绩预算合理性；对什么样的差异进行调查及采取的纠正措施。
信息来源	记录以上所取得的信息来源，包括接受访谈的人员的名字。
结论	为各个已识别的重大错报风险生成风险提示，记录财务报表和认定层次的风险；对于重大错报风险（包括舞弊风险），记录可能的错报及应对。例如，被审计单位某年的资产收益率这一业绩指标比行业指标高出很多，而管理层的报酬恰恰与资产收益率挂钩，显示财务报表可能存在高估利润的错报风险。

（六）企业的IT系统（见表8-6）

表8-6　　IT系统

因素	内容
IT系统基本情况	应用系统的名称、计算机运行环境、初次安装时间、对IT系统进行的重大修改、开发与维护及其影响。
对IT系统的评价	IT系统复杂程度、IT系统对审计工作的影响。
信息来源	记录以上所取得的信息来源，包括接受访谈的人员的名字。
结论	为已识别的风险因素生成风险提示，判断是否需要利用IT专家的工作，确定专家的介入程度。

（七）被审计单位的内部控制

相关内容详见本章第2节。

二、风险评估程序

注册会计师实施风险评估程序以了解被审计单位及其环境。

（一）询问

1. 询问被审计单位管理层和财务负责人

询问的内容包括：

（1）管理层关注的主要问题，如新的竞争对手、主要客户和供应商的流失、新的税收法规的实施以及经营目标或战略的变化等。

（2）被审计单位最近的财务状况和经营成果、现金流量。

（3）可能影响财务报告的交易和事项，或者目前发生的重大会计处理问题，如重大的购并事宜等。

（4）被审计单位发生的其他重要变化，如所有权结构的变化、内部控制的变化等。

2. 询问被审计单位内部不同部门不同级别的员工

（1）询问治理层，了解其对财务报告过程的监督情况。

（2）询问内部审计人员，了解其针对被审计单位内部控制设计和运行有效性而实施的工作，以及管理层对内部审计发现的问题是否采取适当的行动。

(3) 询问参与生成、处理或记录复杂或异常交易的员工，有助于注册会计师评估被审计单位选择和运用某项会计政策的适当性。

(4) 询问内部法律事务人员，了解有关法律法规的遵循、诉讼情况，产品保证和售后责任，以及合同条款的含义。

(5) 询问销售人员，了解被审计单位的营销策略及其变化、销售趋势或与其客户的合同安排。

(6) 询问采购人员和生产人员，了解被审计单位的原材料采购和产品生产等情况。

(7) 询问仓库人员，了解原材料、产成品等存货的进出、保管和盘点等情况。

3. 询问被审计单位聘请的外部法律顾问、专业评估师、投资顾问和财务顾问

询问被审计单位外部相关人员，以获取外部有关信息，帮助识别重大错报风险。

(二) 分析程序

在了解被审计单位及其环境并评估重大错报风险时通常使用分析程序。例如，注册会计师通过对被审计单位及其环境的了解，获知其银行贷款额比上年略有增加，今年银行贷款利率上涨1%，因此注册会计师预期财务费用应相应上升，但比较两年的财务费用，发现今年财务费用比上年大幅下降。上述分析使注册会计师得出结论：财务费用可能存在重大错报风险。

(三) 观察

1. 观察被审计单位的生产经营活动

观察被审计单位人员正在从事的生产活动和控制活动，以了解被审计单位人员如何进行生产经营活动及如何实施相关控制。

2. 观察被审计单位的生产经营场所和设备

实地观察被审计单位的生产经营场所（如厂房）和设备，了解被审计单位的主要业务及经营活动，并与被审计单位的管理层和承担不同职责的员工进行交流，以增进对被审计单位的经营活动及其重大影响因素的了解。

(四) 检查

1. 检查文件、记录和内部控制手册

检查被审计单位的章程、战略方案和经营计划，与其他单位签订的合同、协议，股东大会、董事会会议及管理层会议的记录，各业务流程操作指引和内部控制手册等。

2. 阅读由管理层和治理层编制的报告

阅读被审计单位年度和中期财务报告、管理层的讨论和分析资料、对重要经营环节和外部因素的评价、被审计单位内部管理报告以及其他特殊目的报告（如新投资项目的可行性分析报告）等。

3. 阅读外部信息

阅读证券分析师、银行、评级机构出具的有关被审计单位及其所处行业的经济或市场环境等状况的报告，贸易与经济方面的期刊，相关法规，以及政府部门或民间组织发布的行业报告和统计数据等。

观察和检查程序可以印证对管理层和其他相关人员询问的结果。

（五）其他信息来源

进行风险评估时，注册会计师还应当考虑其他信息来源，例如，开展初步业务活动时获取的信息，向被审计单位提供其他服务（如税务服务）获得的经验，利用以前年度的审计经验。

【特别提示】

（1）在每次审计中，无论被审计单位规模大小，注册会计师首先必须实施风险评估程序，了解被审计单位及其环境（包括内部控制），以评估重大错报风险。这是审计的起点，不得未经风险评估，直接将重大错报风险设定为高水平。

（2）识别与评估重大错报风险贯穿整个审计过程的始终。

（3）注册会计师应当运用职业判断确定需要了解被审计单位及其环境的程度。如果了解被审计单位及其环境获得的信息足以识别和评估财务报表重大错报风险，那么了解的程度就是恰当的。当然注册会计师对被审计单位的了解程度应低于被审计单位管理层管理企业时对自身的了解程度。

第 2 节　了解内部控制①

一、了解内部控制的范围

财务报表审计的目标是对财务报表是否不存在重大错报发表审计意见，因此注册会计师需要了解和评价的只是与审计相关的内部控制，并非被审计单位所有的内部控制。例如，税法的规定涉及应交税费和所得税费用，对财务报表存在直接和重大的影响，为了遵守这些法规，被审计单位可能设计和执行相应的控制，这些控制与注册会计师的审计相关；又如，如果注册会计师在实施分析程序时使用某些非财务数据（如生产统计数据），则针对这些非财务数据的控制就与审计相关。而有些控制通常与审计无关，如航空公司用于维护航班时间表的自动控制系统，注册会计师无须考虑。

【知识链接】
内部控制概述

二、了解内部控制的深度

了解内部控制的深度包括评价控制的设计，并确定控制是否得到执行，但不包括测试控制是否一贯有效执行。

① 学习本节内容之前需要熟悉有关企业内部控制的知识。

(一) 评价控制设计的合理性

评价控制设计的合理性是指考虑一项控制单独或连同其他控制是否能够有效防止或发现并纠正重大错报。设计不当的控制可能表明存在值得关注的内部控制缺陷。

(二) 确定控制是否得到执行

控制得到执行是指某项控制存在且正在使用。设计合理的控制如果得不到执行，可能意味着内部控制存在缺陷。

三、了解内部控制的程序

了解被审计单位的相关控制的设计和执行，通常实施下列风险评估程序：

(一) 询问被审计单位的有关人员

注册会计师可以向被审计单位的有关人员询问相关内部控制是否建立，是否执行，与上次审计相比发生了哪些新变化，以往内部控制的薄弱环节是否得到了改进等。

(二) 观察特定控制的运行

针对不留下书面记录的控制，注册会计师通常可以实地观察被审计单位的业务活动和控制的运行情况，以确定控制是否已经建立并运行。

(三) 检查文件和报告

注册会计师索取并检查被审计单位编制的有关内部控制的文件与报告，如董事会会议纪要、员工培训记录，并结合对被审计单位有关人员的询问，来了解有关内部控制的建立与执行情况。

四、了解内部控制的内容

内部控制的某些要素（如控制环境）更多地对被审计单位整体层面产生影响，而有些要素（如信息和沟通、控制活动）则可能更多地与特定业务流程相关。因此，在实务中需要从被审计单位整体层面和业务流程层面分别了解和评价内部控制。

(一) 在整体层面了解并评价内部控制

从整体层面了解并评价内部控制的汇总表见表 8-7。

表 8-7　　从整体层面了解并评价内部控制的汇总表

控制要素	识别的缺陷	重大缺陷*（是/否）	索引号	列入与管理层沟通的事项（是/否）	列入与治理层沟通的事项（是/否）
控制环境			BB-1		
风险评估			BB-2		
控制活动			BB-3		
信息与沟通			BB-4		
对控制的监督			BB-5		

* 表明内部控制存在重大缺陷的情形可能包括：审计发现了重大错报，而被审计单位的内部控制没有发现；控制环境薄弱；存在舞弊迹象；等等。

1. 了解和评价控制环境（见表8-8）

表8-8　　了解和评价控制环境

控制目标	被审计单位的控制（示例）	询问	观察	检查	结论	存在的缺陷
使员工行为守则及其他政策得到执行	公司制定了员工的行为守则，行为守则内容完备，涉及利益冲突、不法或不当行为、公平竞争的保障等问题。 行为守则在公司内网上可公开查阅。 通过企业文化强调操守及价值观的重要性。	询问人力资源部经理××	N/A*	《员工行为守则》、员工大会的会议纪要	控制设计合理，并得到执行	N/A
对背离公司现有控制的行为进行调查	明确禁止管理人员逾越既定控制。 任何与既定政策不一致的事件都会被调查并记录。	询问××部经理××	N/A	N/A	控制设计合理，并得到执行	N/A
持续培训员工	定期对员工培训，更新员工的知识。	询问人力资源部经理××	N/A	培训记录	控制设计合理，并得到执行	N/A
保证董事会成员具备适当的经验和资历，并保持稳定性	对董事会成员的经验和资历有明确的书面规定，股东在提名董事会成员时严格按照规定进行，不合格的提名无效。 董事每届任期3年，可以连任。	询问××部经理××	N/A	董事任职文件	控制设计合理，并得到执行	N/A
董事会、审计委员会独立于管理层	管理层的提案需要经过董事会审议。 董事会不是仅由部门领导和员工组成，要保持至少三位独立董事。	询问××部经理××	N/A	董事会会议纪要	控制设计合理，并得到执行	N/A
对非经常的经营风险，管理层采取稳妥措施	管理层在承担经营风险、选择会计政策和作出会计估计时必须保守，并需要在内部民主讨论，对当事人规定明确的个人责任。	询问××部经理××	N/A	公司章程	控制设计合理，并得到执行	N/A

续前表

控制目标	被审计单位的控制（示例）	询问	观察	检查	结论	存在的缺陷
组织结构合理，具备提供各类管理活动所需信息的能力	根据经营活动的性质，恰当地采用集权或者分权的组织结构设计。 组织结构的设计便于由上而下、由下而上或横向的信息传递。	询问××部经理××	N/A	组织结构文件	控制设计合理，并得到执行	N/A
员工的岗位职责明确制定并传达到本人	公司制定管理层及各级员工的职务说明书。 对所有岗位的工作有正式的书面描述，任职条件规定了履行特定职责所需的知识和技能。 岗位职责（包括具体任务、报告关系及所受限制等）在组织内予以清晰传达。 每位员工的岗位责任与分派的权限相关。	询问人力资源部经理××，询问××部经理××	N/A	岗位说明书	控制设计合理，并得到执行	N/A
关键管理人员具备岗位所需的丰富知识和经验	招聘的业务主管需要具备执行任务、履行职责的知识及经验。 对关键管理人员要实施适当的培训。	询问××部经理××	N/A	关键管理人员培训记录	控制设计合理，并得到执行	N/A
人力资源政策与程序清晰	每年检查人力资源政策与程序，调整不合理的政策。 对更新的文件及时传达。	询问人力资源部经理××	N/A	人力资源政策与程序	控制设计合理，并得到执行	N/A

* N/A 表示不适用。本章其他表同此。

2. 了解和评价被审计单位风险评估过程（见表8－9）

表8－9　　了解和评价被审计单位风险评估过程

控制目标	被审计单位的控制	询问	观察	检查	结论	存在的缺陷
建立风险评估方法	风险评估程序考虑影响目标实现的内外部因素。 对外部风险，要求管理层考虑：供货渠道、技术变化、债权人的要求、竞争对手的行动、政治经济状况、法规与监管状况、自然灾害。 对内部风险，要求管理层考虑：人力资源，如关键管理人员的留任、职责调整是否会影响其有效履行职责；理财和融资活动；劳资关系，如薪酬及退休福利计划是否在同行业中具有竞争力；信息系统，如备份系统的有效性；等等。 进行风险分析，识别出的风险与相应的作业目标相关，适当级别的管理人员参与风险分析。	询问××部经理××	N/A	N/A	控制设计合理，并得到执行	N/A
建立风险识别、应对机制处理具有普遍影响的变化	设置识别和应对可能对整体目标和业务层次目标的实现产生影响的例行事件或作业活动的机制。 将对日常变化的处理与风险分析程序建立联系。 与变革相关的风险与机遇由足够高层次的管理层处理，以保证确认所有潜在的影响，并制定适当的行动计划。	询问××部经理××	N/A	风险管理手册	控制设计合理，并得到执行	N/A
对于突发的、重大并持久的变化，建立相应的识别和应对机制	针对以下情况制定风险应急制度：经营环境变化，员工增加，新增的或重新设计的信息系统，快速发展，新技术开发和应用，新增生产线、新产品、新设置的作业及新购并的企业，重组，开展海外经营活动。	询问××部经理××	N/A	风险管理手册	控制设计合理，并得到执行	N/A

3. 了解和评价信息系统与沟通（见表8-10）

表8-10 了解和评价信息系统与沟通

控制目标	被审计单位的控制	询问	观察	检查	结论	存在的缺陷
信息系统向管理层提供经营的相关信息	建立机制获取外部信息，包括市场状况、竞争对手的计划、法律法规的最新发展以及经济状况的变动等。 管理层制定整体战略规划去识别、分析和监控整体目标所需的内外部信息。 管理层获取关于履行其职责所需信息的报告。	询问××部经理××	N/A	企业获取的外部信息	控制设计合理，并得到执行	N/A
信息系统的开发及改善基于战略考虑，有助于实现经营目标	建立必要的机制识别新的信息需求。 由适当的人员确定对信息的需求及各项需求之间的优先次序。 制定与财务报告相关的信息系统的长期战略规划，且随着发展战略的变化及时更新，并将其与整体信息系统需求紧密联系。	询问××部经理××	N/A	企业长期战略规划	控制设计合理，并得到执行	N/A
组织内部有充分畅通的横向沟通渠道，横向信息传递完整、及时	建立销售部门与技术、生产、营销等部门的沟通渠道，保证顾客的需求得到适当的处理。 建立财务部门与信用管理部门的沟通渠道，保证拖延付款信息得到适当的处理。 建立相应的沟通渠道，保证关于竞争对手新产品、售后服务保障等的信息传递给技术、营销部门。	询问××部经理××	N/A	N/A	控制设计合理，并得到执行	N/A
管理层认真听取和采纳员工的意见	建立有效的机制使员工能够提出改进建议； 建立奖励机制促使员工积极提出改进意见。	询问××部经理××	N/A	N/A	控制设计合理，并得到执行	N/A
管理层与客户、供应商、监管者和其他外部人士有效沟通	建立各方的沟通渠道，收集各方的建议、投诉及其他信息，并保证公司内部及时沟通。 建立信息的追踪调查等跟进措施。 负责处理投诉的员工与负责处理交易的员工互相独立。	询问××部经理××	N/A	投诉记录的追踪记录	控制设计合理，并得到执行	N/A

4. 了解和评价对控制的监督（见表 8－11）

表 8－11　　了解和评价对控制的监督

控制目标	被审计单位的控制	询问	观察	检查	结论	存在的缺陷
内部控制定期评价	建立内部控制评价体系，定期评价内部控制。	询问内部审计部门（或内控部门）经理××	N/A	公司整体目标文件	控制设计合理，并得到执行	N/A
内部控制对常规工作活动有效运行的保障程度能够评价	将日常经营活动形成的生产、库存、销售或其他方面的信息与信息系统产生的信息相比较。 将经营信息与由财务报告系统产生的财务资料整合或者相比较，并分析差异。	询问内部审计部门（或内控部门）经理××	N/A	具体策略和业务流程层面目标相关文件	控制设计合理，并得到执行	N/A
外界沟通获取的信息能够反映内部控制运行的有效性	顾客按销货发票付款，即表明该发票金额正确无误；顾客投诉账单有错误，即表明处理销售业务的系统可能存在缺陷。 记录来自供应商的信息（如供应商寄来的对账单），公司将其用作控制和监督的工具。 考虑监管机构告知遵循相关法律、法规和规章的情况。	询问内部审计部门（或内控部门）经理××	N/A	N/A	控制设计合理，并得到执行	N/A
用以评价内部控制系统的方法适当	专门评价的范围及频率适当。 评价方法使用核对清单、问卷及其他评价工具。	询问内部审计部门（或内控部门）经理××	N/A	核对清单或问卷	控制设计合理，并得到执行	N/A

（二）从业务流程层面了解并评价内部控制（见表 8－12）

表 8－12 从业务流程层面了解并评价内部控制

步骤	内容	举例（或提示）
1. 确定被审计单位的重要业务流程和重要交易类别	（1）通过划分业务循环来确定重要的业务流程。	例如，制造业企业的业务流程可以划分为采购与付款循环、生产与存货循环、销售与收款循环、筹资与投资循环。
	（2）重要交易类别是指可能对被审计单位财务报表产生重大影响的各类交易（包含对财务报表具有重大影响的事项和情况，例如固定资产计提折旧）。重要交易应与重大账户及其认定相联系。	例如，制造业企业的销售与收款循环中，销售和收款都是重要交易类别，主营业务收入和应收账款通常是重大账户。
2. 了解重要交易流程并记录	了解每一重要交易流程，即重要交易在自动化或人工系统中生成、处理、记录及在财务报表中报告的流程。	例如，销售交易流程包括接受顾客订单、核准信用、发货并编制货运单据、开具发票账单、生成记账凭证、更新销售收入与应收账款记录、处理销售调整交易，以及修改错误记录的交易。
3. 确定可能发生错报的环节	确认和了解错报可能在什么环节发生，即确定被审计单位应在哪些环节设置控制，以防止或发现并纠正各重要交易流程可能发生的错报。	例如，在开具发票账单环节可能发生的错报有：对虚构的交易开账单或重复开账单、销售发票可能计算错误、可能不及时开具发票，涉及的重要账户及认定有：应收账款的存在认定，业务收入的发生、准确性、截止认定。
4. 识别和了解相关控制并记录	通过对被审计单位及其环境的了解，包括在被审计单位整体层面对内部控制各要素的了解，以及在上述程序中对重要业务流程的了解，注册会计师可以确定是否有必要了解业务流程层面的控制。有时，之前的了解可能表明针对某些重要交易流程设计的控制是无效的，可以不去了解业务流程层面的控制。	（1）如果计划对业务流程层面的有关控制做进一步的了解和评价，重点应放在交易流程中容易发生错报的环节。 （2）如果多项控制活动能够实现同一目标，不必了解与该目标相关的每项控制活动，重点考虑一项控制单独或连同其他控制活动是否能够以及如何实现目标。
5. 执行穿行测试	穿行测试是指通过追踪交易在财务报告信息系统中的处理过程，即选择某笔或某几笔具有代表性的交易追踪其从发生到记账的整个流程，来证实之前通过其他程序所获得的关于交易流程和控制的信息是否准确、完整。 穿行测试运用的程序包括：询问执行交易流程各个处理环节和控制的相关人员，以了解其对岗位职责的理解，并判断控制是否得到执行；检查有关记录和文件；观察有关控制的执行。	例如，针对销售交易，追踪从订单处理、核准信用批准赊销、编制货运单据、发货运送至顾客、开具销售发票、生成相关记账凭证，到过账至销售收入与应收账款明细账、总账等交易的整个流程，以考虑之前对交易流程与相关内部控制的了解是否准确和完整。 注意：即使不打算了解业务流程层面的相关控制，仍应执行穿行测试，以验证之前对业务流程、交易流程及可能发生错报的环节的了解是否准确和完整。

续前表

步骤	内容	举例（或提示）
6. 初步评价内部控制	对控制的初步评价结论可能是下列情况之一： （1）控制设计合理，并得到执行。 （2）控制设计合理，但没有得到执行。 （3）控制设计无效或缺乏必要的控制。	

第 3 节　识别与评估重大错报风险

案例 8－3

ABC 公司主要从事小型电子消费品的生产和销售，产品销售以 ABC 公司仓库为交货地点。注册会计师审计 ABC 公司 2018 年度财务报表。有关财务数据（单位：万元）如下：

项目	营业收入	营业成本	存货	存货跌价准备
2018 年	64 750	55 440	8 892	370
2017 年	58 480	46 730	8 723	480

注册会计师实施风险评估程序，了解到 ABC 公司及其环境情况如下：

（1）ABC 公司生产设备的备件购买和领用不频繁，但备件的种类繁多。为减轻年末存货盘点的工作量，管理层决定于 2018 年 11 月 30 日对备件进行盘点，其余存货仍在 2018 年 12 月 31 日进行盘点。

（2）2018 年 7 月 ABC 公司启用新的财务信息系统，计划同时使用原系统 6 个月。但是，同时运行两个系统使相关部门人员的工作量加大，因此，两个月后公司决定提前停用原系统。

（3）市场竞争激烈，ABC 公司的主要竞争对手于 2018 年年末纷纷推出降价促销活动。为了巩固市场份额，ABC 公司于 2019 年元旦开始全面下调主要产品的零售价，不同规格的主要产品降价幅度从 15%到 20%不等。

分析：表 8－13 列出了重大错报风险的识别与评估分析的相关内容。

表 8－13　　**重大错报风险的识别与评估分析**

情况	是否存在重大错报风险	理由	层次	报表项目及相关认定
(1)	否	种类繁多的备件购买和领用不频繁，12 月备件的增减变动可能很小，甚至没有变动，那么 11 月末的盘点结果与 12 月末的结存数量就很接近，甚至相等。因此提前一个月盘点对报表几乎没有影响。	—	—

续前表

情况	是否存在重大错报风险	理由	层次	报表项目及相关认定
(2)	是	(1) 启用新的财务信息系统，新系统在运行初期可能存在运行不稳定造成数据丢失等情况，而原系统提前停用，数据丢失将无法弥补，对报表可能产生重大影响。 (2) 财务信息系统不稳定可能会对报表整体产生重大影响。	报表	—
(3)	是	(1) 市场竞争激烈，年末竞争对手降价促销，ABC 公司于 2019 年元旦下调产品售价，意味着 2018 年年末尚未售出的库存商品可能发生跌价损失。 (2) 库存商品可能减值，只对存货有影响。 (3) 如果存货跌价准备计提不充分，可能发生存货计价高估的错报风险。 (4) ABC 公司 2019 年年初产品降价幅度为 10%，2018 年产品毛利率为 4.7%，可变现净值可能远低于成本，且 ABC 公司 2018 年存货余额 8 892 万元，比 2017 年略有增长，金额巨大，存货可能发生巨幅跌价，然而 ABC 公司 2018 年存货跌价准备与 2017 年相比不升反降，降幅高达 22.9%。所以存货跌价准备计提严重不足，存货计价认定高估的重大错报风险很高。 (5) 复式记账法下，存货跌价准备计提不足意味着资产减值损失也确认少了，因此还影响到资产减值损失的准确性认定（少记）。	认定	存货：计价与分摊 资产减值损失：完整性/准确性（少计）

一、识别与评估重大错报风险的思路

（一）在了解被审计单位及其环境的整个过程中识别风险

在了解被审计单位及其环境的整个过程中，结合对财务报表中各类交易、账户余额和披露的考虑识别风险。例如，被审计单位执行新颁布的企业会计准则，以及行业市场竞争激烈使产品的市场价格下降，都预示着重大错报风险的存在。

（二）识别两个层次的重大错报风险

确定识别的重大错报风险是与特定的某类交易、账户余额、列报的认定相关（认定层次），还是与财务报表整体广泛相关，进而影响多项认定（报表层次）。

（1）某些重大错报风险可能与财务报表整体广泛相关，进而影响多项认定，属于报表层次的重大错报风险。例如，执行新颁布的会计准则，可能导致报表多项认定出现错报。

（2）某些重大错报风险可能与特定的各类交易、账户余额、列报的认定相关，属于认定层次的重大错报风险。例如，行业市场竞争激烈，产品的市场价格下降，不会对报表整体产生广泛影响。

（三）考虑内部控制对评估重大错报风险的影响

（1）报表层次的重大错报风险很可能源于薄弱的控制环境。例如，被审计单位管理层不重视内部控制，没有建立必要的政策和程序；管理层缺乏诚信；管理层经营理念过于激进。这些表明控制环境薄弱，可能对财务报表产生广泛影响，难以限于某类交易、账户余额和披露。

（2）有效的控制有助于防止或发现并纠正认定层次的重大错报，降低特定认定错报发生的可能性，而控制不当或缺乏控制，错报可能变成现实。因此在评估认定层次重大错报风险时，要考虑控制对错报风险的可能的抵消和遏制作用。例如，将发货单与开具的销售发票核对，有助于预防销售收入完整性的认定错报。

（四）将已识别风险与认定层次可能发生错报的领域相联系

例如，市场竞争激烈使产品的市场价格下降，可能导致存货减值，因为成本高于其可变现净值而需要计提存货跌价准备，这显示存货的计价认定可能发生错报。

（五）评估已识别风险导致财务报表发生重大错报的可能性

在某些情况下，已识别的风险不至于导致财务报表发生重大错报。上例中，应考虑存货的账面余额是否重大，存货计价相关的内部控制是否有效，是否已适当地计提存货跌价准备等。如果期末存货的余额较小，尽管存货发生跌价，但不至于导致财务报表发生重大错报；或者被审计单位对存货计价认定实施了有效的控制，已经根据存货的可变现净值计提了相应的跌价准备，也不大可能导致财务报表发生重大错报。

（六）汇总识别的重大错报风险

注册会计师在综合考虑上述因素后，评估重大错报风险水平，并将识别的所有重大错报风险予以汇总，记录于审计工作底稿，以便有针对性地采取有效的应对措施。

二、导致重大错报风险的常见情形

可能导致重大错报风险的情形与事项举例如表 8-14 所示。

表 8-14　可能导致重大错报风险的情形与事项举例

重大错报风险层次	情形与事项
报表层次重大错报风险	（1）在经济不稳定的国家或地区开展业务； （2）在高度波动的市场开展业务； （3）在严厉、复杂的监管环境中开展业务； （4）持续经营和资产流动性出现问题，包括重要客户流失； （5）融资能力受到限制； （6）行业环境发生变化（如行业垄断被打破）； （7）供应链发生变化； （8）缺乏具备胜任能力的会计人员； （9）关键人员变动； （10）内部控制薄弱；

续前表

重大错报风险层次	情形与事项
报表层次重大错报风险	(11) 信息技术战略与经营战略不协调（如企业资源计划系统与经营活动不匹配）； (12) 信息技术环境发生变化； (13) 安装新的与财务报告有关的重大信息技术系统； (14) 经营活动或财务报告受到监管机构的调查； (15) 应用新颁布的会计准则或相关会计制度。
认定层次重大错报风险	(1) 开发新产品或提供新服务，或进入新的业务领域； (2) 开辟新的经营场所； (3) 发生重大收购、重组或其他非经常性事项； (4) 拟出售分支机构或业务分部； (5) 存在复杂的联营或合资； (6) 运用表外融资、特殊目的实体以及其他复杂的融资协议； (7) 存在重大的关联方交易； (8) 以往存在重大错报或本期期末出现重大会计调整（如更正错误、销售退回、注销坏账）； (9) 发生重大的非常规交易； (10) 存在按照管理层特定意图记录的交易（如投资性房地产与固定资产的分类、各类金融资产的分类）； (11) 会计计量过程复杂（如金融资产公允价值计量）； (12) 事项或交易在计量时存在重大不确定性（如会计估计）； (13) 存在未决诉讼和或有负债。

三、特别风险

作为风险评估的一部分，注册会计师应当运用职业判断，确定识别的风险哪些是需要特别考虑的重大错报风险（以下简称“特别风险”）。

（一）确定特别风险时应考虑的事项

风险是否属于舞弊风险；风险是否与近期经济环境、会计处理方法和其他方面的重大变化有关；交易的复杂程度；风险是否涉及重大的关联方交易；会计计量的主观程度；风险是否涉及异常或超出正常经营过程的重大交易。

（二）非常规交易和判断事项导致的特别风险

交易类别与特别风险的关系如表 8－15 所示。

表 8－15　　交易类别与特别风险的关系

交易类别	释义	举例	对特别风险的影响
常规交易	在日常经营中经常反复发生的交易	例如销售、收款	通常不太可能产生特别风险
非常规交易	由于金额或性质异常而不经常发生的交易	例如企业购并、债务重组、重大或有事项等	可能导致特别风险（通常管理层更多地介入会计处理，数据收集和处理涉及更多的人工成分，计算或会计处理方法复杂，且难以对非常规交易产生的特别风险实施有效控制。例如，销售产品并负责安装调试，同时又提供技术服务，则收入确认与计量就会很复杂，存在特别风险）

续前表

交易类别	释义	举例	对特别风险的影响
判断事项	通常指作出的会计估计	例如对资产减值准备金额的估计、需要运用复杂估值技术确定的公允价值计量等	可能导致特别风险（判断事项涉及对会计估计、公允价值计量等方面的会计原则存在不同的理解，或判断是主观和复杂的，或需要对未来事项作出假设，存在特别风险）

（三）考虑与特别风险相关的控制

对特别风险，注册会计师应当评价相关控制的设计情况，并确定其是否已经得到执行。例如，作出会计估计所依据的假设是否由管理层或专家进行复核，是否建立了作出会计估计的规程，重大会计估计结果是否由治理层批准等。如果被审计单位未能针对特别风险设计并实施专门的控制，注册会计师应当认为相关控制存在重大缺陷，考虑其对风险评估的影响，并就此类事项与治理层沟通。

【特别提示】

在判断特别风险时，不应考虑相关控制对特别风险的抵消效果。

实训

一、判断题

1. 注册会计师审计的目标是对财务报表是否不存在重大错报发表审计意见，因此注册会计师需要了解和评价被审计单位所有的内部控制。（　　）

2. 识别与评估重大错报风险贯穿整个审计过程的始终。（　　）

3. 注册会计师只能从被审计单位内部获取信息来了解被审计单位及其环境。（　　）

4. 当被审计单位规模不大时，没有必要了解被审计单位的内部控制。（　　）

5. 不得未经风险评估，直接将重大错报风险设定为高水平。（　　）

6. 实施风险评估程序，了解被审计单位及其环境，识别与评估重大错报风险只是在计划审计工作时进行，不是必须实施的程序。（　　）

7. 特别风险通常与重大的非常规交易和判断事项有关，日常的、不复杂的、经正规处理的交易不太可能产生特别风险。（　　）

8. 有时，之前的了解可能表明针对某些重要交易流程所设计的控制是无效的，注册会计师依然要去了解业务流程层面的控制。（　　）

9. 即使不打算了解业务流程层面的相关控制，仍应执行穿行测试，以验证之前对交易流程及可能发生错报的环节的了解是否准确和完整。（　　）

10. 为了实现审计目标，注册会计师对被审计单位的了解程度应高于被审计单位管理层管理企业时对自身的了解程度。（　　）

二、单项选择题

1. （　　）是为了确定控制存在且正在使用。

A. 了解内部控制　　B. 控制测试
C. 实质性程序　　D. 双重目的测试

2. 某些重大错报风险可能与特定的各类交易、账户余额、列报的认定相关，属于（　　）。例如，行业市场竞争激烈，产品的市场价格下降，不会对报表整体产生广泛影响。

A. 报表层次重大错报风险　　B. 特别风险
C. 检查风险　　D. 认定层次的重大错报风险

3. 在每次审计中，无论被审计单位规模大小，注册会计师首先必须实施（　　），了解被审计单位及其环境（包括内部控制），以评估重大错报风险。这是审计的起点，是必须实施的程序。

A. 风险评估程序　　B. 控制测试
C. 实质性程序　　D. 双重目的测试

4. 下列不属于风险评估程序的是（　　）。

A. 监盘存货　　B. 询问管理层
C. 观察控制活动　　D. 检查销售合同

5. 作为风险评估的一部分，注册会计师应当运用职业判断，确定识别的风险哪些是需要特别考虑的重大错报风险，简称（　　）。

A. 报表层次重大错报风险　　B. 特别风险
C. 认定层次重大错报风险　　D. 检查风险

6. 执行（　　）是指对交易从发生到记账的整个流程进行追踪，目的在于验证之前通过其他程序所获得的关于被审计单位的交易流程和控制的信息是否准确、完整，而不是为了证实账户余额是否正确。

A. 风险评估程序　　B. 控制测试
C. 实质性程序　　D. 穿行测试

7. 有效的控制有助于防止或发现并纠正认定层次的重大错报，减小特定认定错报发生的可能性，而控制不当或缺乏控制，错报可能变成现实。因此在评估认定层次重大错报风险性时，要考虑（　　）对错报风险的可能的抵消和遏制作用。

A. 有效的控制　　B. 控制
C. 无效的控制　　D. 缺乏控制

8. 下列关于了解被审计单位及其环境的说法不正确的是（　　）。

A. 注册会计师应当运用职业判断确定需要了解被审计单位及其环境的程度
B. 如果了解被审计单位及其环境获得的信息足以识别和评估财务报表重大错报风险，那么了解的程度就是恰当的
C. 注册会计师对被审计单位的了解程度应低于被审计单位管理层管理企业时对自身的了解程度
D. 在了解被审计单位及其环境的过程中注册会计师无法调整重要性评估水平

9. 假如市场竞争激烈使产品的市场价格大幅下降，可能导致存货大幅减值，这显示存货的计价认定可能发生严重的错报风险。但如果被审计单位对存货计价认定实施了有效的控制，已经根据存货的可变现净值计提了相应的跌价准备，则不大可能导致财务报表发生重大错报。这说明，在识别与评估重大错报风险时应考虑（　　）。

A. 在了解被审计单位及其环境的整个过程中识别风险

B. 将已识别风险与认定层次可能发生错报的领域相联系

C. 结合对拟测试的相关控制的考虑，确定已识别风险导致财务报表发生重大错报的可能性

D. 识别两个层次的重大错报风险

10. 在了解被审计单位及其环境时，注册会计师需要关注的行业状况因素有（　　）。

A. 产品生产技术的变化　　B. 会计原则和行业特定惯例

C. 税收政策　　D. 通货膨胀水平

三、多项选择题

1. 报表层次的重大错报风险很可能源于薄弱的控制环境。下列表明控制环境薄弱，可能对财务报表产生广泛影响的情形有（　　）。

A. 被审计单位管理层不重视内部控制，没有建立必要的政策和程序

B. 管理层缺乏诚信

C. 市场竞争激烈导致产品的市场价格下降

D. 按照管理层特定意图记录进行投资性房地产与固定资产的分类

2. 在识别和了解被审计单位内部控制后，注册会计师对控制的初步评价结论可能是（　　）。

A. 控制设计合理，并得到执行　　B. 控制设计合理，但没有得到执行

C. 控制设计无效或缺乏必要的控制　　D. 控制有效运行

3. 以下关于评估重大错报风险的说法中正确的有（　　）。

A. 注册会计师应当在了解被审计单位及其环境的整个过程中识别风险

B. 在评估重大错报风险时，注册会计师无须考虑内部控制的影响

C. 注册会计师应当确定识别的重大错报风险是与财务报表整体相关，进而影响多项认定，还是与特定的各类交易、账户余额、列报的认定相关

D. 注册会计师应当将已识别风险与认定层次可能发生错报的领域相联系

4. 下列重大错报风险中与特定的某类交易、账户余额、列报的认定相关的有（　　）。

A. 被审计单位存在复杂的联营或合资

B. 被审计单位存在重大的关联方交易

C. 被审计单位管理层缺乏诚信

D. 被审计单位承受异常的压力

5. 下列可能导致报表层次重大错报风险的情形有（　　）。

A. 在经济不稳定的国家或地区开展业务

B. 持续经营和资产流动性出现问题，包括重要客户流失

C. 关键管理人员变动

D. 按照管理层特定意图记录的交易

6. 注册会计师可以从外部和内部两个方面获取信息了解被审计单位及其环境，可以从外部获得的信息包括（　　）。

A. 国家对于被审计单位所处行业的特殊监管要求

B. 政府部门或民间组织发布的行业报告和统计数据

C. 贸易与经济方面的期刊

D. 金融出版物

7. 为了解被审计单位及其环境，评估重大错报风险而实施的风险评估程序通常有（　　）。

A. 观察　　B. 分析程序　　C. 检查　　D. 询问

8. 特别风险的产生通常与（　　）有关。

A. 重大的非常规交易　　B. 日常的交易

C. 不复杂的、经正规处理的交易　　D. 判断事项

9. 穿行测试是用来证实之前通过其他程序所获得的关于交易流程和控制的信息是否准确、完整。穿行测试运用的程序可能包括（　　）。

A. 询问执行交易流程各个处理环节和控制的相关人员，以了解其对岗位职责的理解，并判断控制是否得到执行

B. 检查有关记录和文件

C. 观察有关控制的执行

D. 函证第三方

10. 在了解被审计单位及其环境，识别重大错报风险的过程中，注册会计师除了运用观察、检查、询问、分析程序等风险评估程序外，还可以利用其他信息来源，例如（　　）。

A. 开展初步业务活动时获取的信息

B. 向被审计单位提供其他服务（如税务服务）所获得的经验

C. 询问内部审计人员后了解到管理层对内部审计发现的问题所采取的行动

D. 查阅以前年度的审计工作底稿所获得的信息

四、案例分析题

1. ABC公司出纳员采用下列手段进行贪污：

（1）出纳员江三从公司收发室截取了顾客××寄给公司的金额为5 890元的支票，存入由他负责的公司零用金存款户，然后以支付劳务费为由，开具了一张以自己为收款人的5 890元的现金支票，签章后从银行兑现。

（2）在与顾客对账时，江三将应收账款（××公司）账户余额扣减了5 890元后作

为对账金额向对方发出对账单，表示 5 890 元已经收到。

（3）8 天后，江三编制了一张记账凭证，借记银行存款、贷记应收账款，将应收账款××公司户调整到正确余额，但银行存款账户余额比实际多出 5 890 元。

（4）月末，江三在编制银行存款余额调节表时，虚列了两笔未达账项，将银行存款余额调节表调平。

要求：分析该公司内部控制中存在哪些缺陷。

2. A 注册会计师负责审计甲公司 2018 年度财务报表。A 注册会计师在审计工作底稿中记录了甲公司针对以下三项与销售与收款循环相关的风险设计的内部控制（见表 8-16）。假定不考虑其他条件，逐项指出以下资料中针对风险所列控制的设计是否存在缺陷。如认为存在缺陷，简要说明理由。

表 8-16　　销售与收款循环部分内部控制

情形	风险	内部控制
1	向客户提供过长信用期而增加坏账损失风险	客户的信用期由信用管理部审核批准，如长期客户临时申请延长信用期，由销售部经理批准
2	已记账的收入未发生或不准确	财务人员将经批准的销售订单、客户签字确认的发运凭单及发票所载信息相互核对无误后，编制记账凭证（附上述单据），经财务部经理审核后入账
3	应收账款记录不准确	每季度末，财务部向客户寄送对账单。如客户未及时回复，销售人员需要跟进；如客户回复表明差异超过该客户欠款余额的 5%，则进行调查

3. ABC 公司是彩电制造企业，注册会计师在审计其 2018 年度财务报表时了解到 ABC 公司及其环境情况如下：

（1）2018 年 12 月，一名离职员工向 ABC 公司董事会举报，称销售总监有虚报销售的行为。ABC 公司已对此事展开调查，目前尚无结论。

（2）2018 年 9 月起，ABC 公司将产品交货方式由在本公司仓库交货，改为运至经销商指定交货地点交经销商签收。

（3）ABC 公司财务总监已为 ABC 公司工作超过 6 年，于 2018 年 9 月劳动合同到期后被 ABC 公司的竞争对手高薪聘请。由于工作压力大，ABC 公司会计部门人员流动频繁，除会计主管服务期超过 4 年外，其余人员的平均服务期短于 2 年。

（4）由于 2017 年销售业绩未达到董事会制定的目标，ABC 公司于 2018 年 2 月更换了公司负责销售的副总经理。

（5）2018 年 1 月 1 日起执行新的企业会计准则。

要求：

（1）分别指出上述事项是否可能表明存在重大错报风险。如果认为存在，简要说明理由，并分别说明该风险属于财务报表层次还是认定层次。

（2）如果认为属于认定层次，指出相关事项主要与哪些财务报表项目的哪些认定相关。

第9章

风险应对

引导案例

如何应对识别的重大错报风险?

ABC公司主要从事小型医疗设备的生产和销售，产品主要通过经销商销往药店。注册会计师审计ABC公司2018年度财务报表。注册会计师实施风险评估程序，了解ABC公司及其环境时注意到以下情况。

情况一：2018年12月，甲公司从银行取得长期借款用于新生产线建设。12月30日，银行发现甲公司未按照规定用途使用借款，将长期借款用于偿还到期债务，当日决定停止向甲公司发放剩余贷款，并要求其偿还已经发放的长期借款本金。

分析：甲公司用长期借款偿还到期债务，说明甲公司日常经营资金不能偿还到期债务。银行停止向甲公司发放剩余贷款，并要求其偿还已经发放的长期借款本金，甲公司的持续经营能力存在重大疑虑，对财务报表整体存在广泛影响，属于财务报表层次的重大错报风险。

情况二：由于市场不景气，ABC公司的重大客户T公司当前陷入财务困境。

分析：重大客户陷入财务困境，应收账款发生巨额坏账的可能性极大，因此应收账款计价认定存在重大错报风险。

思考：针对识别出的重大错报风险，注册会计师应如何应对?

风险应对就是针对识别出来的重大错报风险，注册会计师采取总体对措施，设计与实施进一步的审计程序，获取充分、适当的审计证据，以将审计风险降至可接受的低水平。

第 1 节　总体应对措施与进一步审计程序总体方案

一、重大错报风险应对的框架（见图 9－1）

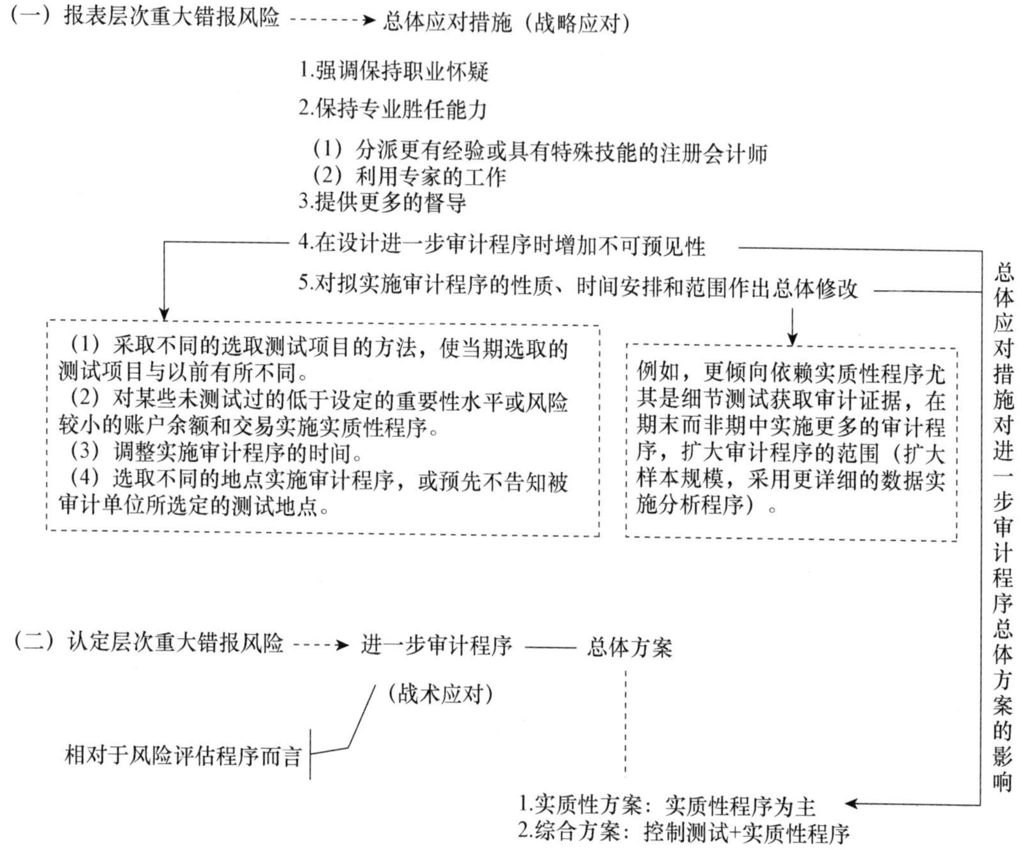

图 9－1　重大错报风险应对的框架

二、增加审计程序不可预见性的方法示例（见表 9－1）

表 9－1　增加审计程序不可预见性的方法示例

适用的审计领域	审计程序示例
存货	向以前审计过程中接触不多的被审计单位的采购、销售、生产等员工询问
	到以前未曾到过的仓库进行存货监盘
收入与应收账款	向以前审计过程中接触不多的负责处理大客户的销售员工询问
	对收入按细类进行分析
	增加对销售条款的函证
	函证以前未曾函证过的或低于设定的重要性水平的账户余额

续前表

适用的审计领域	审计程序示例
收入与应收账款	延长销售收入与销售退回的截止测试期间
	提前或推迟函证截止日期
采购与应付账款	改变函证的范围与时间
	对以前低于设定的重要性水平而未曾测试过的采购项目进行细节测试
	查找异常项目，例如测试使用相同银行账户的不同供应商
现金与银行存款	扩大银行存款余额调节表测试范围
	改变银行存款账户测试的选样方法
固定资产	对以前低于设定的重要性水平而未曾测试过的固定资产进行测试，抽查一些价值较低的固定资产
集团审计	修改组成部分审计工作的范围或区域

三、进一步审计程序总体方案的决策

注册会计师首先需要拟定恰当的进一步审计程序的总体方案，即考虑控制测试与实质性程序如何组合。注册会计师结合被审计单位的具体情况选择拟定进一步审计程序总体方案（见表 9－2）。

表 9－2　　进一步审计程序总体方案决策矩阵

方案	考虑的因素		
	成本效益原则	重大错报风险评估结果	控制初步评价结果
综合性方案 （控制测试＋实质性程序）	控制测试符合成本效益原则	认定层次重大错报风险低	控制设计合理且得到执行
实质性方案 （实质性程序为主）	控制测试很可能不符合成本效益原则	1. 认定层次重大错报风险高 2. 报表层次重大错报风险高 3. 认定的固有风险低	1. 与认定相关的控制缺失或无效 2. 控制未得到执行

无论选择何种方案，注册会计师都应当设计和实施实质性程序，并合理确定其性质、时间安排与范围。

第 2 节　控制测试

控制测试是为了获取控制运行有效性①而实施的审计程序。例如，现场观察信用审批流程，检查新增信用客户及信用额度授权签字情况，以确定信用审批控制执行的有效性。

注册会计师应当获取审计证据以确定控制在所审计期间的不同时点是如何运行的、

① 控制运行有效性是指控制防止或发现并纠正认定层次重大错报的效果。

由谁运行、以何种方式运行（人工控制或自动化控制）。如果一项控制由经适当授权的人员在整个审计期间的不同时点都按照既定规程采用人工或自动化方式运行，则该控制运行有效。

一、控制测试实施的情形

控制测试并非在任何情况下都需要实施，实施控制测试的情形通常有以下两种。

（一）预期控制有效运行

在了解内部控制后，如果发现某项控制的设计合理（能够防止或发现并纠正认定层次的重大错报），且得到执行（存在且正在使用），注册会计师可能预期，如果相关控制在不同时点得到了一贯有效的执行，该项控制针对的认定的重大错报风险就不会很高。即注册会计师拟信赖该项控制，为此，需要对相关控制在不同时点是否得到了一贯有效的执行实施控制测试，以减少实质性程序，提高审计效率。

此时控制测试主要是基于成本效益原则的考虑，其前提是注册会计师认为控制设计合理且得到执行，即控制值得信赖。

（二）仅实施实质性程序不足以获取认定层次充分、适当的审计证据

如果认为仅实施实质性程序获取的审计证据无法应对重大错报风险，即无法将检查风险降至可接受的低水平，注册会计师应当实施相关的控制测试，以获取控制运行有效性的审计证据，帮助注册会计师针对认定是否不存在重大错报得出恰当的结论。

例如，被审计单位对日常交易采用高度自动化处理系统，除信息系统中的信息外，不生成或保留任何与业务相关的文件记录。此时，审计证据是否充分和适当通常取决于自动化信息系统相关控制的有效性。如果交易从发生、处理到记录、报告均通过信息系统进行而缺乏有效的控制（如没有程序修改控制来确保所有对计算机程序的修改在实施前都经过适当的授权，没有访问控制来确保只有经过授权的人员和程序才有权访问与编辑数据），则生成不正确信息或信息被不恰当修改的可能性就会大大增加。在这种情况下，仅实施实质性程序无法获取充分、适当的审计证据，注册会计师必须实施控制测试。

此时，控制测试已经不再是单纯出于成本效益的考虑，而是获取认定不存在重大错报的审计证据的必要手段。

二、控制测试的性质

控制测试的性质是指控制测试所使用的审计程序的类型及其组合（见表 9-3）。

表 9-3　　控制测试使用的程序类型及举例

程序类型	程序实施	举例
询问	向被审计单位适当员工询问，获取与控制运行情况相关的信息。	询问信息系统管理人员有无未经授权而接触计算机硬件和软件；向负责复核银行存款余额调节表的人员询问如何复核，包括复核的要点是什么，发现不符事项如何处理；向开票人员询问如何防止虚开发票。

续前表

程序类型	程序实施	举例
观察	测试不留下书面记录的控制的运行情况，观察往往是有效的方法。	例如，贵重的大宗货物的验收入库必须有采购部门负责人、仓库负责人、财会部门负责人在场的控制，往往不会有文件记录。在这种情况下，注册会计师可通过询问并实地观察，来判断相关控制是否得到有效执行。再如，观察职责分离是否严格执行。观察也可运用于测试财产保护控制，如观察仓库门是否锁好，空白支票是否妥善保管。
检查	对运行情况留有书面记录的控制，检查非常适用。	检查赊销的批准文件，以确定其是否经过适当的授权批准，检查销售发票是否有复核人员签字，检查销售发票是否附有顾客订单和出库单等。
重新执行	当询问、观察和检查程序结合在一起仍无法获得充分的证据时，考虑通过重新执行来证实控制是否有效运行。	为了合理保证销售交易准确性认定，被审计单位的一项控制是由复核人员核对销售发票上的价格与商品价目表上的价格是否一致。但是，要检查复核人员是否认真复核，仅仅检查复核人员是否在相关文件上签字是不够的，注册会计师还需要自己选取一部分销售发票进行核对，即重新执行。

三、控制测试的时间安排

控制测试的时间安排有两层含义：一是测试所针对的控制适用的时点或期间；二是何时实施控制测试。

（一）测试所针对的控制适用的时点或期间

1. 时点测试

如果仅需要测试控制在特定时点的运行有效性（如对被审计单位期末存货盘点进行控制测试），注册会计师只需要获取该时点的审计证据。

2. 期间测试

如果需要测试控制在某一期间运行的有效性，仅获取时点的审计证据是不充分的。也就是说，控制在多个不同时点的运行有效性的审计证据简单相加并不能构成控制在某一期间的运行有效性的充分、适当的审计证据，注册会计师还应当实施其他控制测试，比如测试被审计单位对控制的监督，以获取相关控制在该期间内的相关时点运行有效的审计证据。

（二）何时实施控制测试

1. 期中测试

注册会计师最有可能在期中实施控制测试，但是，很多情况下还需要针对期中至期末这段剩余期间测试控制的运行情况，以获取对剩余期间的补充审计证据。

2. 分期测试

如果被审计单位在审计期间内因技术或组织变更而更换了信息系统，从而导致不同时期控制发生了变化，注册会计师应考虑测试不同时期控制运行的有效性。

3. 利用以前审计获取的审计证据

如果拟信赖以前审计获取的有关控制运行有效性的审计证据，注册会计师首先应当通过实施询问程序并结合观察或检查程序，来确定这些控制自上次测试后是否已经发生变化。

（1）如果未发生变化，注册会计师本次可能执行控制测试（比如控制环境比较薄弱时），也可以利用以前审计获取的有关控制运行有效性的审计证据，但是不可以长时间地不实施控制测试（通常两次测试的时间间隔不得超过两年）。一般情况下，重大错报风险越高，或对控制的拟依赖程度越高，时间间隔（如有）越短。

（2）如果已发生变化，注册会计师应当在本期审计中实施控制测试。

（3）对于旨在减小特别风险的控制，不论该控制是否发生变化，注册会计师都不应依赖以前审计获取的证据，而应在本期执行控制测试。

（4）注册会计师应当在每一次审计中都选取足够数量的部分控制进行测试，即不应将所有拟信赖控制的测试集中于某一次审计，而在之后的审计中不对任何控制进行测试。

在审计期间是否测试某项控制的决策如图 9－2 所示。

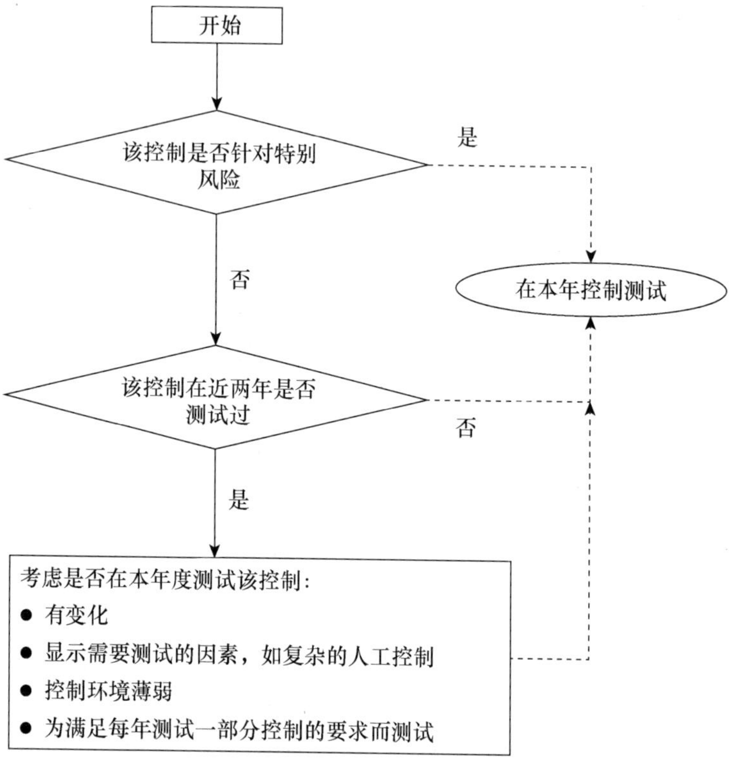

图 9－2　在审计期间测试某项控制的决策

四、控制测试的范围

控制测试的范围主要是指对某项控制活动测试的次数或所选取的测试项目的数量。

对某项控制的测试范围的确定，主要受对控制初步评价的结果的影响。在了解控制后，如果认为相关控制风险较低，即对控制运行有效性的拟信赖程度较高，则需要更充分、适当的证据来支持这种高信赖，实施控制测试的范围就越大。

在控制测试中运用抽样技术时，样本规模的影响因素详见本章第3节。

五、控制测试的结论

注册会计师实施控制测试后，最终评价相关控制，得出的结论可能是下列情况之一：

（1）控制有效运行，可以信赖。

（2）控制运行无效，不可信赖。

注册会计师应根据控制测试的结果，确定其对实质性程序的性质、时间安排与范围的影响。

【知识链接】
了解内部控制与控制测试的关系

案例9－1

ABC公司针对销售收入和销售费用设计的业绩评价控制如下：财务经理每月审核实际销售收入（按产品细分）和销售费用（按费用项目细分），并与预算数比较，对于差异金额超过5%的项目进行分析并编制分析报告，销售经理审阅该报告并调查原因，进行整改。

注册会计师实施了以下程序：（1）12月5日询问财务经理是否编制销售收入、销售费用预算，观察财务经理对11月份销售收入、销售费用实际数与预算数的比较，并分别检查了11月、9月、7月、5月四个月的实际金额与预算金额之间的差异分析报告，看到财务经理与销售经理在报告上签字确认，证明该控制存在且已经得到执行。但销售经理的签字并不能证明他对差异的原因进行了调查并整改（即不能证明该控制有效运行了）。（2）注册会计师又询问销售经理，发现他对分析报告中数据出现明显异常的原因并不了解，也无法作出合理解释，这表明该控制并未有效运行。

分析：在这个过程中，注册会计师通过观察财务经理对实际数与预算数的比较以及检查差异分析报告的签字，获取了有关业绩评价控制（预算管理）的设计及其是否得到执行的审计证据，即了解业绩评价这一控制。同时，通过进一步询问销售经理对差异的调查及整改情况，获取了业绩评价控制在各个不同时点是否按照既定设计得以一贯执行（运行有效性）的审计证据，即对业绩评价控制实施控制测试。

了解控制是为了确定控制设计的合理性及其是否得到执行，控制测试是为了确定控制是否有效运行（目的不同、证据不同）；了解控制与控制测试可以同步实施（双重目的）。

第3节 审计抽样在控制测试中的应用

控制运行留下轨迹（即有记录）时，控制测试可以使用审计抽样技术。下面通过案例 9－2 介绍审计抽样在控制测试中的应用。

案例 9－2

ABC 公司是一家小家电制造企业，注册会计师执行 2018 年 ABC 公司年报审计。现拟对外购存货验收手续这一控制实施控制测试，注册会计师决定应用固定样本量抽样方法。

一、设计样本

（一）确定测试目标

实施控制测试的目标是提供关于控制运行有效性的审计证据，以支持计划的重大错报风险评估水平。

在案例 9－2 中，注册会计师拟测试客户 2018 年度外购存货的验收手续这一控制是否有效执行，可把具体目标定为检查存货验收单和购货发票是否相符。

【知识链接】
审计抽样的基本概念

（二）定义总体

总体应与特定的审计目标相关，并具有完整性。

在案例 9－2 中，可将抽样总体确定为 2018 年所有购货发票。如果将总体确定为 2018 年所有存货验收单，显然不能实现检验验收手续控制是否一贯地有效执行这一目标。

（三）定义抽样单元

抽样单元是构成总体的个体项目。注册会计师应根据所测试的控制定义抽样单元，抽样单元通常是能够提供控制运行证据的一份文件资料、一个记录或其中一行。

在案例 9－2 中，抽样单元可被定义为每一张购货发票。如果一张购货发票上记载多种存货，则抽样单元应定义为每一张购货发票的每一行。

（四）定义误差

在控制测试中，误差是指控制偏差，即控制失效的事件。注册会计师要根据对内部控制的理解，确定哪些特征能够显示所测试控制的运行情况，然后据此定义控制偏差。

在案例 9－2 中，若发现下列情况之一，即可界定为一个偏差：

（1）发票未附验收单据。

（2）发票附有不属于它本身的验收单据。

（3）发票和验收单据记载的数量不符。

二、选取样本

（一）确定样本规模

1. 确定可接受的信赖过度风险

样本规模与可接受的信赖过度风险呈反向变动。注册会计师愿意接受的信赖过度风险越低，样本规模通常越大。在控制测试中，可接受的信赖过度风险应确定在相对较低的水平上。在实务中，通常将信赖过度风险确定为10%，特别重要的测试则选择5%。

在案例9-2中，信赖过度风险确定为10%。

2. 确定可容忍偏差率

在控制测试中，可容忍偏差率是指在不改变对控制有效性的评价，从而不改变其评估的重大错报风险水平的前提下，注册会计师愿意接受的控制的最大偏差率。通常评价的控制有效性越高，注册会计师确定的可容忍偏差率越低，所需的样本规模就越大。即样本规模与可容忍偏差率呈反向变动。

在实务中，可容忍偏差率与控制的有效性之间的关系如表9-4所示。

表9-4　　可容忍偏差率与控制的有效性之间的关系

控制的有效性	可容忍偏差率（近似值）
高	3%～7%
中	6%～12%
低	11%～20%
最低	不进行控制测试

在案例9-2中，可容忍偏差率确定为7%。

3. 确定预计总体偏差率

样本规模与预计总体偏差率呈正向变动。在既定的可容忍偏差率下，预计总体偏差率越接近可容忍偏差率，注册会计师越需要从样本中得到更精确的信息，以控制（降低）总体实际偏差率超出可容忍偏差率的风险，因而需要的样本规模越大。

确定预计总体偏差率可考虑下列三种情况：

（1）根据上年测试结果和控制环境等因素对预计总体偏差率进行估计。

（2）根据对相关控制的设计和执行情况的了解，对拟测试总体的预计偏差率进行评估。

（3）在抽样总体中选取一个较小初始样本，以样本的偏差率作为预计总体偏差率的估计值。

【特别提示】

在实务中，如果预计总体偏差率很高，则意味着控制有效性很低，这时很可能不需要实施控制测试。

在案例9-2中，预计总体偏差率为1.75%（有1例偏差）。

4. 确定样本容量

（1）公式法。在控制测试中可以建立基于泊松分布的统计模型，使用统计公式计算样本容量。

样本量的计算公式如下：

$$样本量(n)=\frac{可接受的信赖过度风险系数(R)}{可容忍偏差率(TR)}$$

式中，可接受的信赖过度风险系数取决于特定的信赖过度风险和预期将出现偏差的个数。控制测试中常用的风险系数如表 9-5 所示。

表 9-5　控制测试中常用的风险系数表

风险偏差数	信赖过度风险	
	5%	10%
0	3.0	2.3
1	4.8	3.9
2	6.3	5.3
3	7.8	6.7
4	9.2	8.0
5	10.5	9.3
6	11.9	10.6
7	13.2	11.8
8	14.5	13.0
9	15.7	14.2
10	17.0	15.4

在案例 9-2 中，注册会计师确定可接受的信赖过度风险为 10%，可容忍偏差率为 7%，并预期至多发现 1 例偏差。根据预期偏差 1，信赖过度风险 10%，从表 9-5 中查得风险系数为 3.9。

所需的样本量：

$$n=\frac{3.9}{0.07}=56$$

（2）样本规模表法。注册会计师也可以使用样本规模表来确定样本容量。

在案例 9-2 中，可接受信赖过度风险为 10%，预期的偏差为 1，根据可容忍偏差率 7%，预计总体偏差率 1.75%，查表 9-6，二者交叉处为 55，即所需的样本量为 55。这与用公式法计算得到的样本量 56 相近。

表 9-6　控制测试中概率抽样样本规模——信赖过度风险 10%

预计总体偏差率（%）	可容忍偏差率（%）										
	2	3	4	5	6	7	8	9	10	15	20
0.00	114(0)	76(0)	57(0)	45(0)	38(0)	32(0)	28(0)	25(0)	22(0)	15(0)	11(0)
0.25	194(1)	129(1)	96(1)	77(1)	64(1)	55(1)	48(1)	42(1)	38(1)	25(1)	18(1)
0.50	194(1)	129(1)	96(1)	77(1)	64(1)	55(1)	48(1)	42(1)	38(1)	25(1)	18(1)
0.75	265(2)	129(1)	96(1)	77(1)	64(1)	55(1)	48(1)	42(1)	38(1)	25(1)	18(1)
1.00	*	176(2)	96(1)	77(1)	64(1)	55(1)	48(1)	42(1)	38(1)	25(1)	18(1)
1.25	*	221(3)	132(2)	77(1)	64(1)	55(1)	48(1)	42(1)	38(1)	25(1)	18(1)
1.50	*	*	132(2)	105(2)	64(1)	55(1)	48(1)	42(1)	38(1)	25(1)	18(1)
1.75	*	*	166(3)	105(2)	88(2)	55(1)	48(1)	42(1)	38(1)	25(1)	18(1)

续前表

预计总体偏差率(%)	可容忍偏差率(%)										
	2	3	4	5	6	7	8	9	10	15	20
2.00	*	*	198(4)	132(3)	88(2)	75(2)	48(1)	42(1)	38(1)	25(1)	18(1)
2.25	*	*	*	132(3)	88(2)	75(2)	65(2)	42(2)	38(2)	25(1)	18(1)
2.50	*	*	*	158(4)	110(3)	75(2)	65(2)	58(2)	38(2)	25(1)	18(1)
2.75	*	*	*	209(6)	132(4)	94(3)	65(2)	58(2)	52(2)	25(1)	18(1)
3.00	*	*	*	*	132(4)	94(3)	65(2)	58(2)	52(2)	25(1)	18(1)
3.25	*	*	*	*	153(5)	113(4)	82(3)	58(2)	52(2)	25(1)	18(1)
3.50	*	*	*	*	194(7)	113(4)	82(3)	73(3)	52(2)	25(1)	18(1)
3.75	*	*	*	*	*	131(5)	98(4)	73(3)	52(2)	25(1)	18(1)
4.00	*	*	*	*	*	149(6)	98(4)	73(3)	65(3)	25(1)	18(1)
5.00	*	*	*	*	*	*	160(8)	115(6)	78(4)	34(2)	18(1)
6.00	*	*	*	*	*	*	*	182(11)	116(7)	43(3)	25(2)

注：1. 括号内是可接受的偏差数。

2. *代表样本大于1 000，样本规模太大，在多数情况下不符合成本效益原则。

(二) 选取样本和实施审计程序

当样本量确定以后，就要选择适当的抽样方法（随机抽样、系统抽样等），选取足够的样本，然后实施审计程序。利用计算机辅助审计技术，抽样会变得很轻松。

三、评价样本结果

(一) 计算总体偏差率

将样本中发现的偏差数量除以样本规模，计算出样本偏差率。此时样本偏差率就是注册会计师对总体偏差率的最佳估计。

(二) 分析偏差的性质与原因

不仅要考虑偏差的数量，还需要考虑偏差的性质和原因。若发现被审计单位有舞弊或相关控制无效，无论其偏差率是高还是低，可能都要提高重大错报风险评估水平，并相应调整实质性程序。

(三) 推断总体结论

1. 公式法

$$\text{最大总体偏差率}=\frac{\text{风险系数}(R)}{\text{样本量}(n)}$$

在案例9-2中，情况一：注册会计师对56个样本项目实施了既定的审计程序，未发现偏差，则在既定的10%可接受信赖过度风险下，根据样本结果计算最大总体偏差率：

$$\text{最大总体偏差率}=\frac{2.3}{56}=4.1\%$$

其中，风险系数是根据可接受的信赖过度风险为10%，且偏差数量为0，在表9-5查得为2.3。

这意味着，如果样本量为56且无偏差，总体实际偏差率超过4.1%的风险为10%，即有90%的把握保证总体实际偏差率不超过4.1%。由于注册会计师确定的可容忍偏差率为7%，因此可以得出结论，总体的实际偏差率超过可容忍偏差率的风险很小，总体可以接受。也就是说，样本结果证实注册会计师对控制运行有效性的预期和评估的重大错报风险水平是适当的。

情况二：如果在56个样本中有2个偏差，则在既定的10%可接受信赖过度风险下，计算最大总体偏差率如下：

$$最大总体偏差率=\frac{5.3}{56}=9.5\%$$

其中，风险系数是根据可接受的信赖过度风险为10%，且偏差数量为2，在表9-5中查得为5.3。

这意味着，如果样本量为56且有2个偏差，总体实际偏差率超过9.5%的风险为10%。在可容忍偏差率为7%的情况下，可以得出结论，总体的实际偏差率超过可容忍偏差率的风险很大，因而不能接受总体。也就是说，样本结果不支持注册会计师对控制运行有效性的预期和评估的重大错报风险水平。

2. 样本结果评价表法

注册会计师也可以使用样本结果评价表来评价统计抽样的结果（见表9-7）。

表9-7　控制测试中概率抽样结果评价——信赖过度风险10%时的最大偏差率（部分列示）

样本规模	实际发现的偏差数										
	0	1	2	3	4	5	6	7	8	9	10
20	10.9	18.1	*	*	*	*	*	*	*	*	*
25	8.8	14.7	19.9	*	*	*	*	*	*	*	*
30	7.4	12.4	16.8	*	*	*	*	*	*	*	*
35	6.4	10.7	14.5	18.1	*	*	*	*	*	*	*
40	5.6	9.4	12.8	16.0	19.0	*	*	*	*	*	*
45	5.0	8.4	11.4	14.3	17.0	19.7	*	*	*	*	*
50	4.6	7.6	10.3	12.9	15.4	17.8	*	*	*	*	*
55	4.1	6.9	9.4	11.8	14.1	16.3	18.4	*	*	*	*
60	3.8	6.4	8.7	10.8	12.9	15.0	16.9	18.9	*	*	*
70	3.3	5.5	7.5	9.3	11.1	12.9	14.6	16.3	17.9	19.6	*
80	2.9	4.8	6.6	8.2	9.8	11.3	12.8	14.3	15.8	17.2	18.6
90	2.6	4.3	5.9	7.3	8.7	10.1	11.5	12.8	14.1	15.4	16.6
100	2.3	3.9	5.3	6.6	7.9	9.1	10.3	11.5	12.7	13.9	15.0
120	2.0	3.3	4.4	5.5	6.6	7.6	8.7	9.7	10.7	11.6	12.6
160	1.5	2.5	3.3	4.2	5.0	5.8	6.5	7.3	8.0	8.8	9.5
200	1.2	2.0	2.7	3.4	4.0	4.6	5.3	5.9	6.5	7.1	7.6

在案例9-2中，注册会计师选择可接受的信赖过度风险为10%的表（见表9-7）评价样本结果。样本量为55，样本中未发现偏差时，应选择偏差数为0的那一列，两者交叉处的4.1%即为最大总体偏差率，与利用公式计算得到的结果相同。此时，最大总体

偏差率小于本例中的可容忍偏差率7%，总体可以接受，即认为验收控制有效执行。

当样本中发现两个偏差时，应选择偏差数为2的那一列，两者交叉处的9.4%即为最大总体偏差率，与利用公式计算得到的结果9.5%相近。此时，最大总体偏差率大于可容忍偏差率，因此不能接受总体，即认为验收控制未能有效执行。此时注册会计师需要修正重大错报风险评估水平，并相应调整实质性程序。或者对其他相关控制进行测试，以支持计划的重大错报风险评估水平。

如果最大总体偏差率接近（小于）可容忍偏差率，注册会计师应当考虑是否接受总体，是否扩大控制测试范围，以证实计划的重大错报风险评估的水平。

【特别提示】

控制测试中也可以使用非概率抽样。

第4节　实质性程序

实质性程序是注册会计师直接用以发现认定层次的重大错报而实施的审计程序。例如，函证应收账款以发现虚假销售。

无论评估的重大错报风险结果如何，注册会计师都应当针对所有重大交易、账户余额和披露设计和实施实质性程序，以应对识别的认定层次重大错报风险。

一、实质性程序的性质

实质性程序的性质是指实质性程序的类型及其组合，包括以下方面。

（一）细节测试

细节测试是针对各类交易、账户余额、列报的具体细节（如时间、金额）进行测试，目的在于直接识别财务报表认定是否存在重大错报。细节测试的程序类型及测试方向如图9-3所示。

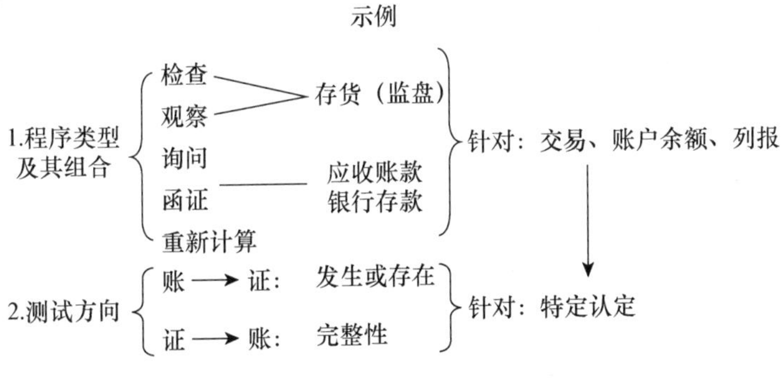

图9-3　细节测试的程序类型及测试方向

（二）实质性分析程序

实质性分析程序就是将分析程序用作实质性程序，在技术特征上仍然是分析程序，通常针对在一段时期内存在稳定的预期关系的大量交易，通过研究数据间关系来评价信息，用以识别有关的财务报表认定是否存在重大错报。运用实质性分析程序可以减少细节测试的工作量，节约审计成本。

案例 9－3

对产品销售收入执行实质性分析程序

ABC 公司生产某种电子产品，其产品主要通过公司的销售部及分销商进行销售。近三年，ABC 公司的销售一直增长缓慢。2017 年 12 月末，ABC 公司从竞争对手 E 公司那里挖来一名销售总监 L，L 将其在 E 公司的客户带到了 ABC 公司，使得 ABC 公司 2018 年 1 月份的销售量增加了 20%。ABC 公司在 2018 年全年一直保持对这些客户的销售。ABC 公司 2017 年销售收入为 2 715 万元，2018 年销售收入为 3 363 万元。

注册会计师决定对 2018 年的销售收入执行实质性分析程序（见表 9－8)。

由于客户增加，ABC 公司 2018 年的销售收入比 2017 年增加了 20%，注册会计师已经通过向客户函证的方式证实了这一增加。

表 9－8　　营业收入分析表

<table>
<tr><td colspan="5">1. 预期</td></tr>
<tr><td colspan="5">2018 年产品销售收入预期值：2 715×(1+20%)=3 258(万元)</td></tr>
<tr><td colspan="5">2. 可接受的差异额</td></tr>
<tr><td colspan="5">基于重要性水平和计划的保证水平，确定可接受的差异额为 50 万元。</td></tr>
<tr><td>项目</td><td>本期</td><td>预期值</td><td>差异</td><td>可接受的差异额</td></tr>
<tr><td>产品销售收入</td><td>3 363 万元</td><td>3 258 万元</td><td>105 万元</td><td>50 万元</td></tr>
<tr><td colspan="5">3. 对偏离预期数据的重大波动或关系实施的审计程序</td></tr>
<tr><td colspan="4">第一种情况：
询问被审计单位管理层及会计部经理。会计部经理做出以下解释：2018 年 10 月初，公司与一个大型分销商签订了代理合同，此外，销售总监 L 在 2018 年 11 月份争取了两个新的大客户，因此 2018 年第四季度的销售比前三个季度有所增加，全年销售收入比上年增加超过 20% 是正常的。
针对上述解释，检查了销售部门的月度总结报告，发现销售部门确实在 10 月份采取了行动并取得了上述新客户。
对新增客户在 2018 年度的销售记录进行了检查，2018 年对新客户的销售额增加了 88 万元。
考虑这一因素的影响，ABC 公司 2018 年度销售收入差异额高于设定的可接受的差异额。即销售收入超过设定的可接受的差异额的情形得到证实。</td><td>第二种情况：
询问被审计单位管理层及会计部经理，没有得到合理解释。</td></tr>
<tr><td colspan="5">4. 结论</td></tr>
<tr><td colspan="4">第一种情况：
ABC 公司 2018 年度销售收入未发现重大错报。</td><td>第二种情况：
ABC 公司 2018 年销售收入存在重大错报（推断错报 105 万元）。</td></tr>
</table>

二、实质性程序的时间安排

（一）期末测试

绝大多数情况下，注册会计师应在期末或接近期末实施实质性程序，尤其是在评估的重大错报风险较高时。

（二）期中测试

在期中实施实质性程序，并针对剩余期间实施相关的实质性程序（或者将实质性程序和控制测试结合使用），以将期中测试得出的结论合理延伸至期末，降低期末存在错报而未被发现的风险，而且要考虑成本效益。否则，不宜在期中实施实质性程序。

（三）利用以前审计获取的审计证据

以前审计中通过实质性程序获取的审计证据，通常对本期的证据效力很弱，甚至没有效力。只有当以前获取的审计证据及其相关事项未发生重大变动（例如以前审计通过实质性程序测试过的某项诉讼在本期没有任何实质性进展），而且本期已实施审计程序用以确认这些审计证据具有持续相关性，以前获取的审计证据才可用作本期的有效证据。

三、实质性程序的范围

（一）实质性程序范围的影响因素

1. 评估的认定层次重大错报风险

注册会计师评估的认定层次的重大错报风险越高，需要实施实质性程序的范围越广。

2. 实施控制测试的结果

如果对控制测试的结果不满意，注册会计师应当考虑扩大实质性程序的范围。

（二）实质性程序范围的确定

1. 细节测试范围的确定

在设计细节测试时，注册会计师一方面要考虑选取测试项目的数量（如果应用抽样技术，则指样本量）；另一方面要考虑选取测试项目的特征，例如，选取大额的、异常的项目。

2. 实质性分析程序范围的确定

注册会计师应从两个方面考虑实质性分析程序的范围。

（1）确定适当的分析层次，即对什么层次上的数据进行分析。注册会计师可以选择在汇总的财务数据层次进行分析，例如，按全部产品年收入进行分析；也可以在细分的财务数据层次进行分析，例如，按照不同产品线、不同季节或月份、不同经营地点的产品收入进行分析。分析层次需要根据重大错报风险的性质和水平来调整。

（2）确定进一步调查的范围，即需要对什么幅度或性质的差异展开进一步调查。实施分析程序发现的已记录金额与预期值之间的差异，并非都值得进一步调查。可接受的差异越大，进一步调查的范围就越小。这就需要确定适当的可接受的差异幅度与性质，而可接受差异的确定应当考虑各类交易、账户余额、披露及相关认定的重要性和从分析程序中计划获取的保证水平。该认定的重要性水平越低，或者计划的保证水平越高，可接受的差异就越小。

四、双重目的测试

细节测试的目的是发现认定层次的重大错报；控制测试的目的是评价控制是否有效运行。注册会计师可以考虑针对同一交易同时实施控制测试和细节测试，取得控制运行情况的证据，同时获得该交易某项认定是否不存在重大错报的证据，以实现双重目的。这种做法称为双重目的测试。例如，注册会计师通过检查某笔交易的发票可以确定其是否经过适当的授权，也可以获取关于该交易的金额、发生时间等细节证据。又如，抽出某项应收账款进行函证，可以验证应收账款是否正确，同时也可测试顾客订单是否经批准，是否与顾客定期对账并处理差异。

案例 9－4

ABC 公司针对银行存款设计了这样的控制：由一名会计人员每月核对银行存款日记账与银行对账单，并编制银行存款余额调节表；由有关主管人员不定期地抽查银行存款余额调节表。

注册会计师实施了以下程序：(1) 向被审计单位会计人员询问是否按月编制银行存款余额调节表，并抽取三个开户行最近两个月的银行存款余额调节表。被审计单位按要求拿来了 6 份银行存款余额调节表。这是注册会计师实施了解内部控制的程序，获得银行存款对账的控制是否得到执行的证据。(2) 注册会计师又从这 6 份中抽出 3 份，取得相应的银行存款日记账和银行对账单，重新编制银行存款余额调节表，和被审计单位编制的银行存款余额调节表核对。这是注册会计师实施控制测试，获取银行存款对账控制运行有效性的证据。(3) 注册会计师又复核计算银行存款余额调节表中的数字，检查未达账项。这是注册会计师实施实质性程序（细节测试），获取银行存款存在及完整性的证据。

【知识链接】
针对特别风险实施的程序

第 5 节　审计抽样在细节测试中的应用

在实质性程序的细节测试中，注册会计师可以根据测试对象的实际情况采用抽样技术。

案例9-5

注册会计师审计ABC公司2018年度财务报表时，确定的财务报表层次的重要性水平为200万元，为了在保证审计质量的前提下提高审计效率，在合理的时间内以合理的成本完成审计工作，需要注册会计师尽可能采用恰当的方式选取测试项目。被审计单位有关信息如下：

（1）短期借款全年共发生贷方记录8笔，其中5笔金额均在100万～150万元的范围内，其余3笔金额分别为29万元和18万元。

（2）应收账款100个明细账中3个余额分别在100万元以上，占总额的40%，其余的余额均在50万元以下，占总额的60%。

分析：

（1）短期借款仅8笔，大部分金额均达到重要性水平的50%以上，适宜选取全部项目100%检查。

（2）对于3个余额100万元以上的应收账款，由于金额比较大，必须检查，这属于选取特定项目，对于其余的应收账款可采用抽样技术进行审计。

一、在细节测试中使用概率抽样

在细节测试中使用的概率抽样有传统变量抽样和概率比例规模抽样。

根据推断总体的方法不同，传统变量抽样方法分为三种：均值估计法、差额估计法、比率估计法。下面以差额估计法为例，介绍变量抽样方法在细节测试中的应用。

案例9-6

2018年应收账款有4 000个明细账，计5 000 000元。分析程序的结果表明应收账款不存在重大低估错报。注册会计师决定对应收账款进行概率抽样后采用积极函证。

（一）第一步：设计样本

1. 确定审计目标

在案例9-6中，审计目标为确定期末应收账款余额是否存在。

2. 确定审计对象总体与抽样单元

根据审计目标确定审计对象总体与抽样单元。总体的确定要满足相关性与完整性。比如：若审计目标是审查应收账款余额是否存在，则审计对象总体应确定为应收账款明细账。若审计的目标是应收账款余额是否完整，则审计对象总体不仅包括应收账款明细账，还应包括期后付款、未付发票等。

在案例9-6中，审计对象总体为4 000个应收账款明细账，抽样单元为每一个应收账款明细账。

3. 定义误差

在细节测试中，误差是指错报，注册会计师应根据审计目标确定什么构成错报。

在案例 9－6 中，顾客在函证日之前支付、被审计单位在函证日之后不久收到的款项不构成错报；被审计单位在不同顾客之间误登明细账不影响应收账款总账余额，因此不作为错报；被审计单位自己发现并已在适当期间予以更正的错报也不作为错报。

（二）第二步：选取样本

1. 确定样本规模

（1）界定样本规模需要考虑的因素。

①可接受的抽样风险。样本规模与它呈反向变动。

在案例 9－6 中，采用 10%的可接受误受风险、25%的可接受误拒风险。

②可容忍的错报金额。它一般低于或等于注册会计师确定的实际执行的重要性水平，样本规模与它呈反向变动。

在案例 9－6 中，注册会计师确定的可容忍错报为 21 000 元。

③可信赖程度。它是要求样本能够代表总体的可靠程度（置信度），样本规模与它呈正向变动。

④总体变异性。它反映总体各项目间的标志变异程度或离散程度，其衡量指标为标准差。样本规模与它呈正向变动。

在实务中，注册会计师根据以前年度的审计测试结果估计总体标准差；或者先确定初始样本（一般选 30～50 个），计算初始样本标准差，以此估计总体标准差。标准差的计算公式为：

$$SD^{*}=\sqrt{\frac{\sum X^{2}-n(\overline{X})^{2}}{n-1}}$$

式中，SD^{*} 为预计总体标准差；X 为个别项目数值；$\overline{X}$ 为总体平均值；n 为初始样本个数。

在案例 9－6 中，根据以前年度的审计测试结果，估计总体标准差为 20 元。

⑤预计总体错报。样本规模与它呈正向变动。在实务中，注册会计师根据以前年度的审计测试结果，或者根据初始样本来估计。

在案例 9－6 中，根据以前年度的审计测试结果，预计总体错报为 1 500 元（高估）。

（2）样本规模的计算。审计抽样通常为不放回抽样，样本规模的计算公式为：

$$n=\left(\frac{SD^{*}(Z_A+Z_R)N}{TM-E^{*}}\right)^{2}$$

式中，n 为初始样本规模；SD^{*} 为预计总体标准差；Z_A 为可接受误受风险置信系数（见表 9－9）；Z_R 为可接受误拒风险置信系数（见表 9－9）[①]；N 为总体规模；TM 为总体可

① 误拒风险有时无须考虑。

容忍错报（重要性）；E^* 为预计总体错报。

表 9－9　　置信度、可接受误受风险、可接受误拒风险置信系数表

置信度（%）	可接受误受风险（%）	可接受误拒风险（%）	置信系数
75	12.5	[25]	[1.15]
80	[10]	20	[1.28]
85	7.5	15	1.44
90	5	10	1.65
95	2.5	5	1.96
99	0.5	1	2.58

注：置信度＋可接受误拒风险＝1；带方框数据为本例使用。

在案例 9－6 中，有

$$n=\left[\frac{20\times(1.28+1.15)\times 4\,000}{21\,000-1\,500}\right]^2\approx 100$$

2. 选取样本和实施审计程序

（1）随机选取补充样本。如果 n 大于初始样本量，就可以随机选取补充样本，初始样本可作为正式样本的一部分。

补充样本量＝n－初始样本量

（2）审查样本。对样本实施审计程序，确定样本的审定值或每项错报值。

在案例 9－6 中，对 100 个样本账户实施函证，有 80 个账户顾客回函证实，其余 20 个账户采取替代程序（如检查日后收款、追查原始凭证）予以证实，最后确定下列 12 个账户存在错报（带括号的为低估错报）。

12.75	(69.45)	85.25	100.00	(27.30)	41.06	(0.87)	24.32	36.59	(102.16)	54.71	71.56

合计：226.48

（三）第三步：评价样本结果

1. 考虑错报性质和原因

不仅要考虑错报的金额，还需要考虑错报的性质和原因。若发现错报是由舞弊导致的，要判断其对财务报表重大错报的影响。

2. 推断总体错报

（1）计算样本错报平均值。

$$\overline{X}=\frac{\sum X}{n}=\frac{226.48}{100}=2.26$$

（2）计算错报总体点估计值。

$$E=\overline{X}N=2.26\times 4\,000=9\,040(\text{元})$$

（3）根据样本计算错报的总体标准差。

$$SD^* = \sqrt{\frac{\sum X^2 - n\,(\bar{X})^2}{n-1}} = \sqrt{\frac{45\,124 - 100 \times 2.26^2}{100-1}} \approx 21.2$$

X（取整）	13	(69)	85	100	(27)	41	(1)	24	37	(102)	55	72	$\sum$
X^2	169	4 761	7 225	10 000	729	1 681	1	576	1 369	10 404	3 025	5 184	45 124

（4）计算期望置信度的总体估计值的抽样风险允许限度。

$$CRS = NZ_A \frac{SD^*}{\sqrt{n}} \sqrt{\frac{N-n}{N}} = 4\,000 \times 1.28 \times \frac{21.2}{\sqrt{100}} \times \sqrt{\frac{4\,000-100}{4\,000}} \approx 10\,800\text{(元)}$$

（5）推算错报总体值区间。

$$CL = \bar{X}N \pm CRS = 9\,040 \pm 10\,800$$

即错报的总体值区间为［(1 760)，19 840］。

（6）得出结论。

在案例 9－6 中，在 90％的置信度下，应收账款的错报金额在（1 760）～19 840 元之间，即总体高估超过 19 840 元的风险是 10％，总体低估超过 1 760 元的风险是 10％。该金额低于可容忍错报（21 000 元）。因此，应收账款的账面价值 5 000 000 元是可以接受的。

【知识链接】
概率比例规模抽样

二、在细节测试中使用非概率抽样

举例说明非概率抽样在细节测试中的应用。

案例 9－7

ABC 公司是一家日用品商贸企业，注册会计师决定在函证其 2018 年 12 月 31 日应收账款时使用非概率抽样。当年 12 月 31 日应收账款共有 905 个借方余额账户，共计 4 250 000 元。这些账户余额在 10～140 000 元。另有 4 个贷方余额账户，共计 50 000 元。

注册会计师作出以下决定：

（1）根据控制测试的结果，将与应收账款存在认定有关的重大错报风险评估为“高”水平。

（2）确定的可容忍错报为 125 000 元（低于或等于实际执行的重要性）。

（3）将应收账款贷方余额单独测试。

（4）对选取的所有账户的余额进行函证。

还有一些其他信息如下：

(1) 总体中有5个余额超过50 000元的账户，共计490 000元，注册会计师决定将这5个账户列为重大项目进行百分之百检查。另外100个余额在1 000元以下的账户，共计10 000元，注册会计师认为极不重要。注册会计师将这105个账户排除在准备抽样的总体之外。这样，总体还包含800个借方余额账户，共计3 750 000元。

(2) 通过分析程序，注册会计师合理确信，应收账款不存在重大的低估。

(3) 注册会计师没有对应收账款的存在认定实施与函证目标相同的其他实质性程序，因此其他实质性程序未能发现重大错报的风险（即检查风险）最高。

注册会计师根据下列公式计算样本规模：

$$样本规模=\frac{总体账面金额}{可容忍错报}\times 保证系数$$

式中，保证系数如表9－10所示。

表9－10 **保证系数表**

评估的重大错报风险	其他实质性程序未能发现重大错报的风险			
	最高	高	中	低
最高	3.0	2.7	2.3	2.0
高	2.7	2.4	2.0	1.6
中	2.3	2.1	1.6	1.2
低	2.0	1.6	1.2	1.0

分析： 注册会计师使用表9－10得到的保证系数为2.7。

$$样本规模=\frac{3\,750\,000}{125\,000}\times 2.7=81$$

注册会计师根据总体项目的账面金额，将总体分为两组。第一组由260个余额大于或等于5 000元的账户组成（账面余额总计2 500 000元），第二组由余额小于5 000元的其余账户组成（账面余额总计1 250 000元）。注册会计师将这个样本在两组之间分配，以使每组的样本数量大致与该组账户的账面余额成正比。从第一组（账面余额大于或等于5 000元的账户）中选取54个，从第二组（账面余额小于5 000元的账户）中选取剩余的27个。样本分布如表9－11所示。

表9－11 **样本分布表**

组	组账面总额（元）	组账户数（个）	组样本规模（个）
5 000元及以上	2 500 000	260	54
5 000元以下	1 250 000	540	27
合计	3 750 000	800	81

注册会计师对这81个顾客和百分之百检查的5个顾客共寄发86份询证函，收到71份已填写的回函。通过执行检查日后收款等替代审计程序，注册会计师能够合理确信未回函的15个账户余额没有重大错报。在71份回函中，有4个客户表示其余额被高估。

注册会计师进一步调查了这些余额，结论是它们的确存在错报，并确定这些错报并非舞弊所致。错报情况如表 9－12 所示。

表 9－12　　**错报汇总表**

组	组样本账面金额（元）	组样本错报额（元）	组样本错报数（个）	组错报金额（元）
重大项目	490 000	1 000	1	1 000
5 000 元及以上	739 430	6 300	2	21 300
5 000 元以下	62 500	750	1	15 000
合计	1 291 930	8 050	4	37 300

注：1. 第二、三行组错报金额＝组样本错报额/组样本账面金额×组总体账面金额
2. 推断错报为 29 250 元（37 300－8 050）。

将错报 37 300 元与可容忍错报 125 000 元比较，注册会计师认为应收账款借方账面余额发生的错报超过可容忍错报的风险很小，因此总体可以接受。

注册会计师得出结论，样本结果支持应收账款账面余额，即应收账款余额存在认定未发现重大错报。

审计测试程序框架如图 9－4 所示。

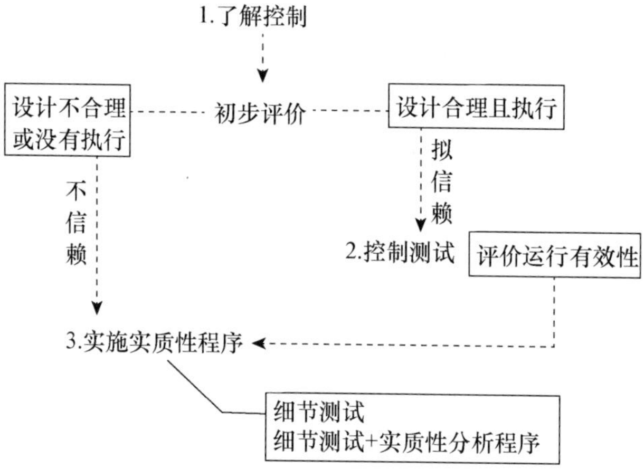

图 9－4　审计测试程序框架

实训

一、判断题

1. 总体应对措施是针对认定层次重大错报风险来实施的。（　　）

2. 审计抽样时，样本选取的基本要求是选取有代表性的样本，因此，在样本选取的过程中，注册会计师不可使用职业判断。（　　）

3. 在设计细节测试时，注册会计师一方面要考虑选取测试项目的数量（样本量）；

另一方面要考虑选取测试项目的特征，例如选取大额的、异常的项目。（　）

4. 了解内部控制是了解控制设计是否合理及是否得到执行，而控制测试是测试控制运行的有效性。（　）

5. 通常情况下，注册会计师出于成本效益的考虑，进一步审计程序总体方案会选用实质性方案。（　）

6. 如果针对特别风险仅实施实质性程序，注册会计师应当使用实质性分析程序。（　）

7. 在一定风险水平下，审计抽样时计算的总体错报超过可容忍错报时，注册会计师认为总体可以接受。（　）

8. 注册会计师针对评估的报表层次重大错报风险应实施进一步审计程序。（　）

9. 控制测试是每次审计中必定执行的测试。（　）

10. 实质性程序只能在期末执行。（　）

二、单项选择题

1. 针对财务报表层次的重大错报风险，注册会计师运用职业判断来确定（　）。

A. 进一步审计程序　　B. 控制测试
C. 实质性程序　　D. 总体应对措施

2. 注册会计师针对评估的各类交易、账户余额、列报和披露的认定层次重大错报风险实施（　）。

A. 进一步审计程序　　B. 控制测试
C. 实质性程序　　D. 总体应对措施

3. 实质性方案是注册会计师实施的进一步审计程序，以（　）为主。

A. 风险评估程序　　B. 控制测试
C. 实质性程序　　D. 分析程序

4. 不可用作控制测试的程序类型包括（　）。

A. 检查文件记录　　B. 重新执行
C. 询问与观察　　D. 分析程序

5. 注册会计师通过检查某笔交易的发票可以确定其是否经过适当的授权，也可以获取关于该交易的金额、发生时间等细节证据。这属于（　）。

A. 实质性程序　　B. 细节测试
C. 控制测试　　D. 双重目的测试

6. 注册会计师在实施风险评估程序后，针对（　）实施控制测试。

A. 设计不合理的控制　　B. 设计合理且得到执行的控制
C. 设计合理但没有得到执行的控制　　D. 与审计相关的控制

7. 注册会计师直接用以发现认定层次的重大错报而实施的审计程序是（　）。

A. 重新执行　　B. 了解内部控制
C. 控制测试　　D. 实质性程序

8. 注册会计师从总体规模为1 000个、账面余额为300 000元的存货项目中选取200个项目（账面余额50 000元）进行检查，确定其错报额为500元，则存货总体错报是（　　）元。

A. 500　　B. 2 500　　C. 3 000　　D. 47 500

9. 针对某类交易、账户余额、列报的特定认定，有时设计细节测试需要考虑测试方向。例如，针对营业收入的（　　）认定，应当从营业收入明细账中选取样本，向销售发票、出库单等原始凭证追查。

A. 发生　　B. 完整性　　C. 截止　　D. 分类

10. 实质性分析程序通常是针对一段时期内（　　）实施的。

A. 各类交易　　B. 存在稳定的预期关系的大量交易

C. 各类账户余额　　D. 各类列报

三、多项选择题

1. 注册会计师针对财务报表层次的重大错报风险，运用职业判断来实施的总体应对措施包括（　　）。

A. 向项目组成员强调保持职业怀疑的必要性

B. 指派更有经验的或具有特殊技能的审计人员，或利用专家的工作

C. 提供更多的督导

D. 实施综合性方案

2. 在选择拟实施的进一步审计程序时，应当注意某些程序不被管理层预见或事先了解，可以考虑（　　）。

A. 采取不同的选取测试项目的方法，使当期选取的测试项目与以前有所不同

B. 对某些未测试过的低于设定的重要性水平的账户余额和认定实施实质性程序

C. 调整实施审计程序的时间

D. 选取不同的地点实施审计程序，或预先不告知被审计单位所选定的测试地点

3. 在进行控制测试时，如果总体的实际偏差率超过可容忍偏差率，因而不能接受总体，即样本结果不支持注册会计师对控制运行有效性的预期和评估的重大错报风险水平，则注册会计师可以考虑（　　）。

A. 提高重大错报风险评估水平，并相应调整实质性程序

B. 对影响重大错报风险评估水平的其他控制进行测试，以支持计划的重大错报风险评估水平

C. 扩大控制测试范围，以证实初步评估结果

D. 发表保留意见或否定意见

4. 进一步审计程序包括（　　）。

A. 控制测试　　B. 风险评估　　C. 风险识别　　D. 实质性程序

5. 在测试控制运行的有效性时，注册会计师应当从（　　）方面获取相关的审计证据。

A. 控制在所审计期间的不同时点是如何运行的

B. 控制是否得到一贯执行

C. 控制由谁执行

D. 控制以何种方式执行

6. 控制测试并非在任何情况下都需要实施，实施控制测试的情形有（　　）。

A. 在了解内部控制后，预期控制的运行是有效的

B. 仅实施实质性程序不足以提供认定层次充分、适当的审计证据

C. 控制设计合理但没有得到执行

D. 控制设计无效

7. 注册会计师实施控制测试后，最终评价相关控制，得出的结论可能是（　　）。

A. 控制有效运行，可以信赖　　B. 控制运行无效，不可信赖

C. 控制设计不合理　　D. 控制设计合理但没有得到执行

8. 实质性程序的时间安排有（　　）几种情况。

A. 期中　　B. 期末或接近期末

C. 期初　　D. 利用以前审计获取的审计证据

9. 如果要确定期末应收账款余额是否存在，那么在定义误差时，不构成错报的有（　　）。

A. 顾客在函证日之前支付、被审计单位在函证日之后不久收到的款项

B. 被审计单位在不同顾客之间误登明细账

C. 被审计单位自己发现并已在适当期间予以更正的错报

D. 虚开发票而列支的应收款项

10. 实质性程序的两种基本类型包括（　　）。

A. 风险评估程序　　B. 控制测试

C. 细节测试　　D. 实质性分析程序

四、案例分析题

1. 资料一：ABC公司是一家生产和销售高端清洁用品的有限责任公司，其产品主要用于星级酒店宾馆和大型饭店，已经占领了东北和华北市场，建立了省级或市级经销商网络，2018年面向全国开拓市场。

资料二：公司所有货物由物流公司运送，发票由销售部开具。

资料三：公司提供的财务报表的部分信息见表9-13。

表9-13　　财务报表部分信息　　单位：元

项目	2018年（末）	2017年（末）	2016年（末）
应收账款（年末）	39 560 810	27 765 338	19 820 905
坏账准备（年末）	1 879 830	1 707 400	
营业收入	112 655 260	93 103 520	

资料四：公司董事会制定的2018年销售收入预算目标是增长20%，公司在2018年

以放宽授信额度来增加销售收入。

资料五：ABC公司的关键控制之一是，对每一笔销售收入，销售部专职秘书将客户订单、客户已签收的送货单以及发票上的客户名称、货物品种、数量、价格进行核对，并在发票记账联上加盖“核对确认无误”章，交给财务部作为确认销售收入的凭证。对于数据不符的交易进行调查并调整。

该公司2018年的税前利润为8 475 623元，注册会计师决定以税前利润的5%来确定财务报表层次的重要性水平。

注册会计师对该公司内部控制的了解结果表明，销售与收款循环相关控制设计合理且得到执行。

要求：

（1）根据上述资料，请你代替注册会计师确定财务报表层次的重要性水平，并进行风险评估。

（2）针对应收账款设计进一步审计程序的总体方案。

（3）如果打算实施控制测试，请针对资料五设计控制测试程序。

（4）如果控制测试结果表明，没有发现例外情况，相关控制有效运行，请针对应收账款设计实质性程序。

2. 注册会计师审计ABC公司2018年度财务报表，于2018年12月1—15日对ABC公司相关的内部控制进行了解、测试与评价。注册会计师拟订的总体审计计划中关于控制测试和评价的部分内容摘录如下：

（1）在了解内部控制后，认为ABC公司内部控制设计合理且得到执行，注册会计师打算信赖其内控的有效性，对相关内部控制进行测试。

（2）选择2018年1月1日至11月30日作为控制测试样本总体的所属期间。

（3）在控制测试的基础上，形成对ABC公司2018年度内部控制有效性的最终评价。

要求：假定不考虑其他条件，请指出注册会计师拟订的总体审计计划中关于控制测试和评价的内容存在的缺陷，并提出改进建议。

3. 注册会计师接受委托对ABC公司2018年度财务报表进行审计。现决定对人工成本执行实质性分析程序。注册会计师从ABC公司人力资源部取得了2018年和2017年的员工清单，检查员工人数，并未发现变化。注册会计师又阅读了2018年1月份ABC公司调整员工薪酬的董事会决议，这次调整使得员工薪酬平均增加10%。注册会计师检查了2018年薪酬支付记录，证实ABC公司已经执行了调整薪酬的决议。ABC公司2017年与2018年的人工成本分别为3 000 000元与3 580 000元。

假定注册会计师设定的人工成本的可接受差异额为300 000元。

要求：请代替注册会计师对人工成本执行实质性分析程序（列示分析过程，并写出审计结论）。

4. ABC公司是一家大型纺织品生产企业，2018年主营业务收入14 410 000元，无销售退回与折让，一共有贷方记录 1 251 笔，每笔金额在 1 000～300 000 元。

(1) 根据控制测试的结果，注册会计师将与主营业务收入发生认定有关的重大错报风险评估为“中”水平。

(2) 确定的可容忍错报为 200 000 元。

(3) 总体中有 4 笔金额超过 200 000 元的交易，共计 1 300 000 元，注册会计师决定将这 4 笔交易列为重大项目进行百分之百检查。另外 47 笔金额在 3 000 元以下的交易，共计 110 000 元，注册会计师认为极不重要，不实施审计程序。

(4) 注册会计师决定对其余交易实施审计抽样。注册会计师将总体项目按金额从大到小排序，然后将总体分成金额大致相等的两组。第一组由 300 笔交易组成（金额总计 6 600 000 元），第二组由 900 笔交易组成（金额总计 6 400 000 元）。

(5) 注册会计师决定将样本在两组之间平均分配。从第一组抽出的样本金额合计为 2 000 000 元，从第二组抽出的样本金额合计为 1 000 000 元。

(6) 注册会计师对选中的样本及 4 笔重大销售交易追查至原始凭证，必要时函证。

对选取的项目检查（包括函证）的结果表明存在高估错报：4 笔重大交易有 1 笔高估（10 000 元），第一组样本中有 1 笔高估（60 000 元），第二组中有 1 笔高估（10 000 元）。注册会计师进一步调查确定这些错报并非舞弊所致。

(7) 注册会计师没有对主营业务收入发生认定实施其他实质性程序，因此其他实质性程序未能发现重大错报的风险为“最高”。

要求：

(1) 计算样本规模（结果取整）。

(2) 完成表 9-14、表 9-15。

表 9-14　　样本分布表

组	账面总额（元）	交易数（个）	样本规模（个）
第一组			
第二组			
合计			

表 9-15　　错报汇总表

组	样本账面金额（元）	样本错报额（元）	样本错报数（个）	错报金额（元）
重大项目	—	—	—	
第一组				
第二组				
合计				

(3) 帮助注册会计师对主营业务收入得出结论。

第3篇
交易与账户余额审计技能

本篇以执行企业会计准则的制造业企业的财务报表审计为例，阐述销售与收款循环、采购与付款循环、生产与存货循环的主要报表项目审计以及货币资金审计、所得税费用审计。

通常，了解内部控制与控制测试采用业务循环法，为了便于实质性程序与控制测试的衔接，实质性程序更宜采用业务循环法，在各个循环内对涉及的主要财务报表项目实施审计，因此本书对实质性程序的描述采用业务循环法结合报表项目法的方式（业务循环与主要财务报表项目对照表见第 4 章表 4-1）。

控制测试有两种模式可供选择：一种是以识别的重大错报风险为起点，选取拟测试的控制并实施控制测试（风险导向控制测试）；另一种是以控制目标为起点，选取拟测试的控制并实施控制测试（目标导向控制测试）。本书主要采用风险导向模式列举各循环关键控制的控制测试。

第10章

销售与收款循环审计

引导案例

销售与收款循环风险评估与应对

甲公司是ABC会计师事务所的常年审计客户，主要从事大中型医疗器械设备的生产和销售，主要销往医院。X注册会计师负责审计甲公司2018年度财务报表。

X注册会计师了解到甲公司下列情况：对于A类产品，甲公司负责将设备运送到医院并安装调试。医院验收合格后签署设备验收单，甲公司根据设备验收单确认销售收入。甲公司自2018年起向医院提供一个月的免费试用期，医院在试用期结束后签署设备验收单。

据此，X注册会计师分析，甲公司2018年“存货——发出商品”较上一年度应有一定幅度的增加，而营业收入与营业成本应有所下降。

X注册会计师获取甲公司部分财务数据如表10-1所示。

表10-1　　甲公司部分财务数据　　单位：万元

项目	2018年未审数	2017年已审数
主营业务收入	7 100	4 500
主营业务成本	3 500	2 700
存货——发出商品	410	400

显然，甲公司“存货——发出商品”2018年比上一年度略有上升，而营业收入与营业成本不降反升，X注册会计师判断甲公司存在提前确认销售的重大错报风险，与应收账款（存在）、营业收入（截止）相关。

根据以往年度审计结果，甲公司销售与收款循环的内部控制是有效的，X注册会计师了解到相关的控制并未发生变化，因此决定针对与收入确认特别风险相关的控制实施控制测试，并拟实施以下实质性程序：从主营业务收入明细账中选取若干笔记录，检查销售合同、发票和设备验收单，确定记录的销售收入金额是否与合同和发票一致，收入确认的时点是否与合同约定的交易条款和设备验收单的日期相符。

思考：X注册会计师对重大错报风险的识别与评估是否合理，实施的进一步审计程序是否适当？

第1节　销售与收款循环内部控制的了解与评价

一、了解重要交易类别与交易流程

（一）重要交易类别

在销售与收款循环中，销售和收款通常都是重要交易类别，主营业务收入、应收账款等一般被确定为重大账户。

【知识链接】
销售与收款循环信息概述

（二）交易流程

1. 销售交易流程

（1）接受顾客订单。接受顾客订单是整个销售与收款循环的起点。顾客的订单只有在符合企业的销售政策时才能被接受。销售部门在批准顾客订单之后，就应编制一式多联的销售单。

（2）批准赊销信用。企业的信用管理部门应将销售单与该顾客已被授权的赊销信用额度以及至今尚欠的账款余额加以比较，并对每个新顾客进行信用调查，然后将已签署意见的销售单送回销售单管理部门。

（3）按销售单供货。仓库应按照已批准的销售单供货和发货给发运部门，并编制出库单。

（4）按销售单发运货物。发运部门必须验证从仓库提取的商品都附有相应的经批准的销售单，然后才能发运商品。要编制一式多联、连续编号的发运凭证。

（5）开具发票。会计部门或经授权部门根据销售单、出库单、发运凭证、商品价目表及经批准的商业折扣条件开具发票。开具发票包括编制和向顾客寄送预先连续编号的销售发票及销售清单。

（6）记录销售。企业按销售发票编制转账记账凭证或库存现金、银行存款收款凭证，再据以登记主营业务收入明细账和应收账款明细账或库存现金、银行存款日记账。

2. 收款交易流程

（1）收到款项并记录收款。这项业务活动包括现销交易中收到的款项和赊销交易中应收账款的收回，并予以记录，给予顾客的现金折扣需要经授权批准。

（2）将收款存入银行。企业应如数、及时地将所收款项存入银行。

3. 销售调整交易流程

（1）办理和记录销售退回与折让。企业发生的销售退回与折让业务必须经授权批准，严格使用贷项通知单。

（2）提取坏账准备。合理估计可能发生的坏账损失，计提坏账准备。

（3）注销坏账。如果有确凿证据表明某项应收款项无法收回，经适当审批后注销这笔应收款项。

（三）了解的程序

了解的程序包括检查被审计单位相关控制手册和其他书面指引，询问各部门的相关人员，观察操作流程等。例如：注册会计师可以询问销售部门的人员，了解顾客订单的处理和开票的流程；也可以询问仓库人员，了解发货的流程；还可以询问会计部门的人员，了解有关账务处理流程。注册会计师可以利用文字表述、流程图等把了解到的情况记录下来。

二、确定可能发生错报的环节

注册会计师需要确认和了解销售与收款循环的错报在什么环节发生，即确定被审计单位应在哪些环节设置控制，以防止或发现并纠正各重要业务流程可能发生的错报。部分在销售与收款循环中可能发生错报的环节如表 10－2 所示。

表 10－2　　销售与收款循环可能发生错报的环节

交易流程	可能的错报
接受顾客订单	（1）把商品销售给未经授权的顾客 （2）虚构销售交易
核准信用，批准赊销	承担了不适当的信用风险而蒙受损失
按销售单发运货物	（1）发运的货物与被订购的货物不符 （2）有未经授权的发运货物
开发票给顾客	（1）对虚构的交易开发票或重复开发票 （2）销售发票计价错误
记录销售	（1）发票未入账 （2）未记入恰当的账户 （3）未记入恰当的会计期间 （4）复杂的、特殊的交易（如特殊的退货约定、特殊的服务期限安排等）导致收入确认错报
收款	坐支、挪用、贪污
记录收款	（1）收款未及时入账 （2）收款时记入不正确的账户
坏账准备的计提	（1）不提或少提坏账准备 （2）多提坏账准备

三、识别和了解相关控制

注册会计师应当了解销售与收款循环相关内部控制，尤其是注意可能发生错报的环节的关键控制的建立与执行状况，并以文字表述、流程图的方式或几种方式相结合进行记录。

四、执行穿行测试

注册会计师应当选择一笔或几笔销售与收款交易进行穿行测试。例如，针对销售交易，追踪从订单处理、核准信用状况、填写订单并准备发货、开具销售发票、复核发票的准确性、生成记账凭证，到过账至应收账款、主营业务收入明细账和总账的整个交易流程，验证之前对交易流程和相关控制的了解是否正确和完整，以及相关控制是否得到执行。销售与收款循环穿行测试如表 10－3 所示。

表 10－3　　销售与收款循环——销售交易穿行测试

<table>
<tr><td colspan="6">测试目标：验证之前对销售交易和相关控制的了解是否准确和完整，并确定相关控制是否得到执行。</td></tr>
<tr><td>样本序号</td><td>业务内容</td><td>金额</td><td>凭证编号</td><td>测试内容</td><td>测试结果</td></tr>
<tr><td rowspan="5">1</td><td rowspan="5">销售 5 号电池款未收</td><td rowspan="5">600 000.00</td><td rowspan="5">记 006</td><td>标识 1：不相容职务已分开设置并得到执行（审批、发货、开票、记账）</td><td>执行</td></tr>
<tr><td>标识 2：记录的收入确实已发货</td><td>执行</td></tr>
<tr><td>标识 3：开具销售发票日期与出库单日期在同一期间</td><td>执行</td></tr>
<tr><td>标识 4：销售发票金额与记账凭证金额相符</td><td>执行</td></tr>
<tr><td>标识 5：做出正确的会计处理</td><td>执行</td></tr>
<tr><td colspan="4">发票日期及号码</td><td colspan="2">2018 年 12 月 3 日 No 2210598</td></tr>
<tr><td colspan="4">出库日期</td><td colspan="2">2018 年 12 月 3 日</td></tr>
<tr><td colspan="4">记账凭证号日期</td><td colspan="2">记 006　2018 年 12 月 3 日</td></tr>
<tr><td colspan="4">业务内容</td><td colspan="2">销售 5 号电池款未收</td></tr>
<tr><td colspan="4">发票内容</td><td colspan="2">销售 5 号电池</td></tr>
<tr><td colspan="4">交易数量及交易金额</td><td colspan="2">100 箱 600 000.00 元</td></tr>
<tr><td colspan="4">客户验收单</td><td colspan="2">100 箱 600 000.00 元</td></tr>
<tr><td colspan="6">穿行测试说明：</td></tr>
<tr><td colspan="6">抽取销售发票一份作为样本（12 月第一笔大额销售交易）追查至明细账。</td></tr>
<tr><td colspan="6">测试结论：</td></tr>
<tr><td colspan="6">1. 我们追踪了销售交易在财务报告信息系统中的处理过程，证实了我们对前一阶段重要交易流程和可能发生错报的环节的了解是准确和完整的。
2. 我们了解到的相关控制得到执行。</td></tr>
</table>

五、初步评价内部控制

注册会计师通过了解销售与收款循环的内部控制，对相关控制的设计情况和是否得到执行进行评价。

第 2 节　销售与收款循环的重大错报风险评估与应对

由于收入确认的特殊性，出于职业谨慎的考虑，中国注册会计师审计准则要求注册会计师作出收入确认存在舞弊风险的假定。本节重点说明收入确认存在的舞弊风险的评估。

一、销售与收款循环的重大错报风险评估

（一）实施风险评估程序

实施风险评估程序，了解被审计单位内部控制及其他方面，进而评估重大错报风险。

1. 实施分析程序

注册会计师通过实施下列分析程序，可能识别出销售与收款循环中的异常关系或异常变动趋势，评估重大错报风险。

（1）将本期销售收入金额与以前可比期间的对应数据或预算数进行比较。

（2）分析月度或季度销售量变动趋势。

（3）将销售收入变动幅度与销售商品及提供劳务收到的现金、应收账款、存货、税金等项目的变动幅度进行比较。

（4）将销售毛利率、应收账款周转率、存货周转率等关键财务指标与可比期间数据、预算数或同行业其他企业数据进行比较。

（5）分析销售收入等财务信息与投入产出率、劳动生产率、产能、水电能耗、运输量等非财务信息之间的关系。

（6）分析销售收入与销售费用之间的关系，包括销售人员的人均业绩指标、销售人员薪酬、差旅费用、运费，以及销售机构的设置、规模、数量、分布等。

2. 询问

向管理层以及被审计单位内部会计、销售、仓库等部门其他人员询问企业生产经营的基本情况、销售模式和交易流程、与收入相关的生产技术条件、收入的来源和构成、收入交易的特性、收入确认的具体原则、重大异常交易的商业理由、被审计单位的业绩衡量，等等。

3. 观察

可以现场观察生产经营场地、仓库，观察信用审批流程等。

4. 检查程序

可以查阅行业分析报告了解行业市场状况，检查各种审批签字，检查内部控制手册等。

（二）常用的收入确认舞弊手段举例

1. 为了粉饰报表而虚增收入或提前确认收入

（1）利用与未披露关联方之间的资金循环虚构交易。

（2）通过未披露的关联方进行显失公允的交易。

（3）通过出售关联方的股权，使之从形式上不再构成关联方，但仍与之进行显失公允的交易。

（4）通过虚开商品销售发票虚增收入，将货款挂在应收账款中，并可能在以后期间计提坏账准备，或在期后冲销。

（5）为了虚构销售收入，将商品从某一地点移送至另一地点，凭出库单和运输单据为依据记录销售收入。

（6）在商品的控制权尚未全部转移给客户之前确认销售收入 。

（7）通过隐瞒售后回购或售后租回协议，将以售后回购或售后租回方式发出的商品作为销售商品确认收入。

（8）对于在某一时段内履行的履约义务的确认收入时，故意高估履约进度，例如采用投入法确认收入时，故意低估预计总成本或多计实际发生的成本，以通过高估履约进度的方法实现当期多确认收入。

（9）在采用代理商的销售模式时，在代理商仅向购销双方提供帮助接洽、磋商等中介代理服务的情况下，按照相关购销交易的总额而非净额（扣除佣金和代理费等）确认收入。

2. 为了报告期内降低税负或转移利润而少计收入或延后确认收入

（1）被审计单位将商品发出、收到货款并满足收入确认条件后，不确认收入，而将收到的货款作为负债挂账，或转入本单位正常账户以外的其他账户。

（2）被审计单位采用以旧换新的方式销售商品时，以新旧商品的差价确认收入。

（3）对于在某一时段内履行履约义务的，在提供劳务或建造合同的结果能够可靠估计的情况下，不在资产负债表日按履约进度确认收入，而推迟到劳务结束或工程完工时确认收入。

（三）收入确认方面存在舞弊风险的迹象

（1）注册会计师发现，被审计单位的客户是否付款并非取决于其自身的偿债能力。

（2）未经客户同意，在销售合同约定的发货期之前发送商品。

（3）未经客户同意，将商品运送到销售合同约定地点以外的其他地点。

（4）被审计单位的销售记录表明，已将商品发往外部仓库或货运代理人，却未指明何客户。

（5）在实际发货之前开具销售发票，或实际未发货而开具销售发票。

（6）对于期末之后的发货，在本期确认相关收入。

（7）实际销售情况与订单不符，或者根据已取消的订单发货或重复发货。

（8）已经销售给货运代理人的商品，在期后有大量退回。

（9）销售合同或发运凭证上的日期被更改，或者销售合同上加盖的公章并不属于合同所指定的客户。

（10）在接近期末时发生了大量或大额的交易。

（11）交易之后长期不进行结算。

（12）在被审计单位业务或其他相关事项未发生重大变化的情况下，询证函回函相符比例明显异于以前年度。

（13）发生异常大量的现金交易，或被审计单位有非正常的资金流转及往来，特别是有非正常现金收付的情况。

（14）应收款项收回时，付款单位与购买方不一致，存在较多代付款的情况。

（15）主要客户自身规模与其交易规模不匹配。

二、设计进一步审计程序的总体方案

注册会计师根据销售与收款循环认定层次重大错报风险的评估结果，设计进一步审计程序的总体方案，决定采用综合性方案还是实质性方案，继而编制具体审计计划，设计控制测试和实质性程序的性质、时间安排和范围，以应对识别出的认定层次重大错报风险。销售与收款循环进一步审计程序总体方案的示例如表 10－4 所示。

表 10－4　　销售与收款循环进一步审计程序总体方案示例

重大错报风险描述	相关财务报表项目及认定	风险程度	是否依赖控制	进一步审计程序的总体方案	拟从控制测试中获取的保证程度	拟从实质性程序中获取的保证程度
销售收入未真实发生	收入：发生 应收账款：存在	特别风险	是	综合性方案	中	高
销售收入记录不完整	收入：完整性 应收账款：完整性	低	否	实质性方案	无	低
期末收入交易未计入正确的期间	收入：截止 应收账款：截止	特别风险	否	实质性方案	无	高
收入交易未得到准确记录	收入：准确性 应收账款：准确性	中	是	综合性方案	中	中
应收账款坏账准备的计提不准确	应收账款：计价 资产减值损失：准确性	高	否	实质性方案	无	高

第 3 节　销售与收款循环的控制测试

销售与收款循环针对关键控制的控制测试见表 10－5（注册会计师根据被审计单位的实际情况选择实施）。

表 10－5　　销售与收款循环关键控制的控制测试一览表

风险点	相关的报表项目及认定	自动控制	人工控制	控制测试
订单处理和赊销的信用控制				

续前表

风险点	相关的报表项目及认定	自动控制	人工控制	控制测试
可能向没有获得赊销授权或超出了信用额度的客户赊销	收入：发生 应收账款：存在	订购单上的客户代码与应收账款主文档记录的代码一致；目前未偿付余额加上本次销售额在信用限额范围内。只有上述两项均满足才能生成销售单。	对于不在主文档中的客户或是超过信用额度的客户订购单，需适当授权批准才可生成销售单。	询问员工销售单的生成过程，检查是否所有生成的销售单均有对应的客户订购单为依据。检查系统中自动生成销售单的生成逻辑，是否确保满足了客户范围及信用控制的要求。对于系统外授权审批的销售单，检查是否经过适当批准。
发运商品				
可能在没有批准发货的情况下发出了商品	收入：发生 应收账款：存在	当客户销售单在系统中获得发货批准时，系统自动生成连续编号的发运凭证。	保安人员只有当出示附有经批准的销售单和发运凭证时才能放行。	检查系统内发运凭证的生成逻辑以及发运凭证是否连续编号。 询问并观察发运时保安人员的放行检查。
发运商品与客户销售单可能不一致	收入：准确性 应收账款：计价与分摊	计算机把发运凭证中所有准备发出的商品与销售单上的商品的种类和数量进行比对。打印种类或数量不符的例外报告，并暂缓发货。	管理层复核例外报告和暂缓发货的清单，并解决问题。	检查例外报告和暂缓发货的清单。
已发出商品可能与发运凭证上的商品种类和数量不符	收入：准确性 应收账款：计价与分摊		商品打包发运前，装运部门对商品和发运凭证的内容进行独立核对，并在发运凭证上签字以示商品已与发运凭证核对且种类和数量相符。 客户要在发运凭证上签字以作为收到商品且商品与订购单一致的证据。	检查发运凭证上相关员工及客户的签名，作为发货一致的证据。
已销售商品可能未实际发运给客户	收入：发生 应收账款：存在		客户要在发运凭证上签字以作为收到商品且商品与订购单一致的证据。	检查发运凭证上客户的签名，作为收货的证据。
开具发票				
商品发运可能未开具销售发票或已开出发票没有发运凭证的支持	收入：发生、完整性 应收账款：存在、完整性、权利	发货以后系统根据发运凭证及相关信息自动生成连续编号的销售发票。系统自动复核连续编号的发票和发运凭证的对应关系，并定期生成例外报告。	复核例外报告并调查原因。	检查系统生成发票的逻辑。 检查例外报告及跟进情况。

续前表

风险点	相关的报表项目及认定	自动控制	人工控制	控制测试
定价或产品摘要不正确，以及销售单或发运凭证或销售发票代码输入错误，可能导致销售价格不正确	收入：准确性 应收账款：计价与分摊	通过逻辑登录限制控制定价主文档的更改。只有得到授权的员工才能进行更改。 系统通过使用和检查主文档版本序号，确定正确的定价主文档版本已经上传。 系统检查录入的产品代码的合理性。	核对经授权的有效的价格更改清单与计算机获得的价格更改清单是否一致。 如果发票由手工填写或没有定价主文档，则有必要对发票的价格进行独立核对。	通过检查工厂的一般控制和收入交易的应用控制，确定正确的定价主文档版本是否已被用来生成发票。 如果发票由手工填写，检查发票中价格复核人员的签名。 通过核对经授权的价格清单与发票上的价格，重新执行该核对过程。
发票上的金额可能出现计算错误	收入：准确性 应收账款：计价与分摊	每张发票的单价、计算、商品代码、商品摘要和客户账户代码均由计算机程序控制。 如果由计算机控制的发票开具程序的更改是受监控的，在操作控制帮助下，可以确保使用的是正确的发票生成程序版本。 系统代码有密码保护，只有经授权的员工才可以更改。 定期打印所有系统上作出的更改。	上述程序的所有更改由上级复核和审批。 如果由手工开具发票，独立复核发票上计算的增值税和总额的正确性。	自动：询问发票生成程序更改的一般控制情况，确定是否经授权以及现有的版本是否正在被使用。 检查有关程序更改的复核审批程序。 手工：检查与发票计算金额正确性相关的人员的签名。 重新计算发票金额，证实其是否正确。
记录赊销				
销售发票入账的会计期间可能不正确	收入：截止 应收账款：截止	系统根据销售发票的信息自动汇总生成当期销售入账记录。	定期执行人工销售截止检查程序。向客户发送月末对账单，调查并解决客户质询的差异。	检查系统中销售记录生成的逻辑。 重新执行销售截止检查程序。 检查客户质询信件并确定问题是否已得到解决。
销售发票入账金额可能不准确	收入：准确性 应收账款：准确性	系统根据销售发票的信息自动汇总生成当期销售入账记录。	复核明细账与总账间的调节。 向客户发送月末对账单，调查并解决客户质询的差异。	检查系统销售入账记录的生成逻辑，对手工调节项目进行检查，并调查原因是否合理。 检查客户质询信件并确定问题是否已得到解决。
销售发票可能被记入不正确的应收账款明细账户	一般不影响，除非记入贷方余额的明细账影响应收账款：分类、计价	系统将客户代码、商品发送地址、发运凭证、发票与应收账款主文档的相关信息进行比对。	应收账款客户主文档中明细账的汇总金额应与应收账款总分类账核对。对于二者之间的调节项需调查原因并解决。 向客户发送月末对账单，调查并解决客户质询的差异。	检查应收账款客户主文档中明细余额汇总金额的调节结果与应收账款总分类账是否核对相符，以及负责该项工作的员工签名。 检查客户质询信件并确定问题是否已得到解决。

续前表

风险点	相关的报表项目及认定	自动控制	人工控制	控制测试
记录应收账款的收款				
应收账款记录的收款与银行存款可能不一致	应收账款/货币资金：完整、存在、权利与义务、计价与分摊	在每日编制电子版存款清单时，系统自动贷记应收账款。	将每日收款汇总表、电子版收款清单和银行存款清单相比较。 定期取得银行对账单，独立编制银行存款余额调节表。 向客户发送月末对账单，对客户质询的差异应予以调查并解决。	检查核对每日收款汇总表电子版收款清单和银行存款清单的核对记录和核对人签名。 检查银行存款余额调节表和负责编制的员工的签名。 检查客户质询信件并确定问题是否已得到解决。
收款可能被记入不正确的应收账款账户	应收账款：计价与分摊、存在	电子版的收款清单与应收账款明细账之间建立连接界面，根据对应的客户名称、代码、发票号等将收到的款项对应到相应的客户账户。对于无法对应的款项生成例外事项报告。 系统定期生成按客户细分的应收账款账龄分析表。	将生成的例外事项报告的项目进行手工核对，或调查产生的原因并解决。向客户发送月末对账单，对客户质询的差异应予以调查并解决。 管理层每月复核按客户细分的应收账款账龄分析表，并调查长期余额或其他异常余额。	检查系统中的对应关系审核设置是否合理。 检查对例外事项报告中的信息进行核对的记录以及无法核对事项的解决情况。 检查客户质询信件并确定问题是否已得到解决。 检查管理层对应收账款账龄分析表的复核及跟进措施。
坏账准备计提及坏账核销				
坏账准备的计提可能不充分	应收账款：计价与分摊	依据公司计提坏账的规则，自动生成应收账款账龄分析表。	管理层对财务人员依据账龄分析表计算编制的坏账准备计提表进行复核。存在客观证据表明将无法按应收款项的原有条款收回款项时，复核财务人员是否已经获得该证据，并恰当计算了应计提的坏账准备金额。复核无误后需在坏账准备计提表上签字。 管理层复核坏账核销的依据，并进行审批。	检查财务系统计算账龄分析表的规则是否正确。询问管理层如何复核坏账准备计提表的计算，检查是否有复核人员的签字。检查坏账核销是否经过管理层的恰当审批。
记录现金销售				
登记入账的现金收入与企业已经实际收到的现金不符	收入：完整性、发生、准确性 货币资金：完整性、存在	现金销售通过统一的收款台用收银机集中收款，并自动打印销售小票。	销售小票应交予客户确认金额一致。通过监视器监督收款台。每个收款台都打印每日现金销售汇总表。 盘点每个收款台收到的	实地观察收银台、销售点的收款过程，并检查在这些地方是否有足够的物理监控。 检查收款台打印销售小票和现金销售汇总表的

续前表

风险点	相关的报表项目及认定	自动控制	人工控制	控制测试
			现金，并与相关销售汇总表调节相符。独立检查所有收到的现金已存入银行。 将每日现金销售汇总表与银行存款单相比较。定期取得银行对账单，独立编制银行存款余额调节表。	程序设置和修改权限设置。检查盘点记录和结算记录上负责盘点现金、与销售汇总表相调节工作的员工的签名。 检查银行存单和销售汇总表上的签名，证明已实施复核。 检查银行存款余额调节表的编制和复核人员的审核记录。

注册会计师应根据执行控制测试的结果（即控制运行是否有效），确定对相关控制的信赖程度，进一步调整实质性程序的方案。

第 4 节 营业收入审计

一、审计目标与认定对应关系表（见表 10－6）

表 10－6 审计目标与认定对应关系表

审计目标	财务报表认定					
	发生	完整性	准确性	截止	分类	列报
A. 利润表中记录的营业收入是否已发生，且与被审计单位有关。	√					
B. 所有应当记录的营业收入是否均已记录。		√				
C. 与营业收入有关的金额及其他数据是否已恰当记录。			√			
D. 营业收入是否已记录于正确的会计期间。				√		
E. 营业收入是否已记录于恰当的账户。					√	
F. 营业收入是否已在财务报表中作出恰当的列报。						√

二、审计目标与审计程序对应关系表（见表 10－7）

表 10－7 审计目标与审计程序对应关系表

审计目标	可供选择的实质性程序	索引号
(一) 主营业务收入		
C	1. 获取或编制主营业务收入明细表。 (1) 复核加计是否正确，并与总账数和明细账合计数核对是否相符，结合其他业务收入科目与报表数核对是否相符。 (2) 检查以非记账本位币结算的主营业务收入的折算汇率及折算是否正确。	SA2

续前表

审计目标	可供选择的实质性程序	索引号
ABC	2. 实施实质性分析程序（必要时）。 (1) 针对已识别的需要运用分析程序的有关项目，并基于对被审计单位及其环境的了解，通过进行以下比较，同时考虑有关数据间关系的影响，以建立有关数据的期望值。 ①将本期的主营业务收入与上期的主营业务收入进行比较，分析产品销售的结构和价格变动是否异常，并分析异常变动的原因。 ②计算本期重要产品的毛利率与上期比较，检查是否存在异常，各期之间是否存在重大波动，查明原因。 ③比较本期各月各类主营业务收入的波动情况，分析其变动趋势是否正常，是否符合被审计单位季节性、周期性的经营规律，查明异常现象和重大波动的原因。 ④将本期重要产品的毛利率与同行业企业进行对比分析，检查是否存在异常。 ⑤根据增值税发票申报表或普通发票估算全年收入，与实际收入金额相比较。 (2) 确定可接受的差异额。 (3) 将实际的情况与期望值相比较，识别需要进一步调查的差异。 (4) 如果其差额超过可接受的差异额，调查并获取充分的解释和恰当的佐证审计证据（如通过检查相关的凭证等）。 注意：如果差异超过可接受差异额，需要对差异额的全额进行调查证实，而非仅针对超出可接受差异额的部分。 (5) 评估实质性分析程序的结果。	SA3
ABCD	3. 检查主营业务收入的确认与计量是否符合企业会计准则的规定。 主营业务收入确认的审计一般结合不同的销货方式及结算方式进行，例如： (1) 采用交款提货销售方式，注册会计师应着重检查被审计单位是否收到货款或取得收取货款权利，发票账单和提货单是否已交付购货单位。应注意有无扣压结算凭证，将当期收入转入下期入账，或者虚构收入记账，在下期予以冲销的现象。 (2) 采用预收款销售方式，应重点检查被审计单位是否收到了货款，商品是否已经发出。应注意是否存在对已收货款并已将商品发出的交易不入账、转为下期收入，或开具虚假出库凭证、虚增收入等现象。 (3) 采用托收承付结算方式，应重点检查被审计单位是否发货，托收手续是否办妥，货物发运凭证是否真实，托收承付结算回单是否正确。 (4) 销售合同明确采用递延方式收取货款，可能实质上具有融资性质的，应重点检查是否按照应收合同价的公允价值确定销售商品收入金额；应收合同价与其公允价值之间的差额，是否在合同期内采用实际利率法进行摊销，计入当期损益。 (5) 长期工程合同收入，应重点检查收入的计算、确认方法是否合乎规定，并核对应计收入与实际收入是否一致，注意查明有无随意确认收入、虚增或虚减本期收入的情况。	SA4
ACD	4. 以主营业务收入明细账为起点，抽取____笔交易记录，审查入账日期、品名、数量、单价、金额等是否与发票、发运凭证、销售合同、商品价目表等一致。(发生)	SA5
BCD	5. 抽取____张发运凭证，追查至销售发票和主营业务收入明细账，检查出库日期、品名、数量等是否与发票、销售合同、记账凭证等一致。(完整性)	SA6
AC	6. 结合对应收账款的审计，选择主要客户函证本期销售额。	SA7

续前表

审计目标	可供选择的实质性程序	索引号
D	7. 实施销售截止测试。 (1) 选取资产负债表日前后____天且金额大于____的发运凭证，与应收账款和收入明细账进行核对；同时，从应收账款和收入明细账选取在资产负债表日前后____天且金额大于____的凭证，与发运凭证核对，以确定销售是否存在跨期现象。 (2) 复核资产负债表日前后销售和发货水平，确定业务活动水平是否异常，并考虑是否有必要追加截止程序。 (3) 取得资产负债表日后所有的销售退回记录，检查是否存在提前确认收入的情况。 (4) 结合对资产负债表日应收账款的函证程序，检查有无未取得对方认可的大额销售。	SA8-1 SA8-2
A	8. 存在销货退回的，检查手续是否符合规定，结合原始销售凭证检查其会计处理是否正确，结合存货项目审计其真实性。	略
C	9. 检查销售折扣与折让。检查相关授权批准手续是否符合规定，会计处理是否正确，并结合存货项目审计其真实性。	略
ABCDE	10. 针对虚假销售做高利润的舞弊风险，采取非常规的审计程序应对。例如： (1) 调查被审计单位客户的工商登记资料和其他信息，了解客户是否真实存在，其业务范围是否支持其采购行为。 (2) 检查与已收款交易相关的收款记录及原始凭证，检查付款方是否为销售交易对应的客户。 (3) 考虑利用反舞弊专家的工作，对被审计单位和客户的关系及交易进行调查。	略
AC	11. 对于特定交易（例如售后回购、附有销售退回条款的销售、附有质量保证条款的销售、附加客户额外购买选择权的销售等），实施特定的审计程序。	略
（二）其他业务收入		
C	12. 获取或编制其他业务收入明细表，复核加计是否正确，并与总账数和明细账合计数核对是否相符，结合主营业务收入科目与营业收入报表数核对是否相符。	SA9
ABCDE	13. 检查原始凭证等相关资料，分析交易的实质，确定其是否符合收入确认的条件，并检查其会计处理是否正确。	略
D	14. 实施截止测试。	略
（三）列报		
F	15. 检查营业收入是否在财务报表中作出恰当列报。	略

案例 10－1

ABC 公司 2017 年的利润表中营业收入项目为 7 650 000 元，资产负债表中预收款项项目为 960 000 元，各种产品均适用 13%的增值税税率。审计工作底稿部分记录如下：

(1) 有一笔预收 G 公司 565 000 元的货款，甲产品已于 2017 年 11 月发出交给客户。

分析：该笔预收款项交易，货物已于 2017 年 11 月发出交给客户，产品的控制权转移，符合收入确认的条件，应当确认为销售收入。

审计调整分录为：

借：预收款项（预收账款） 565 000

贷：营业收入（主营业务收入——甲产品） 500 000

应交税费——应交增值税（销项税额） 65 000

（2）2017 年 12 月 5 日，ABC 公司与 H 公司签订了一项产品销售合同：产品的安装调试由 ABC 公司负责；合同签订日，H 公司预付货款的 40%，余款待安装调试完成并验收合格后结清，验收不合格 H 公司有权退货。2017 年 12 月 26 日，开具增值税专用发票注明价款 500 000 元，增值税额 65 000 元；12 月 28 日产品运抵 H 公司，并收到税款。该批产品成本为 380 000 元。至 2017 年 12 月 31 日，有关安装调试尚未开始。对于上述交易，ABC 公司在 2017 年确认了销售收入 500 000 元，增值税销项税额 65 000 元，并结转销售成本 380 000 元；对相关的应收账款未计提坏账准备。

分析：当产品的安装是合同的重要组成部分时，只有在安装调试完成并验收合格后，才表明客户取得了商品的控制权，因此，该项交易在发货时不符合收入确认条件，ABC 公司不应确认为销售收入。

审计调整分录为：

借：营业收入（主营业务收入） 500 000

贷：预收款项（预收账款） 200 000

应收账款 300 000

借：存货（发出商品） 380 000

贷：营业成本（主营业务成本） 380 000

（3）该公司 2017 年 6 月 1 日售出大型设备一套，合同约定从 2017 年起，分 5 年于每年末收取 1 000 万元，合计 5 000 万元，成本为 3 000 万元。6 月 1 日发出商品时开出增值税专用发票，注明增值税额为 650 万元，并于当天收到税款（应收合同价的公允价值为 4 000 万元，银行同期贷款利率为 7.935%）。该公司会计处理如下：

2017 年 1 月 1 日发出商品时：

借：存货（发出商品） 30 000 000

贷：库存商品 30 000 000

借：银行存款 6 500 000

贷：应交税费——应交增值税（销项税额） 6 500 000

2017 年 12 月 31 日收到第一期款项时：

借：银行存款 10 000 000

贷：营业收入（主营业务收入） 10 000 000

借：营业成本（主营业务成本） 6 000 000

贷：存货（发出商品） 6 000 000

分析：该项销售实质上具有融资性质，应在发出商品时按照应收合同价的公允价值（现值）确定销售商品收入金额。应收的合同价与其公允价值之间的差额，应在合同期内采用实际利率法进行摊销，计入当期损益。审计调整分录如下：

借：长期应收款　40 000 000
　贷：营业收入（主营业务收入）　30 000 000
　　长期应收款（未实现融资收益）　6 032 500
　　财务费用　3 967 500
借：营业成本（主营业务成本）　24 000 000
　贷：存货（发出商品）　24 000 000

第 5 节　应收账款审计

一、审计目标与认定对应关系表（见表 10-8）

表 10-8　　审计目标与认定对应关系表

审计目标	财务报表认定				
	存在	完整性	权利与义务	计价与分摊	列报
A. 资产负债表中记录的应收账款是否存在。	√				
B. 所有应当记录的应收账款是否均已记录。		√			
C. 记录的应收账款是否由被审计单位拥有或控制。			√		
D. 应收账款是否以恰当的金额包括在财务报表中，与之相关的计价调整是否已恰当记录。				√	
E. 应收账款是否已在财务报表中作出恰当列报。					√

二、审计目标与审计程序对应关系表（表 10-9）

表 10-9　　审计目标与审计程序对应关系表

审计目标	可供选择的审计程序	索引号
D	1. 获取或编制应收账款明细表。 (1) 复核加计是否正确，并与总账数和明细账合计数核对是否相符；结合坏账准备科目与报表数核对是否相符。 (2) 检查非记账本位币应收账款的折算汇率及折算是否正确。 (3) 分析有贷方余额的项目，查明原因，必要时作重分类调整。 (4) 结合其他应收款、预收账款等往来项目的明细余额，调查有无同一客户多处挂账、异常余额或与销售无关的其他款项（如，代销账户、关联方账户或职工账户）。必要时作调整。 (5) 标识重要的欠款单位，计算其欠款合计数占应收账款余额的比例。	ZD2

续前表

审计目标	可供选择的审计程序	索引号
ABD	2. 分析涉及应收账款的相关财务指标。 (1) 复核应收账款借方累计发生额与主营业务收入是否配比，并将当期应收账款借方发生额占销售收入净额的百分比与管理层考核指标和被审计单位相关赊销政策比较，如存在异常查明原因。 (2) 计算应收账款周转率、应收账款周转天数等指标，并结合相关赊销政策，与被审计单位以前年度指标、同行业同期相关指标对比，分析是否存在重大异常并查明原因。	略
D	3. 获取或编制应收账款账龄分析表（分析应收账款的账龄，以便了解应收账款的可收回性、坏账准备计提的充分性）。 (1) 测试计算的准确性，将加总数与应收账款总分类账余额相比较，并调查重大调节项目。 (2) 从账龄分析表中抽取样本，追查至相关原始凭证，如销售发票、发运凭证、运输记录等，测试账龄的准确性。 (3) 请被审计单位在应收账款明细表上标出至审计时已收回的应收账款金额，对已收回金额较大的款项进行常规检查，如核对收款凭证、银行对账单、销货发票等，注意发生日期的合理性，分析收款时间是否与合同相关要素一致。 [在实务中通常将账龄分析表与应收账款明细表合二为一。]	ZD2
AC	4. 对应收账款进行函证。 (1) 确定函证范围（样本量）。除非有充分证据表明应收账款对财务报表不重要或函证很可能无效（如注册会计师可能基于以前年度的审计经验，认为被询证者很可能不回函或即使回函也不可信），否则必须对应收账款实施函证。如果不对应收账款进行函证，应在工作底稿中说明理由。 对函证范围方向性的确定可以考虑以下几个因素： ①应收账款在全部资产中的重要性。若应收账款在全部资产中所占的比重较大，则函证的范围相应大一些。 ②被审计单位内部控制的有效性。若内部控制较有效，则可以相应减少函证量。 ③以前期间的函证结果。若以前期间函证中发现过重大差异，或欠款纠纷较多，意味着重大错报风险较高，则函证范围相应扩大一些。 具体的函证样本量可以运用抽样方法来确定（详见第 9 章）。 (2) 选取函证项目。一般选择以下项目：大额或账龄较长的项目；与债务人发生纠纷的项目；关联方项目；主要客户（包括关系密切的客户）；可能产生重大错误或舞弊的非正常的项目。 (3) 对函证实施过程进行控制。核对询证函是否由注册会计师直接收发；被询证者以传真、电子邮件等方式回函的，应要求被询证者寄回询证函原件；如果未能收到积极式函证回函，应当考虑与被询证者联系，要求对方作出回应或再次寄发询证函。 (4) 编制应收账款函证结果汇总表，对函证结果进行评价。核对回函内容与被审计单位账面记录是否一致，如不一致，分析不符事项的原因，检查销售合同、发运凭证等相关原始单据，分析被审计单位对于回函与账面记录之间差异的解释是否合理，编制应收账款函证结果调节表，并检查支持性凭证；如果不符事项构成错报，应重新考虑所实施审计程序的性质、时间安排和范围。 (5) 针对最终未回函的账户实施替代审计程序。 ①检查与销售有关的记录与文件，如销售合同、顾客订单、销售发票及发运凭证等证明销售交易确实已经发生的证据。	ZD3 ZD4 ZD5 ZD6

续前表

审计目标	可供选择的审计程序	索引号
	②检查应收账款日后收款的记录与凭证，如银行进账单、回款单据、银行存款日记账等。 ③检查被审计单位与客户之间的函电记录，也有助于发现销售交易是否真实发生，双方是否存在争议。 ④询问被审计单位有关部门等。	
A	5. 对未函证的应收账款（比如认为函证很可能无效或者管理层不允许函证）实施替代审计程序。	ZD6
D	6. 检查坏账准备计提的适当性。 （1）取得或编制坏账准备计算表，复核加计正确，与坏账准备总账数、明细账合计数核对相符。将应收账款坏账准备本期计提数与资产减值损失相应明细项目的发生额核对相符。 （2）检查应收账款坏账准备计提和核销的批准程序，取得书面报告等证明文件，评价计提坏账准备所依据的资料、假设及方法；复核应收账款坏账准备是否按经股东（大）会或董事会批准的既定方法和比例提取，其计算和会计处理是否正确。 （3）实际发生坏账损失的，检查转销依据是否符合有关规定，会计处理是否正确。 （4）已经确认并转销的坏账重新收回的，检查其会计处理是否正确。 （5）通过比较前期坏账准备计提数和实际发生数，以及检查期后事项，评价应收账款坏账准备计提的合理性。	ZD7
D	7. 检查应收账款中是否存在债务人破产或者死亡，以其破产财产或者遗产清偿后仍无法收回，或者债务人长期未履行偿债义务的情况，如果是，应提请被审计单位处理。	略
C	8. 检查银行存款和银行贷款等询证函的回函、会议纪要、借款协议和其他文件，确定应收账款是否已被质押或出售。	略
E	9. 检查应收账款是否已按照企业会计准则的规定在财务报表中作出恰当列报。	略

【知识链接】
询证函参考格式

【知识链接】
应收账款函证不符事项的原因分析

【知识链接】
应收账款函证结果汇总表

案例 10－2

ABC 公司 2018 年 12 月 31 日的资产负债表应收账款数额为 1 584 000 元，与应收账款总账余额减去坏账准备相应明细账余额后的差额相符，应收账款总账余额为 1 600 000 元，应收账款的坏账准备余额为 16 000 元。应收账款 Z 公司明细账有贷方余额 180 000 元，经查系 Z 公司的预付货款，尚未履行供货合同。ABC 公司按应收账款总账余额的 1%计提坏账准备。

分析：(1) 应收账款明细账的贷方余额反映企业预收的账款，属于负债。注册会计师应提请该公司进行重分类调整。坏账准备应按应收账款明细账借方余额合计的1%计提。审计调整分录为：

借：应收账款——Z公司　　180 000

　贷：预收款项（预收账款——Z公司）　　180 000

(2) 坏账准备应按应收账款明细账借方余额合计的1%计提。

借：资产减值损失　　1 800

　贷：应收账款（坏账准备）　　1 800

案例10-3

ABC公司采用应收款项余额百分比法计提坏账准备，确定的比例为2%。年末应收账款明细账借方余额为750万元，预收账款明细账借方余额为350万元，坏账准备期初余额为20万元，本期发生坏账损失30万元，本期收回前期已核销的坏账15万元。期末应收账款中应收Z公司货款60万元，有确凿证据表明只能收回30%。ABC公司年末计提了10万元的坏账准备。

分析：ABC公司计提的坏账准备不恰当。按规定，企业应按照应收账款和预收账款明细账的借方余额合计计提坏账准备。应收Z公司货款60万元有确凿证据表明只能收回30%，应采用个别认定法计提坏账准备。建议ABC公司进行调整。

调整前坏账准备账户余额：20－30＋15＋10＝15(万元)［贷方］

补提坏账准备：(750＋350－60)×2%＋60×(1－30%)－15＝47.8（万元）

审计调整分录为：

借：资产减值损失　　478 000

　贷：应收账款（坏账准备）　　478 000

实训

【知识链接】
销售与收款循环相关项目审计

一、判断题

1. 无论被审计单位采用何种方式销售商品，注册会计师都不应认可其在没有收到货款的情况下确认主营业务收入。（　　）

2. 应收账款的询证函应由被审计单位签章并寄发。（　　）

3. 销售发票是营业收入的主要支持性凭证，因此审计时对其采用详查法进行检查。（　　）

4. 注册会计师应当对应收账款实施函证，除非有充分证据表明应收账款对财务报

表不重要，或函证很可能无效。（　）

5. 对销售单、发运凭证等重要原始凭证预先连续编号。注册会计师不应认为这项控制设计合理。（　）

6. 分析应收账款的账龄，可以了解应收账款的可收回性，但无助于确定坏账准备计提是否充分。（　）

7. 对主营业务收入实施截止测试，其目的主要在于确定主营业务收入的会计记录归属期是否正确。（　）

8. 如果对应收账款实施函证不能获取充分、适当的审计证据，注册会计师应当实施替代审计程序。（　）

9. 由于收入确认的特殊性，中国注册会计师审计准则要求注册会计师作出收入确认存在舞弊风险的假定。（　）

10. 对于未曾发货却将销货交易登记入账的情况，注册会计师可以从主营业务收入明细账中抽取几笔，追查有无发运凭证及其他凭证。（　）

二、单项选择题

1. 应收账款实施函证的时间通常为（　）。

A. 被审计年度期初　　B. 被审计年度期中
C. 与资产负债表日接近的时间　　D. 在资产负债表日后适当时间

2. 针对已销售商品可能未实际发运给客户导致收入发生认定存在重大错报风险，可能实施的控制测试有（　）。

A. 检查发运凭证上客户的签名，作为收货的证据
B. 检查系统销售入账记录的生成逻辑，对手工调节项目进行检查，并调查原因是否合理
C. 检查客户质询信件并确定问题是否已得到解决
D. 检查应收账款客户主文档中明细余额汇总金额的调节结果与应收账款总分类账是否核对相符，以及负责该项工作的员工签名

3. 注册会计师检查销售发票时，不需要核对的项目有（　）。

A. 相关的销售单　　B. 相关的顾客订单
C. 相关的货运文件　　D. 有关往来函件

4. 注册会计师执行应收账款函证程序的主要目的是（　）。

A. 符合专业标准的要求　　B. 确定应收账款能否收回
C. 确定应收账款的存在　　D. 确定计提的坏账损失是否适当

5. 销售与收款循环所涉及的财务报表项目不包括（　）。

A. 销售费用　　B. 营业收入
C. 应交税费　　D. 所得税费用

6. 对主营业务收入执行实质性分析程序，如果收入预期值与预算数（或上期数）的差异额超过可接受的差异额，则需要针对（　）展开调查并获取充分的解释和恰当

的佐证审计证据。

A. 可接受的差异额　　B. 差异额的全额

C. 仅针对超出可接受差异额的部分　　D. 收入的预期值

7. 如果应收账款账龄分析表是由被审计单位提供，下列说法不正确的有（　　）。

A. 弃之不用，重新独立编制

B. 复核其中的计算是否有误

C. 将分析表中的合计数与应收账款总账的余额核对

D. 从分析表所列项目中抽出样本与应收账款明细账余额核对

8. 审查应收账款的最重要的实质性程序应是（　　）。

A. 函证　　B. 询问　　C. 观察　　D. 分析程序

9. 应收账款询证函的寄发应当由（　　）完成。

A. 被审计单位的信用部门　　B. 被审计单位的会计机构

C. 注册会计师　　D. 被审计单位的律师

10. 应收账款询证函的签章应当是（　　）的章。

A. 被审计单位　　B. 会计师事务所

C. 注册会计师　　D. 被审计单位的律师

三、多项选择题

1. 下列情形中，表明收入确认方面存在舞弊风险迹象的有（　　）。

A. 未经客户同意，在销售合同约定的发货期之前发送商品

B. 未经客户同意，将商品运送到销售合同约定地点以外的其他地点

C. 被审计单位的销售记录表明，已将商品发往外部仓库或货运代理人，却未指明何客户

D. 销售合同上加盖的公章并不属于合同所指定的客户，在接近期末时发生了大量或大额的交易

2. 关于应收账款函证的询证函的回收，下列表述中不正确的是（　　）。

A. 直接寄给被审计单位

B. 直接寄给会计师事务所

C. 寄给被审计单位或会计师事务所均可

D. 直接寄给被审计单位，由其转交会计师事务所

3. 注册会计师通过实施下列分析程序（　　），可能识别出销售与收款循环中存在的异常关系或异常变动趋势，评估重大错报风险。

A. 将本期销售收入金额与以前可比期间的对应数据或预算数进行比较

B. 分析月度或季度销售量变动趋势

C. 将销售收入变动幅度与销售商品及提供劳务收到的现金、应收账款、存货、税金等项目的变动幅度进行比较

D. 将销售毛利率、应收账款周转率、存货周转率等关键财务指标与可比期间数

据、预算数或同行业其他企业数据进行比较

4. 注册会计师对函证实施过程进行控制应当采取的措施包括（　　）。

A. 将询证函中列示的账户余额或其他信息与被审计单位有关资料核对

B. 将被询证者的名称、地址与被审计单位有关记录核对

C. 在询证函中指明直接向会计师事务所回函

D. 询证函经被审计单位盖章后，由注册会计师直接发出

5. 为了证实已发生的销售交易是否均已登记入账，无效的做法是（　　）。

A. 只审查有关原始凭证

B. 只审查主营业务收入明细账

C. 由主营业务收入明细账追查至有关原始凭证

D. 由有关的原始凭证追查至主营业务收入明细账

6. 注册会计师应选择（　　）作为应收账款的函证对象。

A. 账龄较长的项目　　B. 重大关联方交易

C. 可能存在争议的交易　　D. 金额较大的项目

7. 实施销售截止测试的三种方法是（　　）。

A. 以账簿记录为起点，追查至发票存根与发运凭证

B. 以销售发票为起点，追查至发运凭证与账簿记录

C. 以发运凭证为起点，追查至发票开具情况与账簿记录

D. 以顾客订单为起点，追查至发运凭证

8. 对应收账款而言，登记入账的时间不同而产生的不符事项主要表现为（　　）。

A. 询证函发出时，债务人已经付款，而被审计单位尚未收到货款

B. 询证函发出时，被审计单位的货物已发出并已做销售记录，但货物仍在途中，债务人尚未收到货物

C. 债务人由于某种原因将货物退回，而被审计单位尚未收到

D. 债务人对收到的货物的数量、质量及价格等有异议而全部或部分拒付货款

9. 注册会计师可实施应收账款函证的替代程序有（　　）。

A. 检查销售合同、顾客订单、销售发票及发运凭证等记录与文件

B. 检查应收账款日后收款的记录与凭证，如银行进账单

C. 检查被审计单位与客户之间的函电记录

D. 询问应收账款记账人员

10. 销售与收款循环所涉及的主要凭证和会计记录有（　　）。

A. 顾客订单　　B. 销售单　　C. 发运凭证　　D. 销售发票

四、案例分析题

1. 注册会计师对 ABC 公司 2018 年度财务报表进行审计。ABC 公司 2018 年 12 月 18 日与 A 公司签订销售合同，出售一批商品（成本 300 万元），价款 600 万元，发货时收取 50%价款，余款分 3 个月从 2019 年 1 月起于每月末收取。12 月 23 日发货时开出

增值税专用发票（注明增值税额为 96 万元），并于当天收到税款和 50%的价款。该公司主管会计认为，分期收款发出商品应按合同约定的收款日期确认收入。该公司坏账准备按照应收账款余额 10%计提。2018 年 12 月 28 日发出商品时该公司的会计处理如下：

借：银行存款	3 960 000	
贷：主营业务收入		3 000 000
应交税费——应交增值税（销项税额）		960 000
借：主营业务成本	1 500 000	
发出商品	1 500 000	
贷：库存商品		3 000 000

要求：分析注册会计师能否同意该公司的做法，说明理由。如果不同意，请编制审计调整分录。

2. 注册会计师对 ABC 公司 2018 年度财务报表进行审计。ABC 公司 2018 年 12 月 15 日向 A 企业售出一批商品，开出的增值税专用发票上注明价款 100 万元，增值税额为 16 万元，该批商品成本 80 万元，12 月 15 日发出商品，并于当天收到全部价税款。协议约定 A 企业于 2019 年 3 月 15 日前有权退回商品，ABC 公司无法合理估计该批商品的退货率。2018 年 12 月 15 日发出商品时该公司的会计处理如下：

借：银行存款	1 160 000	
贷：主营业务收入		1 000 000
应交税费——应交增值税（销项税额）		160 000
借：主营业务成本	800 000	
贷：库存商品		800 000

要求：分析注册会计师能否同意该公司的做法，说明理由。如果不同意，请编制审计调整分录。

3. 注册会计师对 ABC 公司 2018 年度财务报表进行审计。注册会计师了解和测试了与应收账款相关的内部控制，并将控制风险评估为高水平。注册会计师取得了 2018 年 12 月 31 日的应收账款明细表，并于 2019 年 1 月 15 日采用积极函证方式对所有重要客户寄发了询证函。与函证结果相关的重要异常情况如表 10－10 所示。

表 10－10　　与函证结果相关的重要异常情况汇总表

异常情况	函证编号	客户名称	询证金额（元）	回函日期	回函内容
（1）	22	甲公司	300 000	2019 年 1 月 22 日	购买 ABC 公司 300 000 元货物属实，但款项已于 2018 年 12 月 25 日用支票支付。
（2）	56	乙公司	500 000	2019 年 1 月 19 日	因产品质量不符合要求，根据购货合同，于 2018 年 12 月 28 日将货物退回。

续前表

异常情况	函证编号	客户名称	询证金额（元）	回函日期	回函内容
(3)	64	丙公司	640 000	2019 年 1 月 19 日	2018 年 12 月 10 日收到 ABC 公司委托本公司代销的货物 640 000 元，尚未销售。
(4)	82	丁公司	900 000	2019 年 1 月 18 日	分期付款购货 900 000 元，根据购货合同，已于 2018 年 12 月 25 日首付 300 000 元。
(5)	134	戊公司	600 000	因地址错误，被邮局退回	—
(6)	161	己公司	580 000	2019 年 1 月 20 日	本公司会计处理系统无法复核贵公司的对账单。
(7)	168	庚公司	800 000	2019 年 1 月 17 日	大体一致。
(8)	189	辛公司	550 000	2019 年 1 月 21 日	贵公司 12 月 30 日的第 585 号发票（金额为 550 000 元）系目的地交货，本公司收货日期为 2019 年 1 月 6 日，因此询证函所称 12 月 31 日欠贵公司账款之事与事实不符。

要求：针对顾客复函中提出的意见，注册会计师应当如何应对？

4. 注册会计师对 ABC 公司 2018 年度财务报表进行审计，该公司提供了以下资料和信息。

（1）公司坏账准备按账龄分析法计提。坏账准备计提比例见表 10－11。

表 10－11　　坏账准备计提比例表

1 年以内（含 1 年）	1～2 年（含 2 年）	2～3 年（含 3 年）	3 年以上
5‰	1%	10%	20%

（2）资产负债表中应收账款项目的年末数为 278.6 万元。

（3）2018 年 12 月 31 日应收账款明细账借方余额合计数为 400 万元，贷方余额合计数为 80 万元。

（4）坏账准备——应收账款明细账贷方余额为 41.4 万元。

（5）2018 年 12 月 31 日应收账款余额账龄分析表如表 10－12 所示。

表 10－12　　应收账款账龄分析表　　单位：万元

顾客名称	期末余额	账龄			
		1 年以内	1～2 年	2～3 年	3 年以上
A	120	120			
B	50				
C	100		50		
D	130			100	

续前表

顾客名称	期末余额	账龄			
		1年以内	1～2年	2～3年	3年以上
E	－80	－80			130
合计	320	40	50	100	130

假定应收账款账龄划分无误。

要求： 分析该公司坏账准备计提是否正确，资产负债表中应收账款项目列报是否正确。

第11章

采购与付款循环审计

引导案例

采购与付款循环风险评估与应对

甲公司是ABC会计师事务所的常年审计客户，主要从事日用消费品的生产和销售，生产与销售情况比较稳定。X注册会计师负责审计甲公司2018年度财务报表。

X注册会计师了解到以下情况：

2018年，甲公司主要原材料的市场价格上涨。据此，X注册会计师分析应付账款应有所增加。

2017年12月31日，甲公司采购的金额为800万元的原材料已入库，但因未收到供应商发票，未确认应付账款。X注册会计师在审计甲公司2017年度财务报表时，提出了相应的审计调整建议，甲公司予以采纳。据此，X注册会计师分析，上年审计中出现了低估应付账款的错报，2018年可能重复出现类似错报。

X注册会计师获取甲公司的财务数据如下：

项目	2018年未审数（万元）	2017年已审数（万元）
存货——原材料	7 500	7 700
应付账款	5 000	5 300

2018年末原材料与应付账款的余额均低于2017年末已审数，在生产销售较稳定而原材料市场价格上涨的情况下，显然不合理。因此，X注册会计师得出结论：2018年存在低估应付账款的重大错报风险，与存货（完整性）、应付账款（完整性）相关。

X注册会计师针对评估的重大错报风险，拟实施的控制测试和实质性程序如下：

（1）从2018年应付账款明细账贷方发生额中选取10笔采购交易，测试订购单、入库验收单、购货发票核对控制的运行是否有效，并检查订购单是否得到适当的批准。

（2）获取2018年12月和2019年1月的原材料入库记录，抽样检查相关的应付账款是否计入正确的期间。

思考： X注册会计师对重大错报风险的识别与评估是否合理，实施的审计程序是否适当？

第1节　采购与付款循环内部控制的了解与评价

一、了解重要交易类别与交易流程

（一）重要交易类别

在采购与付款循环中，采购和付款通常都是重要交易类别，应付账款和存货（材料采购、材料成本差异或在途物资）一般被确定为重大账户。

【知识链接】
采购与付款循环信息概述

（二）交易流程

1. 采购交易流程

（1）制定采购计划。基于企业的生产经营计划，生产、仓库等部门定期编制采购计划，经审批后提交采购部门安排商品及服务采购。

（2）供应商认证及信息维护。对供应商进行资质等审核，将通过审核的供应商信息录入系统，形成完整的供应商清单，并及时对其信息变更进行更新。采购部门只能向通过审核的供应商采购。

（3）请购商品和劳务。仓库负责对需要购买的已列入存货清单的项目填写请购单，产品设计、制造或资产使用部门也可以对需要采购的未列入存货清单的项目编制请购单。请购单可由手工或计算机编制，由于企业内不少部门都可能填写请购单，因此一般不便预先编号。

（4）编制订购单。采购部门在收到请购单后，只能对经过批准的请购单编制并发出订购单。订购单应正确填写所购商品品名、数量、价格、厂商名称和地址，预先予以编号并由被授权的采购人员签名。

（5）验收商品。验收部门首先应比较所收商品与订购单上的要求是否相符，然后盘点商品并检查商品质量。验收后，验收部门应对已收货的每张订购单编制一式多联、预先编号的验收单。

（6）储存已验收的商品。将已验收的商品入库保管。存放商品的仓储区应相对独立，限制无关人员接近。

（7）编制付款凭单。在记录采购交易之前，付款凭单部门应根据订购单、购货发票、验收入库单编制预先编号的付款凭单。付款凭单须经适当批准。

（8）记录购货与负债。正确、及时地记录已发生的购货和已接受的劳务交易及相应负债。

2. 付款交易流程

（1）办理付款。通常由付款凭单部门负责确定未付凭单的到期日并付款，已付款的付款凭单应打孔或加盖付讫章，注销后单独保存。

（2）记录款项支出。以企业采用支票结算方式为例，会计部门应根据已签发的支票编制付款记账凭证，并据以登记银行存款日记账及其他相关账簿。

（三）了解的程序

了解的程序包括检查被审计单位相关控制手册和其他书面指引，询问各部门的相关人员，观察操作流程等。例如：注册会计师可以询问采购部门的人员，了解采购流程；也可以询问仓库人员，了解入库的流程；还可以询问会计部门的人员，了解有关账务处理流程。注册会计师可以利用文字表述、流程图等方式把了解到的情况记录下来。

二、确定可能发生错报的环节

注册会计师需要确认和了解采购与付款循环的错报在什么环节发生，即确定被审计单位应在哪些环节设置控制，以防止或发现并纠正各重要交易流程可能发生的错报。部分在采购与付款循环中可能发生错报的环节如表 11－1 所示。

表 11－1　　　　采购与付款循环可能发生错报的环节

交易流程	可能的错报
请购商品和劳务	可能请购过多的商品
编制订购单	可能有未授权的采购
验收商品	（1）可能收到未订购的商品 （2）收到商品的品种、数量、质量可能不符合要求
存储已验收的商品	商品可能被盗走
编制付款凭单	可能对未订购的商品或未收到的商品编制付款凭单
记录购货与负债	付款凭单可能未入账、未及时入账以及未记入恰当账户
支付负债	（1）可能对一张付款凭单重复付款 （2）支票金额可能开错
记录现金支出	（1）支票可能未入账 （2）记录支票时可能出错

三、识别和了解相关控制

注册会计师应当在必要时了解采购与付款循环相关内部控制，尤其要注意可能发生错报的环节的关键控制的状况，并以文字表述、调查表、流程图的方式或几种方式相结合进行记录。

四、穿行测试

注册会计师应当选择一笔或几笔采购与付款交易进行穿行测试。例如，针对采购交易，追踪从请购单的处理、编制订购单、验收商品并储存、编制付款凭单、记录购货与负债、生成记账凭证，到过账至应付账款明细账和总账的整个交易流程，考虑之前对交易流程和相关控制的了解是否准确和完整，并确定相关控制是否得到执行。采购与付款循环穿行测试如表 11－2 所示。

表 11－2　　　　采购与付款循环——采购交易穿行测试

测试目标：验证之前对采购交易流程和相关控制的了解是否准确和完整，并确定相关控制是否得到执行。

样本序号	业务内容	金额	凭证编号	测试内容	测试结果
1	采购人工石墨，款未付	100 000.00	记 055	标识 1：不相容职务已分开设置并得到执行（审批、请购、采购、记账、付款）	执行
				标识 2：采购计划经过适当审批	执行
				标识 3：采购订单与有效请购单核对相符	执行
				标识 4：采购发票、验收单与采购订单相符	执行
				标识 5：供应商发票所载内容与采购订单、验收单的内容相符	执行
				标识 6：做出正确的会计处理（记入存货借方和应付账款贷方）	执行

穿行测试说明：

从采购交易中随机抽取一笔金额比较大的采购业务并追踪。

- 获得采购申请的截屏，上面显示已由采购科长、采购部长批准。
- 获得采购合同，核对了主要条款，包括数量、技术标准、付款条件、价格，并和采购申请汇总表核对一致；检查授权签名（胡某、周某、陈某和盛某）及公章。
- 材料到货后需要由质检部检查通过后才能入库，从 SAP 系统里截取了质检部通过的截屏。
- 获得相关的入库单，与合同、发票、订单的数量等核对一致，价格和合同核对一致，检查了仓库的签名，以及采购部主管顾某的签名。
- 会计根据发票、入库单、合同等编制凭证，凭证由财务部经理施某审核批准。

发票日期及号码	2018 年 11 月 15 日 No 3500003965
入库单日期及号码	2018 年 12 月 18 日 No 5000201927
合同日期及号码	2018 年 11 月 3 日 No 801112K
凭证号及日期	记 055，2018 年 11 月 22 日
业务内容	采购人工石墨，款未付
发票内容	采购人工石墨款
交易数量及交易金额	10 吨 100 000.00 元

测试结论：

1. 我们追踪了采购交易在财务报告信息系统中的处理过程，证实了我们对前一阶段重要交易流程和可能发生错报的环节的了解是准确和完整的。
2. 我们了解到的相关控制得到执行。

五、初步评价内部控制

注册会计师通过了解采购与付款循环的内部控制，对相关控制的设计和是否得到执行进行评价。

第 2 节 采购与付款循环的重大错报风险评估与应对

一、实施风险评估程序

注册会计师可以通过审阅以前年度审计工作底稿、观察内部控制执行情况、询问管理层和员工、检查相关的文件和资料等方法了解被审计单位及其环境，了解相关内部控制，以评估采购与付款循环存在的重大错报风险。

二、采购与付款循环存在的重大错报风险

1. 低估负债与费用

在承受反映较高盈利水平和营运资本的压力下，被审计单位管理层可能试图低估应付账款等负债，低估费用。

（1）遗漏交易。例如，不记录已收取货物但尚未收到发票的与采购相关的负债或不记录尚未付款的已经购买的服务支出等。

（2）采用不正确的费用支出截止日期。例如，将本期的支出延迟到下期确认。

（3）将费用性支出资本化，然后通过资产的逐步摊销予以消化等。这些将对完整性、截止、发生、存在、准确性和分类认定产生影响。

2. 管理层错报负债、费用支出的偏好和动因

被审计单位管理层可能为了完成预算、满足业绩考核要求、融资、吸引潜在投资者、影响公司股价等，调节负债和费用的确认与计量，从而操纵利润。

（1）平滑利润。例如，通过多计减值准备或少计减值准备，把利润控制在被审计单位管理层希望的水平。

（2）利用特别目的实体制造表外负债，或利用关联方间的费用定价优势制造虚假的收益增长趋势。

（3）管理层把私人费用计入企业费用。

3. 费用支出的复杂性

例如，被审计单位以复杂的交易安排购买一定期间的多种服务，管理层对于涉及的服务受益与付款安排的复杂性缺乏足够的了解，可能导致费用支出分配或计提的错误。

4. 不正确地记录存货采购成本

例如，未能将诸如运费、保险费和税费等与存货相关的费用进行正确分摊的风险。

5. 舞弊和盗窃的风险

例如，被审计单位经营大型零售业务，由于所采购商品和固定资产的数量及支付的款项庞大，交易复杂，容易造成商品发运错误，员工和客户发生舞弊和盗窃的风险较高。如果那些负责付款的会计人员有权接触应付账款主文档，并能够通过在应付账款主文档中擅自添加新的账户来虚构采购交易，风险也会增加。

6. 权利与义务未恰当记录或列报

这可能导致资产负债表分类错误以及财务报表附注披露不正确或不充分。

三、设计进一步审计程序的总体方案

注册会计师根据采购与付款循环认定层次重大错报风险的评估结果，设计进一步审计程序的总体方案，决定采用综合性方案还是实质性方案，继而编制具体审计计划，设计控制测试和实质性程序的性质、时间安排和范围，以应对识别出的认定层次重大错报风险。假定评估应付账款为重要账户，且相关认定包括存在/发生、完整性、准确性及截止，注册会计师计划的采购与付款循环进一步审计程序总体方案的示例如表 11-3 所示。

表 11-3　　采购与付款循环进一步审计程序总体方案示例

重大错报风险描述	相关财务报表项目及认定	风险程度	是否依赖控制	进一步审计程序的总体方案	拟从控制测试中获取的保证程度	拟从实质性程序中获取的保证程度
确认的负债及费用未真实发生	应付账款/其他应付款：存在 管理费用/销售费用：发生	中	是	综合性方案	高	中
采购记录可能不完整	应付账款/其他应付款：完整性 管理费用/销售费用：完整性	特别风险	是	综合性方案	高	低
费用支出未计入正确的期间	管理费用/销售费用：截止 应付账款/其他应付款：截止	低	否	实质性方案	无	高
采购交易未能得到准确记录	应付账款/其他应付款：准确性 管理费用/销售费用：准确性	中	是	综合性方案	高	低

第3节　采购与付款循环的控制测试

采购与付款循环针对关键控制的控制测试见表 11-4（注册会计师根据被审计单位的实际情况选择实施）。

表 11-4　　采购与付款循环关键控制的控制测试一览表

风险点	相关的报表项目及认定	自动控制	人工控制	控制测试
制订采购计划				
采购计划未经适当审批	存货：存在 其他费用：发生 应付账款：存在		生产、仓储等部门根据生产计划制定需求计划，采购部门汇总需求，按采购类型制定采购计划，经复核人复核后执行。	询问复核人复核采购计划的过程，检查采购计划是否经复核人恰当复核。
供应商认证及信息维护				
新增供应商或供应商信息变更未经恰当的认证	存货：存在 其他费用：发生 应付账款：存在	采购订单上的供应商代码必须在系统供应商清单中存在匹配的代码，才能生效并发送供应商。	复核人复核并批准每一对供应商数据的变更请求，包括供应商地址或银行账户的变更以及新增供应商等。复核时，评估拟进行的供应商数据变更能否得到合适文件的支持，诸如由供应商提供的新地址或银行账户明细或经批准新供应商的授权表格。当复核完成且复核人提出的问题或要求的修改已经得到满意的解决后，复核人在系统中确认复核完成。	询问复核人复核供应商数据变更请求的过程，抽样检查变更需求是否有相关文件支持及有复核人的复核确认。检查系统中采购订单的生成逻辑，确认是否存在供应商代码匹配的要求。
录入系统的供应商数据可能未经恰当复核	存货：存在 其他费用：发生 应付账款/其他应付款：存在	系统定期生成对供应商信息所有新增变更的报告（包括新增供应商、更改银行账户等）。	复核人员定期复核系统生成报告中的项目是否均经恰当授权，当复核工作完成或要求的修改得到满意解决后签字确认复核工作完成。	检查系统报告的生成逻辑及完整性。询问复核人对报告的检查过程，确认其是否签署。
订购商品或劳务				
采购订单与有效的请购单不符	存货：存在、准确性 其他费用：发生、准确性 应付账款/其他应付款：存在、准确性		复核人复核并批准每一个采购订单，包括复核采购订单是否有经适当权限人员签署的请购单支持。复核人确认采购订单的价格与供应商协商一致且该供应商已通过审批。当复核完成且复核人提出的问题或要求的修改已经得到满意的解决后，签署确认复核完成。	询问复核人复核采购订单的过程，包括复核人提出的问题及其跟进记录。抽样检查采购订单是否有对应的请购单及复核人签署确认。
订单未被录入系统或在系统中重复录入	存货：存在、完整性 其他费用：发生、完整性 应付账款/其他应付款：存在、完整性	系统每月末生成列明跳码或重码的采购订单的例外报告。	复核人定期复核列明重码或跳码的采购订单编号的例外报告，以确定是否有遗漏、重复的记录。该复核确定所有采购订单是否都输入系统，且仅输入了一次。	检查系统例外报告的生成逻辑。询问复核人对例外报告的检查过程，确认发现的问题是否及时得到了跟进处理。

续前表

风险点	相关的报表项目及认定	自动控制	人工控制	控制测试
验收与存储				
接收了缺乏有效采购订单或未经验收的商品	应付账款：存在、完整性 存货：存在、完整性 其他费用：发生、完整性	入库确认后，系统生成连续编号的入库单。	库管员只有完成以下程序后，才能在系统中确认商品入库：①检查是否存在有效的采购订单；②检查是否存在有效的验收单；③检查收到的货物的数量是否与发货一致。	检查系统入库单编号的连续性。询问库管员的收货过程，抽样检查入库单是否有对应一致的采购订单及验收单。
记录采购与应付账款				
临近会计期末的采购未被记录在正确的会计期间	应付账款：完整性 存货/其他费用：完整性	系统每月末生成列明跳码或重码的入库单的例外报告。	复核人复核系统生成的例外报告，检查是否有遗漏、重复的入库单。当复核完成且复核人提出的问题或要求的修改已经得到满意的解决后，签署确认复核已经完成。	检查系统例外报告的生成逻辑。询问复核人对例外报告的检查过程，确认发现的问题是否及时得到了跟进处理。
	应付账款：存在、完整性 存货：存在、完整性 其他费用：发生、完整性	系统每月末生成包含所有已收货但相关发票未录入系统货物信息的例外报告。	复核人复核该例外报告中的项目，确定采购是否被记录在正确的期间以及负债计提是否有效。当复核完成且复核人提出的问题或要求的修改已经得到满意的解决后，签署确认复核已经完成。	检查系统例外报告的生成逻辑。询问复核人对报告的复核过程，核对报告中的采购是否计提了相应负债，检查复核人的签署确认。
发票未被正确编码，导致在成本或费用之间的错误分类	存货：完整性、准确性 其他费用：完整性、分类 应付账款：存在、完整性	系统自动将相关的发票归集入对应的总分类账费用科目。	每张发票开具前均经复核人复核并批准，复核人评估正确的总分类账代码是否被应用到该项目。	询问复核人对发票编号/总分类代码的复核过程，抽样检查相关发票是否被恰当分类到相关费用。
	费用/成本：完整性、准确性 应付账款：完整性、计价与分摊		定期编制所选定关键绩效指标（例如，分成本中心/部门的费用、费用占收入的比例等）与管理层预期（包括以前期间或预算等信息）相比较的报告，复核人识别关键绩效指标与预期之间差异的相关问题（例如波动、例外或异常调整）并跟进。所有问题会被合理应对，复核人通过签署关键绩效指标报告以证明完成复核。	根据样本量要求选取关键绩效报告，确定是否经管理层复核；复核是否在合理的时间内完成；检查关键绩效指标的计算是否准确，是否与账面记录核对一致；评估用于调查重大差异的界限是否适当。向复核人询问其复核方法，对于其提出的问题，检查是否恰当处理。评价使用数据的完整性和准确性。

续前表

风险点	相关的报表项目及认定	自动控制	人工控制	控制测试
批准付款的发票上存在价格/数量错误或劳务尚未提供的情形	应付账款：完整性、计价与分摊 存货/成本：完整性、计价与分摊	当入库单录入系统后，系统将其与采购订单进行核对。当发票录入系统后，系统将其详细信息与采购订单及入库单进行核对。如信息相符或差异不超过可接受差异，系统将自动批准发票可以付款。如信息不符，发票将被列示于例外报告中，由人工跟进。	负责应付账款且无职责冲突的人员负责跟进例外报告中的所有项目。仅当不符信息从例外报告中消除后，发票才可以付款。	检查系统报告的生成逻辑，确认例外报告的完整性及准确性。 与复核人讨论其复核过程，抽样选取例外/删改情况报告。 检查每一份报告并确定：①是否存在管理层复核的证据；②复核是否在合理的时间范围内完成；③复核人提出问题的跟进是否适当、是否能使交易恰当记录于会计系统。抽样选取采购发票，检查是否与入库单和采购订单所记载的价格、供应商、日期、描述及数量一致。
办理付款并记录				
现金支付未记录、未记录在正确的供应商账户（串户）或记录金额不正确	应付账款：存在、准确性 存货：准确性 其他费用：准确性		独立于负责现金交易处理的会计人员每月末编制银行存款余额调节表。所有重大差异由调节表编制人跟进处理。经授权的管理人员复核银行存款余额调节表，当复核工作完成或复核人提出的问题已得到满意的解决后，签署确认复核工作已完成。	询问复核人对银行存款余额调节表的复核过程。抽样检查银行存款余额调节表，检查其是否及时得到复核、复核的问题是否得到了恰当跟进处理、复核人是否签署确认。
	应付账款：存在、完整性、准确性 存货：存在、完整性、计价与分摊 其他费用：发生、完整性、准确性		应付账款会计人员将供应商提供的对账单与应付账款明细表进行核对，并对差异进行跟进处理。 复核人定期复核供应商对账结果，该对账通过从应付账款明细账中抽取的一定数量的应付供应商余额与供应商提供的对账单进行核对。当复核工作完成或复核人提出的问题或要求的修改已得到满意的解决后，签署确认复核工作已完成。	询问复核人对供应商对账结果的复核过程，抽样选取供应商对账单，检查其是否与应付账款明细账得到了正确的核对，差异是否得到了恰当的跟进处理。检查复核人的相关签署确认。

续前表

风险点	相关的报表项目及认定	自动控制	人工控制	控制测试
可能涉及全流程				
员工具有不适当的访问权利，使其能够实施违规交易或隐瞒错误	应付账款：存在、完整性、准确性、权利 存货：存在性、完整性、计价 其他费用：发生、完整性、准确性	采购系统根据管理层的授权进行权限设置，以支持采购职能所要求的上述职责分离。	管理层分离以下活动：①供应商主信息维护；②请购授权；③输入采购订单；④开具供应商发票；⑤按照订单收取货物；⑥存货盘点调整等。	检查系统中相关人员的访问权限。复核管理层的授权职责分配表，对不相容职位（申请与审批等）是否设置了恰当的职责分离。
总账与明细账中的记录不一致	应付账款：完整性、准确性 其他费用：完整性、准确性	应付账款/费用明细账与总账的调节表会在每个期末及时执行。	任何差异会被调查，如恰当，将进行调整。复核人会复核调节表及相关支持文档，任何差异及/或调整会被批准。	核对总账与明细账的一致性，检查复核人的复核及差异跟进记录。

注册会计师应根据执行控制测试的结果，确定对相关控制的信赖程度，设计调整实质性程序的方案。

第4节　应付账款审计

一、审计目标与认定对应关系表（见表11－5）

表11－5　审计目标与认定对应关系表

审计目标	财务报表认定				
	存在	完整性	权利与义务	计价与分摊	列报
A. 记录的应付账款是否存在。	√				
B. 所有应当记录的应付账款是否均已记录。		√			
C. 记录的应付账款是否为被审计单位应当履行的现时义务。			√		
D. 应付账款是否以恰当的金额包括在财务报表中，与之相关的计价调整是否已恰当记录。				√	
E. 应付账款在财务报表中是否作出恰当的列报。					√

二、审计目标与审计程序对应关系表（见表 11－6）

表 11－6　审计目标与审计程序对应关系表

审计目标	可供选择的审计程序	索引号
DE	1. 获取或编制应付账款明细表。 （1）复核加计正确，并与报表数、总账数和明细账合计数核对是否相符。 （2）检查非记账本位币应付账款的折算汇率及折算是否正确。 （3）分析出现借方余额的项目，查明原因，必要时作重分类调整。 （4）结合预付账款等往来项目的明细余额，调查有无同挂的项目、异常余额或与购货无关的其他款项（如关联方账户或职员账户），如有，应作出记录，必要时作调整。 （5）检查应付账款长期挂账的原因并作出记录，要求被审计单位作出解释，判断是无须支付还是无力偿债，还是存在利用应付账款隐瞒利润等不正常的现象。	FD2
AC	2. 实施函证程序。 ［应付账款的函证不是必须执行的审计程序，原因有二：一是可获得相关的外部凭证来证实应付账款的余额，如购货发票、每月的卖方对账单等；二是函证不能保证查出未记录的应付账款。但是，如果应付账款的重大错报风险比较高，某应付账款明细账户金额较大，则应进行应付账款的函证。］ （1）从采购清单、供应商名单或应付账款明细账中选择金额大的或者交易频繁（交易额大）但期末余额较小甚至为零的企业重要供货人，函证其余额和交易条款，对未回函的再次发函。 （2）编制应付账款函证结果汇总表，检查回函。 （3）调查不符事项，确定是否表明存在错报。 （4）如果未回函，实施替代程序（检查原始凭单，如合同、发票、验收单，核实应付账款的真实性）。 （5）如果认为回函不可靠，评价对评估的重大错报风险以及其他审计程序的性质、时间安排和范围的影响。	FD3 FD4
BD	3. 检查是否存在未入账或延后入账的应付账款。 （1）获取被审计单位与其供应商之间的对账单，并将对账单和被审计单位财务记录之间的差异进行调节（如在途款项、在途商品、付款折扣、未记录的负债等），查找有无未入账的应付账款，确定应付账款金额的准确性。 （2）针对资产负债表日后付款项目，检查银行对账单及有关付款凭证（如银行汇款通知、供应商收据等），询问被审计单位内部或外部的知情人员，查找有无未及时入账的应付账款。 （3）检查购货截止测试。结合存货监盘的结果，检查被审计单位在资产负债表日是否存在有存货验收入库单，但未收到购货发票的现象；检查资产负债表日后收到的购货发票，看其开票日期，确认其入账时间是否正确。 （4）复核截至审计工作结束仍未作处理的购货发票，确认所有的负债是否都记录在正确的会计期间内。 （5）检查资产负债表日后应付账款明细账贷方记录，追查原始凭证，以确定其入账时间是否恰当。 （6）函证应付账款。如果被审计单位并未漏记应付账款，而是少计应付账款的金额，就可以用函证检查应付账款的低估。也可以从供应商明细表中选择函证对象，比较容易发现应付账款的低估。 （7）针对已偿付的应付账款追查至银行对账单、银行付款单据和其他原始凭证，检查其是否在资产负债表日前真实偿付。 （8）检查债务形成的相关原始凭证，如供应商发票、验收报告或入库单等，查找有无未及时入账的应付账款，确定应付账款金额的准确性。	FD5

续前表

审计目标	可供选择的审计程序	索引号
AB	4. 针对异常或大额交易及重大调整事项（如大额的购货折扣或退回、会计处理异常的交易、未经授权的交易、缺乏支持性凭证的交易等），检查相关原始凭证和会计记录，以分析交易的真实性、合理性。	略
E	5. 检查应付账款是否已在财务报表中作出恰当列报。	略

案例 11－1

ABC 公司 2018 年 12 月 31 日资产负债表中应付账款项目为 1 500 000 元，应付账款总账贷方余额 1 500 000 元，审计发现：应付永利公司明细账户借方余额 400 000 元，属于正常交易的预付款项。

分析：资产负债表应付账款项目应根据应付账款明细账贷方余额合计填列。如果应付账款明细账出现借方余额，则表示资产，不能抵减负债，所以应作重分类调整，审计调整分录为：

借：预付账款——永利公司　　400 000

　贷：应付账款——永利公司　　400 000

第 5 节　固定资产审计

【知识链接】
固定资产相关信息概述

【知识链接】
固定资产内部控制的了解与评价

【知识链接】
固定资产常用的控制测试

一、审计目标与认定对应关系表（见表 11－7）

表 11－7　审计目标与认定对应关系表

审计目标	财务报表认定				
	存在	完整性	权利与义务	计价与分摊	列报
A. 资产负债表中记录的固定资产是存在的。	√				
B. 所有应记录的固定资产均已记录。		√			

续前表

审计目标	财务报表认定				
	存在	完整性	权利与义务	计价与分摊	列报
C. 记录的固定资产由被审计单位拥有或控制。			√		
D. 固定资产以恰当的金额包括在财务报表中，与之相关的计价或分摊已恰当记录。				√	
E. 固定资产已按照企业会计准则的规定在财务报表中作出恰当列报。					√

二、审计目标与审计程序对应关系表（见表 11－8）

表 11－8　　审计目标与审计程序对应关系表

审计目标	可供选择的审计程序	索引号
D	1. 获取或编制固定资产及累计折旧分类汇总表、固定资产明细表，复核加计是否正确，并与总账数和明细账合计数核对是否相符，结合累计折旧和固定资产减值准备与报表数核对是否相符。	ZO2
ABD	2. 实施实质性分析程序。 （1）基于对被审计单位及其环境的了解，通过进行以下比较，并考虑有关数据间关系的影响，建立有关数据的期望值： ①分类计算本期计提折旧额与固定资产原值的比率，并与上期比较。 ②计算固定资产修理及维护费用占固定资产原值的比例，并进行本期各月、本期与以前各期的比较。 （2）确定可接受的差异额。 （3）将实际情况与期望值相比较，识别需要进一步调查的差异。 （4）如果其差额超过可接受的差异额，调查并获取充分的解释和恰当的佐证审计证据（例如，通过检查相关的凭证）。 （5）评估分析程序的测试结果。	略
A	3. 实地检查重要固定资产（如为首次接受审计，应适当扩大检查范围），确定其是否存在，了解目前的使用状况，关注是否存在已报废但仍未核销的固定资产。	ZO3
C	4. 检查固定资产的所有权或控制权。 （1）对外购的机器设备等固定资产，审核采购发票、采购合同等。 （2）对于房地产类固定资产，查阅有关的合同、产权证明、财产税单、抵押借款的还款凭据、保险单等书面文件。 （3）对融资租入的固定资产，检查有关融资租赁合同。 （4）对汽车等运输设备，检查有关运营证件等。 （5）对受留置权限制的固定资产，结合有关负债项目进行检查。	ZO4
ABCD	5. 检查本期新增固定资产的初始计量。 （1）对于外购固定资产，检查采购合同、发票、保险单、发运凭证等支持性文件，确定入账价值是否正确，授权批准手续是否齐备，会计处理是否正确。 （2）对于自行建造的固定资产，检查固定资产确认时点是否符合企业会计准则的规定，入账价值与在建工程的相关记录是否核对相符，是否与竣工决算、验收和移交报告等一致；对已经达到预定可使用状态但尚未办理竣工决算手续的固定资产，检查其是否已按估计价值入账，并按规定计提折旧。	ZO5

续前表

审计目标	可供选择的审计程序	索引号
	（3）对于投资者投入的固定资产，检查投资者投入的固定资产是否按投资各方确认的价值入账，并检查确认价值是否公允，交接手续是否齐全；涉及国有资产的，是否有评估报告并经国有资产管理部门评审备案或核准确认。	
AB	6. 检查固定资产的后续支出是否满足资产确认条件；如不满足，检查该支出是否在该后续支出发生时计入当期损益。	略
ABCD	7. 检查固定资产的减少，主要目的在于查明已减少的固定资产是否作适当会计处理，防止高估资产。 （1）结合固定资产清理科目，抽查固定资产账面转销额是否正确。 （2）检查出售、盘亏、转让、报废或毁损的固定资产是否经授权批准，会计处理是否正确。 （3）检查因修理、更新改造而停止使用的固定资产的会计处理是否正确。 （4）检查投资转出固定资产的会计处理是否正确。 （5）检查债务重组或非货币性资产交换转出固定资产的会计处理是否正确。 （6）检查其他减少固定资产的会计处理是否正确。	ZO6
D	8. 获取暂时闲置固定资产的相关证明文件，并观察其实际状况，检查是否已按规定计提折旧，相关的会计处理是否正确。	略
D	9. 获取已提足折旧仍继续使用固定资产的相关证明文件，并作相应记录。	略
A	10. 获取持有待售固定资产的相关证明文件，并作相应记录，检查对其预计净残值调整是否正确、会计处理是否正确。	略
D	11. 对应计入固定资产价值的借款费用，根据企业会计准则的规定，结合长短期借款、应付债券或长期应付款的审计，检查借款费用资本化的计算方法和资本化金额，会计处理是否正确。	略
DE	12. 检查购置固定资产时是否存在与资本性支出有关的财务承诺。	略
CE	13. 检查固定资产的抵押、担保情况。结合对银行借款等的检查，了解固定资产是否存在重大的抵押、担保情况。如存在，应取证并作相应的记录，同时提请被审计单位作恰当披露。	略
D	14. 检查累计折旧。 （1）获取或编制累计折旧分类汇总表（一般与固定资产分类汇总表合并编制）。 （2）检查被审计单位制定的折旧政策和方法是否符合相关会计准则的规定，确定其所采用的折旧方法能否在固定资产预计使用寿命内合理分摊其成本，前后期是否一致，预计使用寿命和预计净残值是否合理。 （3）复核本期折旧费用的计提和分配。 ①复核本期折旧费用的计提是否正确，关注已计提减值准备的固定资产的折旧。 ②检查折旧费用的分配方法是否合理，是否与上期一致；分配计入各项目的金额占本期全部折旧计提额的比例与上期比较是否有重大差异。	略

续前表

审计目标	可供选择的审计程序	索引号
D	(4) 将累计折旧账户贷方的本期计提折旧额与相应的成本费用中的折旧费用明细账户的借方相比较，检查本期所计提折旧金额是否已全部摊入本期产品成本或费用。 (5) 检查累计折旧的减少是否合理，会计处理是否正确。 15. 检查固定资产的减值准备。 (1) 获取管理层在资产负债表日就固定资产是否存在可能发生减值的迹象的判断的说明。 (2) 检查被审计单位计提固定资产减值准备的依据是否充分，会计处理是否正确。 (3) 检查资产组的认定是否恰当，计提固定资产减值准备的依据是否充分，会计处理是否正确。 (4) 检查被审计单位处置固定资产时原计提的减值准备是否同时结转，会计处理是否正确。 (5) 检查是否存在违规转回固定资产减值准备的情况。	ZO7
E	16. 检查固定资产是否已在财务报表中作出恰当列报。	略

案例 11－2

注册会计师检查 ABC 公司固定资产账簿时发现，该公司 2017 年仅有一项固定资产增加，即 2017 年 12 月 15 日购入一台智能机械手设备。抽查相关的凭证得知，该设备的价值为 1 500 000 元，增值税额为 195 000 元，发生运输费 8 000 元，增值税 720 元，安装调试费 40 000 元，增值税 2 400 元，运输费以银行存款付讫，设备款和安装调试款均未付，该设备 12 月安装调试完成并交付生产使用，该公司 12 月的账务处理如下：

借：固定资产——智能机械手设备　　1 695 000
　　管理费用　　51 120
　贷：应付账款　　1 737 400
　　　银行存款　　8 720

分析：外购固定资产的运输费和安装调试费合计 48 000 元应计入固定资产的成本，而不应计入管理费用；生产用机器设备购进时发生的增值税及运输、安装调试发生的增值税可以作为进项税额抵扣。审计调整分录为：

借：固定资产——智能机械手设备　　51 120
　贷：管理费用　　51 120
借：应交税费——应交增值税（进项税额）　　198 120
　贷：固定资产——智能机械手设备　　198 120

第6节　管理费用审计

一、审计目标与认定对应关系表（见表11-9）

表11-9　审计目标与认定对应关系表

审计目标	财务报表认定					
	发生	完整性	准确性	截止	分类	列报
A. 利润表中记录的管理费用已发生，且与被审计单位有关。	√					
B. 所有应当记录的管理费用均已记录。		√				
C. 与管理费用有关的金额及其他数据已恰当记录。			√			
D. 管理费用已记录于正确的会计期间。				√		
E. 管理费用已记录于恰当的账户。					√	
F. 管理费用已在财务报表中作出恰当的列报。						√

二、审计目标与审计程序对应关系表（见表11-10）

表11-10　审计目标与审计程序对应关系表

审计目标	可供选择的审计程序	索引号
C	1. 获取或编制管理费用明细表，复核加计是否正确，并与报表数、总账数及明细账合计数核对是否相符。 2. 将管理费用中的职工薪酬、无形资产摊销额等项目与各有关账户进行核对，分析其勾稽关系的合理性，并作出相应记录。	SE2
ABC	3. 对管理费用进行分析。 (1) 计算分析管理费用中各项目发生额及占费用总额的比率，将本期、上期管理费用各主要明细项目作比较分析，判断其变动的合理性。 (2) 将管理费用实际金额与预算金额进行比较。 (3) 比较本期各月份管理费用，对有重大波动和异常情况的项目应查明原因，必要时作适当处理。	SE2
E	4. 检查管理费用的明细项目的设置是否符合规定的核算内容与范围，结合成本费用的审计，检查是否存在费用分类错报。	SE2
ABC	5. 选择重要或异常的管理费用，检查原始凭证，确定费用支出是否正常，会计处理是否正确。	SE3
D	6. 抽取资产负债表日前后____天的____张凭证，实施截止性测试，检查有无跨期事项。	SE4
F	7. 确定管理费用是否在财务报表中作出恰当的列报。	

案例11-3

注册会计师对ABC公司2018年管理费用账户进行审计时，发现12月份生产车间为了维护固定资产的正常运转，发生设备大修理费用 45 000 元，行政管理部门发生设备日常修理费用 1 000 元。12 月份生产的产品全部完工但未售出。该公司编制的会计分录如下：

借：存货（库存商品） 45 000

　　管理费用 1 000

　　贷：银行存款 46 000

分析： 企业会计准则规定，企业生产车间和行政管理部门发生的固定资产修理费不符合固定资产确认条件，均应列入管理费用。审计调整分录为：

借：管理费用 45 000

　　贷：存货（库存商品） 45 000

实训

【知识链接】

采购与付款循环相关项目审计

一、判断题

1. 抽取资产负债表日前后若干天的管理费用凭证，实施截止性测试，与管理费用的发生认定相关。（　　）

2. 对大规模企业而言，企业内部各个部门都可填列请购单。为了加强控制，请购单应当预先连续编号。（　　）

3. 检查固定资产减少业务的主要目的在于检查因不同原因而减少的固定资产的会计处理是否符合有关规定，相关的数额计算是否正确。（　　）

4. 如果某应付账款明细账户期末余额为零，注册会计师就不需要将其列为函证对象。（　　）

5. 内部控制良好的企业，在收到商品时应由负责验收的人员将商品同订单仔细核对后编制验收单。（　　）

6. 注册会计师对固定资产进行实地检查时，可以以固定资产明细账为起点，检查重要固定资产。（　　）

7. 在一般情况下，应付账款不需要函证，主要是因为注册会计师能够取得购货发票等外部证据来证实应付账款的余额。（　　）

8. 注册会计师检查未入账应付账款的审计程序中，最有效的是函证应付账款。（　　）

9. 实地检查固定资产，以确定固定资产是否存在，并了解其目前的使用状况。（　　）

10. 对长期挂账的应付账款进行分析，依据被审计单位对此所作的解释，有助于注册会计师判断被审计单位是无须支付还是无力偿债，抑或是存在利用应付账款隐瞒利润等不正常的现象。（　　）

二、单项选择题

1. 健全有效的内部控制要求由独立的采购部门负责（　　）。

A. 编制请购单　　B. 编制订购单
C. 控制存货水平以免出现积压　　D. 检验购入存货的数量、质量

2. 审查ABC公司应付账款项目，发现应付账款账户中包含本期估价入库的采购商品300万元。经审核，未附有供应商名称、商品品种、数量及金额计算等凭证。审计人员应采取的措施是（　　）。

A. 认可被审计单位的处理　　B. 取得估价入库的详细资料
C. 作为虚假事项处理　　D. 不必过问

3. 注册会计师从验收单追查至相应的供应商发票，再追查至应付账款明细账的审计程序，与应付账款的（　　）认定最相关。

A. 准确性　　B. 存在　　C. 完整性　　D. 计价与分摊

4. 注册会计师可将下列审计应付账款的程序完全交由被审计单位办理的有（　　）。

A. 抽查应付账款明细账的贷方记录相关凭证
B. 根据卖方对账单调节未付发票
C. 编制应付账款明细表
D. 就所选定的账户余额函证

5. 注册会计师向被审计单位生产负责人询问的以下事项中，最有可能获取审计证据的是（　　）。

A. 固定资产的抵押情况　　B. 固定资产的报废或毁损情况
C. 固定资产的投保及其变动情况　　D. 固定资产折旧的计提情况

6. 检查未入账的应付账款时，下列程序中审计效果最佳的是（　　）。

A. 检查列入应付账款明细表中债权人寄回的询证函
B. 检查购货发票与债权人名单
C. 检查资产负债表日前后一周的发票样本，并查明是否已正确记录
D. 检查资产负债表日后付款情况

7. 注册会计师函证资产负债表日应付账款余额或许是不必要的，其原因是（　　）。

A. 函证与采购截止测试重复
B. 资产负债表日前应付账款余额在审计完成前也许没有支付
C. 可与被审计单位法律顾问联系，从而获取因未付款而造成的可能损失的证据
D. 存在其他可靠的外部证据证实应付账款的真实性，如购货发票等

8. 在验证ABC公司应付账款余额不存在漏报时，注册会计师获取的以下审计证据中，证明力最强的是（　　）。

A. 供应商开具的发票
B. 供应商提供的月对账单
C. ABC公司编制的连续编号的验收报告
D. ABC公司编制的连续编号的订购单

9. 在了解及实施适当的控制测试后，注册会计师发现ABC公司材料采购业务存在

以下情况，其中属于内部控制设计缺陷的是（　　）。

A. 请购单既有仓库人员填制的，也有车间、管理部门人员填制的

B. 请购单没有连续编号

C. 验收人员病假期间，验收业务由采购人员代为执行

D. 材料已到发票未到时，先验收入库，并暂估入账

10. 下列实质性程序中，与固定资产存在认定最相关的是（　　）。

A. 以固定资产明细账为起点，追查至固定资产实物和相关凭证

B. 观察经营活动，并将固定资产本期余额与上期余额进行分析比较

C. 询问被审计单位的管理层和生产部门固定资产的闲置情况

D. 以固定资产实物为起点，追查至固定资产明细账和相关凭证

三、多项选择题

1. 适当的职责分离有助于防止各种错误或舞弊。采购与付款循环的职责分离包括（　　）。

A. 请购与审批要相互分离

B. 供应商的选择与审批要相互分离

C. 采购合同的拟订、审核与审批要相互分离

D. 采购、验收与记录要相互分离

2. 注册会计师进行应付账款函证，根据函证结果分别作出的处理包括（　　）。

A. 回函金额不符的，应查明原因

B. 未回函的，进行再次函证

C. 再次函证仍未回函的重要项目应执行替代审计程序

D. 如果认为回函不可靠，评价对评估的重大错报风险以及其他审计程序的性质、时间安排和范围的影响

3. 采购与付款循环审计中涉及的凭证与记录有（　　）。

A. 请购单与订购单　　B. 验收单

C. 购货发票　　D. 库存现金及银行存款日记账和总账

4. 下列采购与付款循环中可能有效的控制有（　　）。

A. 仓库或资产使用部门编制请购单，并经有关负责人批准

B. 采购部门根据经批准的请购单编制预先编号的订购单

C. 验收部门核对订购单与装运单，据以点验到货并编制验收单

D. 独立检查签发支票的金额、收款人与付款凭单的内容是否一致

5. 注册会计师对应付账款进行函证，函证对象通常包括（　　）。

A. 所有应付账款的付款对象

B. 金额较大的应付账款债权人

C. 在资产负债表日金额为零，但为企业重要供货人的债权人

D. 所有应付账款的债权人都不需要函证

6. 应付账款明细表由被审计单位编制时，注册会计师应采取的行为是（　　）。

A. 复核其计算的准确性

B. 核对该明细表与应付账款总账是否相符

C. 审查明细表上应付账款分类的准确性

D. 直接作为审计工作底稿

7. 注册会计师在检查 ABC 公司 2018 年度财务报表的应付账款项目时，应核实其应付账款项目是否按照（　　）科目所属明细科目的期末贷方余额的合计数填列。

A. 应付账款　　B. 应收账款　　C. 预付账款　　D. 预收账款

8. 下列属于应付账款审计目标的有（　　）。

A. 确定资产负债表中记录的应付账款是否存在

B. 确定所有应当记录的应付账款是否均已记录

C. 确定应付账款是否以恰当的金额包括在财务报表中

D. 确定应付账款在财务报表中的列报是否恰当

9. 应付账款一般不需要函证，但出现（　　）时，注册会计师应实施函证。

A. 应付账款重大错报风险较高　　B. 应付账款金额较大

C. 被审计单位陷入财务困境　　D. 被审计单位供货方内部控制薄弱

10. 注册会计师通过风险评估程序发现被审计单位固定资产存在认定重大错报风险较高，所设计的以下审计程序具有针对性的有（　　）。

A. 实地检查固定资产

B. 向相关使用部门函证固定资产

C. 检查本期增加的固定资产是否均已入账

D. 检查本期减少的固定资产是否均已入账

四、案例分析题

1. 注册会计师对 ABC 公司进行审计时，决定对其下列四个明细账户中的两个进行函证。有关资料见表 11－11。

表 11－11

单位名称	应付账款年末余额（元）	本年度供货总额（元）
A 公司	42 650	66 100
B 公司	—	2 880 000
C 公司	85 000	95 000
D 公司	589 000	3 032 000

要求：

（1）说明注册会计师应选择哪两家公司进行函证并分析理由。

（2）如果表 11－11 中后两列换成“应收账款年末余额”与“本年销货额”，说明注册会计师应选择哪两家公司进行函证并分析理由。

2. ABC 公司是一家大型服装加工企业。注册会计师接受委托审计 ABC 公司 2018

年财务报表。

资料一：

针对固定资产项目，注册会计师了解到以下事项：

（1）ABC 公司大部分拉布机使用寿命即将到期，公司打算在 2018 年淘汰该批设备，重新购置新的拉布机。

（2）2018 年 6 月 30 日，ABC 公司更新换代出售了一批传统缝纫机。

（3）2018 年 11 月 30 日，ABC 公司引进一批智能包缝机。

（4）2018 年 12 月，ABC 公司出售一批熨烫机。

资料二：

财务报表附注 1：固定资产——原价

单位：万元

固定资产	2017 年末余额（已审数）	本年增加额	本年减少额	2018 年末余额
拉布机	1 750	0	0	1 750
传统缝纫机	2 500	0	1 300	1 200
智能包缝机	0	3 500	0	3 500
熨烫机	1 121	110	120	1 111
合计	5 371	3 610	1 420	7 561

财务报表附注 2：累计折旧

单位：万元

固定资产	2017 年末余额（已审数）	本年增加额	本年减少额	2018 年末余额
拉布机	875	115	0	990
传统缝纫机	2 000	100	800	1 300
智能包缝机	0	2.92	0	2.92
熨烫机	308	61.6	135	234.6
合计	3 183	279.52	935	2 527.52

资料三：

注册会计师为应对固定资产项目存在的重大错报风险，拟定了以下审计程序：

（1）了解被审计单位的折旧政策是否符合规定，确定的使用寿命、预计净残值和折旧方法是否合理。

（2）检查固定资产的抵押、担保情况。

（3）检查被审计单位折旧政策前后期是否一致。

（4）复核本期折旧费用的计提是否正确。

要求：

（1）结合资料一和资料二，请运用实质性分析程序，指出 ABC 公司各项固定资产是否存在重大错报风险，并简要说明理由，填入下表。

资料一 事项序号	是否可能存在重大 错报风险（是/否）	理由
(1)		
(2)		
(3)		
(4)		

（2）指出要求（1）所评估的重大错报风险的层次，以及与之相关的认定。

（3）判断资料三中注册会计师拟定的审计程序是否可以应对所评估的重大错报风险，如果不能，请说明可以证明的认定。

资料三 程序编号	是否可以应对所评估的 重大错报风险	可以证明的认定
(1)		
(2)		
(3)		
(4)		

3. 注册会计师对 ABC 公司 2017 年管理费用账户进行审计时，发现 12 月份生产车间为了维护固定资产的正常运转，发生设备大修理费用 1 130 000 元（配件款 1 000 000 元，增值税 130 000 元）。该公司编制的会计分录如下：

借：制造费用　　1 130 000

　贷：银行存款　　1 130 000

要求：分析注册会计师能否同意 ABC 公司的会计处理，说明理由。如不同意，分别根据以下三种情况编制审计调整分录。

（1）12 月份生产的产品仅完工 50%。

（2）12 月份生产的产品全部完工并全部售出。

（3）12 月份生产的产品全部完工并售出 50%。

第12章

生产与存货循环审计

引导案例

生产与存货循环风险评估与应对

甲公司是ABC会计师事务所的常年审计客户，主要从事a，b和c三类石化产品的生产和销售。X注册会计师负责审计甲公司2018年度财务报表，按照税前利润的5%确定财务报表整体的重要性为60万元。

X注册会计师了解到甲公司以下情况：

情况一：b产品5—8月的直接人工成本总额较其他月份有明显增加，单位人工成本没有明显变化，销售部、生产部和人力资源部经理均解释由于b产品有季节性生产的特点，甲公司在5—8月需要雇用大量临时工。这与X注册会计师在以前年度了解的情况一致。

情况二：为方便安排盘点人员，甲公司将a和b产品的年度盘点时间确定为2018年12月31日，将c产品的年度盘点时间确定为2018年12月20日。自2018年12月25日起，由新入职的存货管理员负责管理c产品并在ERP系统中记录其数量变动。

X注册会计师作出以下分析：

由于以前年度审计证据支持被审计单位对5—8月直接人工成本总额出现异常变动所作出的合理性解释，因此得出结论：情况一不导致重大错报风险。

对c产品于2018年12月20日盘点，其后负责存货记录的员工发生变更，盘点日至资产负债表日之间存货变动可能未得到恰当记录，因此得出结论：情况二会导致重大错报风险，与存货（存在）相关。

X注册会计师针对重大错报风险的评估情况，拟实施的实质性程序如下：

（1）对直接人工成本实施实质性分析程序。

（2）对a和b产品实施年末监盘程序。

思考：X注册会计师对重大错报风险的识别与评估是否合理，实施的审计程序是否适当？

第1节　生产与存货循环内部控制的了解与评价

一、了解重要交易类别与交易流程

（一）重要交易类别

在生产与存货循环中，生产与仓储通常都是重要交易类别，存货、主营业务成本、应付职工薪酬等一般被确定为重大账户。

【知识链接】
生产与存货循环信息概述

（二）交易流程

1. 计划和安排生产

由生产计划部门根据顾客订单、对销售预测和产品需求的分析进行生产授权，填制预先编号的生产任务通知单。

2. 发出原材料

仓库部门根据生产任务通知单和生产部门填制的连续编号的领料单发出原材料。

3. 生产产品

生产部门在收到生产任务通知单及领取原材料后，组织产品生产；产品完工后由检验人员检验并填制连续编号的产品入库单。

4. 核算并控制产品成本

建立成本会计制度，将生产控制和成本核算结合起来。一方面，生产过程中的各种记录、生产通知单、领料单、计工单、产量统计记录表、生产统计报告、入库单等文件资料汇集到会计部门进行检查和核对；另一方面，会计部门会同有关部门对生产过程中的成本进行核算和控制，形成原材料转为在产品，在产品转为产成品，以及按成本中心、分批次生产任务通知单或生产周期所消耗的材料、人工和间接费用的分配与归集的详细资料。

5. 储存产成品

仓储部门点验和检查产品后，签收产品入库单。签收后，将实际入库数量通知会计部门记账。

6. 发出产成品

根据有关部门核准的发运通知单，仓库发货并填制出库单，由独立的发运部门填制装运单。

（三）了解的程序

了解的程序包括检查被审计单位相关控制手册和其他书面指引，询问各部门的相关人员，观察操作流程等。例如：注册会计师可以询问生产部门的人员，了解生产的流程；也可以询问库管员，了解领料和产品入库的流程；还可以询问会计人员，了解有关账务处理流程。注册会计师可以利用文字表述、流程图等把了解到的情况记录下来。

二、确定可能发生错报的环节

注册会计师需要确认和了解生产与存货循环的错报在什么环节发生，即确定被审计单位应在哪些环节设置控制，以防止或发现并纠正各重要交易流程可能发生的错报。部分在生产与存货循环中可能发生错报的环节如表 12－1 所示。

表 12－1　　生产与存货循环可能发生错报的环节

交易流程	可能的错报
计划和安排生产	（1）生产没有计划 （2）产品可能没有按照客户要求的规格生产
发出原材料	（1）未经授权发出原材料 （2）发出用于生产的原材料可能不正确 （3）发出的原材料可能未分配或者未正确分配到生产任务中
生产产品	生产工时可能未被记录或者未被分配至正确的生产任务
完工产品入库	（1）产成品仓库可能未记录接收的已完工产品 （2）接收了生产中的残次品
存货分类	（1）以次等品冒充优等品 （2）以廉价物品换贵重物品 （3）混淆不同批号、不同产地、不同价格的物资等
存货成本计价	（1）随意变更存货计价方法 （2）存货成本项目的不合理分摊 （3）虚计在产品完工程度
存货存储	存货保护措施不力

三、识别和了解相关控制

注册会计师应当了解生产与存货循环相关内部控制，尤其是注意可能发生错报的环节的关键控制的状况，并以文字表述、流程图的方式或几种方式相结合进行记录。

四、穿行测试

注册会计师应当选择一笔或几笔生产与存货交易进行穿行测试。追踪从计划和安排生产、发出原材料、生产产品、核算产品成本、储存产成品、发出产成品、生成记账凭证，到过账至应付职工薪酬、主营业务成本明细账和总账的整个交易流程，验证之前对交易流程和相关控制的了解是否正确和完整，并确定相关控制是否得到执行。与材料流转和仓储有关的交易流程穿行测试如表 12－2 所示。

表 12-2　生产与存货循环（与材料流转和仓储有关的交易流程）穿行测试

测试目标：验证之前对存货与成本流程（与材料流转和仓储有关）和相关控制的了解是否准确和完整，并确定相关控制是否得到执行。

样本序号	业务内容	原材料信息			入库验收单				仓库实物账				领用申请单			
		编号	品名	规格	日期	数量	供应商	索引号	记录日期	流水号	数量	索引号	日期	领用部门	数量	索引号
1	材料入库	P2550-4-1	中煤	吨	1208	385	塔山煤矿	ZC4-1	1208	120806	41 486	ZC4-1				
2	材料出库	P2550-4-2	煤矸石	吨					1228	120899	41 608	ZC4-2	1228	二车间	608	ZC4-2

检查点说明：

验收环节	仓储环节	原材料领用
检查点 1：验收人员与采购人员，发运、会计和仓储部门职务相分离	检查点 8：仓储保管员与记账人员职务相分离	检查点 11：原材料领用申请单填制完整，申请项目与生产指令单相符
检查点 2：具有货物验收质量标准，验收程序及方法合理可靠	检查点 9：存货摆放有序，满足安全有效的储存条件	检查点 12：原材料领用申请单经适当批准
检查点 3：验收的货物根据订货合同、购货发票办理验收入库手续	检查点 12：存货已正确记入仓储部门账簿，定期与财务对账并核对一致	检查点 13：原材料出库单填制完整，与原材料领用申请单相符，并传递至财务部门
检查点 4：未被验收之货物是否另设隔离区或明显地表明“未经验收货物”检查点	检查点 10：仓储人员与稽核人员定期盘点存货，盘点差异经适当批准并调账	检查点 14：原材料出库单连续编号，按顺序使用
检查点 5：拒收货物，是否将拒收货物分隔储藏，并设立明显标记		检查点 15：原材料领用已恰当计入仓储部门账簿
检查点 6：验收单填制完整，并传递至仓储及财务部门		检查点 16：仓储部门“材料收发存汇总表”与财务部门定期核对，差异及时处理
检查点 7：验收单是否已预先连续编号		

穿行测试说明：

1. 选取主要原材料共两笔作为样本进行穿行测试。
2. 对被审计单位原材料入库验收单、仓库实物账、原材料申领单等进行核对，并对大额原材料出入库进行测试，未发现异常

测试结论：

1. 我们追踪了与材料验收和仓储有关的交易在财务报告信息系统中的处理过程，证实了我们对前一阶段重要交易流程和可能发生错报的环节的了解是准确和完整的。
2. 我们所了解到的相关控制得到执行。

五、初步评价内部控制

注册会计师通过了解生产与存货循环的内部控制，对相关控制的设计和是否得到执行进行评价。

第 2 节　生产与存货循环的重大错报风险评估与应对

一、生产与存货循环的重大错报风险因素

（1）交易规模大和复杂性。制造类企业的交易数量庞大，业务复杂，这就增加了错误和舞弊的风险。

（2）成本核算的复杂性。制造类企业的成本核算比较复杂。虽然原材料和直接人工等直接成本的归集和分配比较简单，但间接费用的分配可能较为复杂，同一行业中的不同企业也可能采用不同的认定和计量基础。

（3）存货的特殊性。存货的特殊性可能导致存货的数量、质量、状况或价值的确认与计量需要更多的职业判断。例如，计量煤堆、筒仓里的谷物或糖、黄金或贵重宝石、化工品和药剂产品的存储量的方法多种多样。

（4）某些存货项目的可变现净值难以确定。例如价格受全球经济供求关系影响的存货，其采购价格和销售价格会受到影响，可变现净值难以确定，存货计价与分摊认定的确定也会受影响。

（5）存货多地存放。大型企业可能将存货存放在很多地点，并且可以在不同的地点之间配送存货，这将增加商品途中毁损或遗失的风险，或者导致存货在两个地点被重复列示，也可能产生转移定价的错误或舞弊。

（6）存货存储地点特殊，不易盘点。

（7）具有漫长制造过程的存货（例如飞机、酒品）存在递延成本、预期成本以及未来市场波动的影响等非常规事项。

（8）具有固定价格合约的存货，预期成本具有不确定性。

（9）科技含量高的存货易因技术进步而过时，期末计价错报风险大。

（10）寄存的存货。归其他企业控制的存货还存放在企业，或者企业控制的存货寄存在其他企业，可能导致存货权利或完整性认定错报。

由于存货与企业各项经营活动紧密联系，存货的重大错报风险往往与财务报表其他项目的重大错报风险紧密相关。例如，收入确认的错报风险往往与存货的错报风险共存，采购交易的错报风险与存货的错报风险共存，存货成本核算的错报风险与营业成本的错报风险共存。

二、设计进一步审计程序的总体方案

注册会计师根据生产与存货循环认定层次重大错报风险的评估结果，设计进一步审计程序的总体方案，决定采用综合性方案还是实质性方案，继而编制具体审计计划，设计控制测试和实质性程序的性质、时间安排和范围，以应对识别出的认定层次重大错报风险。生产与存货循环进一步审计程序总体方案的示例如表 12－3 所示。

表 12－3　　生产与存货循环进一步审计程序总体方案示例

重大错报风险描述	相关财务报表项目及认定	风险程度	是否依赖控制	进一步审计程序的总体方案	拟从控制测试中获取的保证程度	拟从实质性程序中获取的保证程度
存货实物可能不存在	存货：存在	特别风险	是	综合性方案	中	高
存货的成本可能存在计算错误	存货：计价与分摊 营业成本：准确性	低	是	综合性方案	中	低
已销售产品的成本可能没有准确结转至营业成本	存货：计价与分摊 营业成本：准确性	低	是	综合性方案	中	低
存货跌价准备计提可能不充分	存货：计价与分摊 资产减值损失：准确性	特别风险	否	实质性方案	无	高

第 3 节　生产与存货循环的控制测试

生产与存货循环关键控制的控制测试如表 12－4 所示。

表 12－4　　生产与存货循环关键控制的控制测试一览表

风险点	相关的报表项目及认定	自动控制	人工控制	控制测试
发出原材料				
原材料的发出可能未经授权	生产成本：发生		所有领料单由生产主管签字批准，仓库管理员凭经批准的领料单发出原材料。	选取领料单，检查是否有生产主管的签字授权。
发出的原材料可能未正确记入相应产品的生产成本	生产成本：准确性	领料单信息输入系统时须输入对应的生产任务单编号和所生产的产品代码，每月末系统自动归集生成材料成本明细表。	生产主管每月末将生产任务单及相关领料单存根联与材料成本明细表进行核对，调查差异并处理。	检查生产主管核对材料成本明细表的记录，并询问其核对过程及结果。
记录人工成本				

续前表

风险点	相关的报表项目及认定	自动控制	人工控制	控制测试
生产工人的人工成本可能未得到准确反映	生产成本：准确性	所有员工有专属员工代码和部门代码，员工的考勤记录记入相应员工代码。	人事部每月编制工薪费用分配表，按员工所属部门将工薪费用分配至生产成本、制造费用、管理费用和销售费用，经财务经理复核后入账。	检查系统中员工的部门代码设置是否与其实际职责相符。 询问并检查财务经理复核工薪费用分配表的过程和记录。
记录制造费用				
发生的制造费用可能没有得到完整归集	制造费用：完整性	系统根据输入的成本和费用代码自动识别制造费用并进行归集。	成本会计每月复核系统生成的制造费用明细表并调查异常波动。必要时由财务经理批准进行调整。	检查系统的自动归集设置是否符合有关成本和费用的性质，是否合理。询问并检查成本会计复核制造费用明细表的过程和记录，检查财务经理对调整制造费用的分录的批准记录。
计算产品成本				
生产成本和制造费用在不同产品之间、在产品和产成品之间的分配可能不正确	存货：计价与分摊 营业成本：准确性		成本会计执行产品成本核算的日常成本核算，财务经理每月末审核产品成本计算表及相关资料（原材料成本核算表、工薪费用分配表、制造费用分配表等），并调查异常项目。	询问财务经理如何执行复核及调查。选取产品成本计算表及相关资料，检查财务经理的复核记录。
产成品入库				
已完工产品的生产成本可能没有转移到产成品中	存货：计价与分摊	系统根据当月输入的产成品入库单和出库单信息自动生成产成品收发存报表。	成本会计将产成品收发存报表中的产品入库数量与当月成本计算表中结转的产成品成本对应的数量进行核对。	询问和检查成本会计将产成品收发存报表与成本计算表进行核对的过程和记录。
发出产成品				
销售发出的产成品的成本可能没有准确转入营业成本	存货：计价与分摊 营业成本：准确性	系统根据确认的营业收入所对应的售出产品自动结转营业成本。	财务经理和总经理每月对毛利率进行比较分析，对异常波动进行调查和处理。	检查系统设置的自动结转功能是否正常运行，成本结转方式是否符合公司成本核算政策。 询问和检查财务经理和总经理进行毛利率分析的过程和记录，并对异常波动的调查和处理结果进行核实。

续前表

风险点	相关的报表项目及认定	自动控制	人工控制	控制测试
盘点存货				
存货可能被盗或因材料领用或产品销售未入账而出现账实不符	存货：存在		仓库保管员每月末盘点存货并与仓库台账核对并调节一致；成本会计监督其盘点与核对，并抽查部分存货进行复盘。每年末盘点所有存货，并根据盘点结果分析盘盈盘亏并进行账面调整。	
计提存货跌价准备				
可能存在残次冷背的存货，影响存货的价值	存货：计价与分摊 资产减值损失：完整性	系统根据存货入库日期自动统计货龄，每月末生成存货货龄表。	财务部根据系统生成的存货货龄分析表，结合生产和仓储部门上报的存货毁损情况及存货盘点中对存货状况的检查结果，计提存货减值准备，报总经理审核批准后入账。	询问财务经理识别减值风险并确定减值准备的过程，检查总经理的复核批准记录。

注册会计师应根据执行控制测试的结果，确定对相关控制的信赖程度，制定实质性程序的方案。

第4节　存货审计

一、审计目标与认定对应关系表（见表12-5）

表12-5　审计目标与认定对应关系表

审计目标	财务报表认定				
	存在	完整性	权利与义务	计价与分摊	列报
A. 资产负债表中记录的存货是否存在。	√				
B. 所有应当记录的存货是否均已记录。		√			
C. 记录的存货是否由被审计单位拥有或控制。			√		
D. 存货是否以恰当的金额包括在财务报表中，与之相关的计价调整是否已恰当记录。				√	
E. 存货是否已在财务报表中作出恰当列报。					√

二、审计目标与审计程序对应关系表（见表 12-6）

表 12-6　　审计目标与审计程序对应关系表

审计目标	可供选择的审计程序	索引号
D	1. 获取或编制存货（类别）明细表，复核加计是否正确，并与总账数和明细账合计数核对是否相符；同时抽查各存货明细账与仓库台账、卡片记录，检查是否核对相符。	ZI2
ABD	2. 实施实质性分析程序（较常见的是对存货周转天数的实质性分析程序）。 (1) 根据对被审计单位的经营活动、供应商、贸易条件、行业惯例和行业现状的了解，确定存货周转天数的预期值。 (2) 根据对本期存货余额组成、实际经营情况、市场情况、存货采购情况等的了解，确定可接受的重大差异额。 (3) 计算存货实际周转天数和预期周转天数之间的差异。 (4) 通过询问管理层和相关员工及其他进一步的细节测试程序，调查存在重大差异的原因，并评估差异是否为重大错报。	ZI3
ABCD	3. 实施存货监盘（监盘是存货审计的必要程序，既可用作实质性程序，也可用作控制测试）。 (1) 获取有关资料，为制订存货监盘计划做准备。 ①复核或与管理层讨论其存货盘点计划，评价其能否合理地确定存货的数量和状况。如果认为被审计单位的存货盘点计划存在缺陷，应当提请被审计单位调整。 ②根据被审计单位的存货盘存制度和相关内部控制的有效性，评价其盘点时间是否合理（盘点日和资产负债表日不一致，考虑两者的间隔情况，评价对内部控制的信赖能否将盘点日的结论延伸到资产负债表日；确定采用实地盘存制时盘点日是否与资产负债表日一致；确定对存放在不同地点的相同存货项目是否同时盘点）。 ③完成被审计单位盘点计划调查问卷，了解存货的内容、性质、各存货项目的重要程度及存放场所。 ④了解与存货相关的内部控制。 ⑤评估与存货相关的重大错报风险。 ⑥查阅以前年度的存货监盘工作底稿。 ⑦与管理层讨论以前年度存货存在的问题以及目前存货的状况。 ⑧如存在特殊存货，考虑是否需要利用专家的工作或其他注册会计师的工作。 ⑨索取完整的存货存放地点清单（包括库存零星仓库、租赁仓库、第三方代保管存货仓库）。 ⑩索取存货清单。 (2) 编制存货监盘计划，并将计划传达给每一位监盘人员。监盘计划的内容如下： ①存货监盘目标。存货监盘主要是获取期末存货数量及状况（例如毁损、陈旧、残次、查封等）的证据，因此存货监盘的目标主要与存货的存在认定有关，对于存货的完整性、计价、权利认定也能提供部分证据。 ②存货监盘范围。根据存货的内容、性质及与存货相关的内部控制的状况和重大错报风险评估结果来确定存货监盘范围的大小。 ③存货监盘时间。包括实地察看盘点现场的时间、观察存货盘点的时间和检查存货的时间，应与被审计单位存货盘点时间相协调，尽量接近资产负债表日。 ④存货监盘的要点及关注事项。监盘的要点包括实施监盘程序的方法、步骤，重点关注的事项包括盘点期间的存货移动、存货的状况、存货的截止确认、存货的存放地点、金额较大或性质特殊的存货。 ⑤参加存货监盘人员的分工。根据被审计单位参加存货盘点人员分工、分组情况、存货监盘工作量的大小和人员素质情况，确定参加存货监盘	ZI4-1

续前表

审计目标	可供选择的审计程序	索引号
ABCD	的人员组成以及各组成人员的职责和具体的分工情况，并加强督导。 (3) 实施监盘程序。 ①观察程序。 a. 在盘点前观察盘点现场，确定应纳入盘点范围的存货是否已经适当整理和排列，并附有盘点标识，防止遗漏或重复盘点。对未纳入盘点范围的存货，注册会计师应查明原因。对所有权不属于被审计单位的存货，注册会计师应取得其规格、数量等有关资料，并确定这些存货是否已单独存放、标明，且未被纳入盘点范围。 b. 在盘点过程中注册会计师观察被审计单位盘点人员是否遵守盘点计划并准确地记录存货的数量和状况。 c. 观察被审计单位是否收集已使用的存货盘点表（签），是否清点未使用的存货盘点表（签）。 d. 注意观察存货是否停止移动。如果由于经营需要无法静止，注册会计师应索取盘点期间存货移动相关的书面记录以及出入库资料，防止遗漏或重复盘点。 e. 观察存货的验收入库地点和装运地点，关注存货的截止，为存货截止测试做准备。存货入库和装运凭证如果连续编号，应关注截止日期前的最后编号；如果未连续编号，则列出截止日期前的最后几笔装运和入库记录。如果被审计单位使用运货车厢或拖车进行存储、运输或验收入库，注册会计师应详细列出存货场地上满载和空载的车厢或拖车，并记录各自的存货状况。 **【知识链接】** 对存货在不同存放地点之间的移动以及截止日前后期间出入库的控制 ②检查程序。	
	a. 检查存货的状况（毁损、陈旧、过时及残次）并记录。 b. 对已盘点的存货进行适当抽盘。从存货盘点记录中选取项目追查至存货实物，以测试盘点记录的准确性；从存货实物中选取项目追查至存货盘点记录，以测试存货盘点记录的完整性。 c. 如果检查时发现差异，注册会计师应当查明原因，及时提请被审计单位更正。如果差异较大，注册会计师应当扩大检查范围或要求被审计单位重新盘点。 d. 注册会计师应避免让被审计单位预见到将要抽盘的存货项目。	ZI4-2
	(4) 盘点结束时的后续工作。 ①再次观察现场。 ②检查已填用、作废及未使用盘点表（签），确定其是否连续编号，查明已发放的表（签）是否均已收回，并与存货盘点的汇总记录进行核对。 ③关注盘点日与资产负债表日之间存货的变动情况是否得到恰当记录。 ④完成存货监盘报告，将存货明细账与盘点报告（记录）进行核对。 如果存货盘点日不是资产负债表日，注册会计师应当实施适当的审计程序，确定盘点日与资产负债表日之间存货的变动是否已得到恰当的记录。 (5) 由于不可预见的情况（例如恶劣天气）导致无法在预定日期实施存货监盘，应当另择日期实施监盘。	ZI4-3
	(6) 存货监盘的替代审计程序。如果被审计单位存货的性质或位置导致无法实施存货监盘，注册会计师应当实施替代审计程序：检查进货交易凭证或生产记录以及其他相关资料；检查资产负债表日后发生的销货交易凭证；由第三方（顾客或供应商）保管或控制的存货，可以向第三方函证、委托其他注册会计师代为监盘、检查仓储单等相关文件记录。	ZI4-4

续前表

审计目标	可供选择的审计程序	索引号
D	4. 实施存货计价测试。 (1) 选择测试样本。取得标有数量、单价、金额的存货明细表，从中选择计价测试样本。重点选择结存余额较大且价格变化较频繁的项目，一般采用分层抽样法。在信息技术条件下，可以实现全样本测试。 (2) 确定计价方法。注册会计师应了解企业存货的计价方法，确定选用的存货计价方法是否符合企业会计准则、是否适合自身特点、前后期是否一致。 (3) 进行计价测试。 ①结合采购及生产与存货循环审计，对存货价格的组成予以测试。比如将其单位成本与购货发票或生产成本计算单核对。 ②结合销售及生产与存货循环审计，对发出存货进行计价测试。检查发出存货的计价方法前后期是否一致，并复核其计算是否正确。将测试结果与账面记录对比，编制对比分析表，分析形成差异的原因。若存货以计划成本计价，还应检查“材料成本差异”账户的发生额、转销额是否正确，以及年末余额是否正确。 ③对期末存货进行计价测试。检查资产负债表日存货是否按成本与可变现净值孰低计量；检查存货可变现净值的确定是否正确并有确凿证据，是否充分考虑持有存货的目的、资产负债表日后事项的影响等；检查存货跌价准备计提依据和计提方法是否合理，是否按单个存货项目计提；已计提存货跌价准备是否适当；存货跌价准备的计提、转回和结转的会计处理是否正确。 此外，注册会计师应获取存货盘盈盘亏调整和损失处理记录，对于重大存货盘盈盘亏和损失情况，应该查明原因，检查相关的会计处理是否经授权审批，是否正确及时地入账。	ZI5
AB	5. 执行存货截止测试。 (1) 截止测试的目的。检查截止到资产负债表日（如 12 月 31 日），存货实物纳入盘点范围的时间与存货引起的借贷会计科目的入账时间是否处于同一会计期间。 (2) 入库截止测试的方法。 ①在明细账的借方发生额中选取资产负债表日前后____张、____元以上的凭证，并与入库记录（如入库单、购货发票或运输单据）核对，以确定入库被记录在正确的会计期间。 ②在入库记录（如入库单、购货发票或运输单据）中选取资产负债表日前后____张、____元以上的凭据，与明细账的借方发生额进行核对，以确定入库被记录在正确的会计期间。 (3) 出库截止测试的方法。 ①在明细账的贷方发生额中选取资产负债表日前后____张、____元以上的凭证，并与出库记录（如出库单、销货发票或运输单据）核对，以确定出库被记录在正确的会计期间。 ②在出库记录（如出库单、销货发票或运输单据）中选取资产负债表日前后____张、____元以上的凭据，与明细账的贷方发生额进行核对，以确定出库被记录在正确的会计期间。	ZI6
E	6. 确定存货在财务报表中的列报是否恰当。	

案例 12－1

特殊类型存货的监盘

注册会计师对 ABC 公司进行存货监盘时，面临以下问题：(1) 木材、电缆线、钢筋盘条、管子不能确定结存的数量或等级；(2) 糖、煤、废钢材在估计存货数量时存在困难；(3) 需要用容器储存的液体、气体、谷类粮食、流体存货等在估计存货数量、确定存货质量时存在困难；(4) 贵金属、玉器、艺术品与收藏品在存货辨认与质量确定方面存在困难；(5) 牲畜、高山中的木材蓄积量在存货辨认与数量确定方面存在困难，可能无法对此类存货的移动实施控制；(6) 使用磅秤测量的存货项目在估计存货数量时存在困难。注册会计师应如何进行存货的监盘？

分析：(1) 可利用被审计单位内有经验的人员。(2) 可运用工程估测、几何计算、高空作业调研；如果存货货堆不高可进行实地盘点，或通过旋转存货堆加以估计。(3) 使用容器进行盘点，使用几何计算加以确定。(4) 选择样品进行化验与分析，或利用专家的工作。(5) 通过高空摄影证实其存在性，并可提供不同时点的比较，信赖永续盘存记录。(6) 在盘点前和盘点过程中均应检验磅秤的精确度、留意磅秤的位置移动与重新调校程序，并与重新称量程序相结合；检查重量尺度的换算问题。

案例 12-2

注册会计师对 ABC 公司 2018 年度存货进行审计时，发现一笔摘要为“材料盘亏”的经济业务，会计分录为：

借：生产成本	30 000	
贷：原材料——甲		30 000

该记账凭证所附的原始凭证为盘点表一张。注册会计师通过调查了解到，30 000 元的材料是专项工程（办公楼）领用的。办公楼当年尚未完工，当年生产的产品全部完工，并售出 50%，产品适用 16%的增值税税率。

分析：将专项工程（办公楼）领用的材料记入在建工程账户，并将相应的进项税额转出。审计调整分录为：

借：在建工程	34 800	
贷：营业成本（主营业务成本）		15 000
存货（库存商品）		15 000
应交税费——应交增值税（进账税额转出）		4 800

【特别提示】

存货审计通常是审计中最复杂也最费时的部分，主要原因有：(1) 存货是资产负债表中的一个主要项目，而且通常是构成营运资本的最大项目。(2) 存货存放比较分散，对其实物控制和盘点都很困难。(3) 存货项目的多样性，例如，化学制品、宝石、电子元件以及其他的高科技产品，给审计带来了困难。(4) 存货本身的陈旧以及存货成本的分配也使得存货的估价存在困难。(5) 存货计价方法存在多样性。(6) 存货与其他项目密切关联。存货审计的复杂性需要注册会计师予以特别关注。要求实施存货项目审计的注册会计师应具备较高的专业素质和相关业务知识，分配较多的审计工时，运用多种有针对性的审计程序。

【特别提示】

存货审计涉及数量和价值两个方面。针对存货数量的实质性程序主要是存货监盘，还包括对第三方保管的存货实施函证等程序，对在途存货检查相关凭证和期后入库记录等。针对存货价值的实质性程序包括对购买和生产成本的审计程序以及对存货可变现净值的审计程序。其中原材料成本审计通常通过对采购成本的审计来进行；在产品和产成品的单价较为复杂，包括测试原材料成本、人工成本和制造费用的归集和分摊。审计存货的另一个考虑就是其与采购、销售收入及销售成本间的相互关系，因为就存货认定取得的证据也同时为其对应项目的认定提供了证据。例如，通过存货监盘和对已收存货的截止测试取得、与外购商品或原材料存货的完整性和存在认定相关的证据，也为同一期间原材料和商品采购的完整性和发生提供了保证。类似地，销售收入的截止测试也为期末之前的销售成本已经从期末存货中扣除并正确计入销售成本提供了证据。

【知识链接】
与存货相关的项目的审计程序

第 5 节　营业成本审计

一、审计目标与认定对应关系表（见表 12－7）

表 12－7　　审计目标与认定对应关系表

审计目标	财务报表认定					
	发生	完整性	准确性	截止	分类	列报
A. 利润表中记录的营业成本已发生，且与被审计单位有关。	√					
B. 所有应当记录的营业成本均已记录。		√				
C. 与营业成本有关的金额及其他数据已恰当记录。			√			
D. 营业成本已记录于正确的会计期间。				√		
E. 营业成本已记录于恰当的账户。					√	
F. 营业成本已在财务报表中作出恰当的列报。						√

二、审计目标与审计程序对应关系表（见表 12-8）

表 12-8　　审计目标与审计程序对应关系表

审计目标	可供选择的审计程序（以主营业务成本审计为例）	索引号
C	1. 获取或编制主营业务成本明细表，复核加计是否正确，并与总账数和明细账合计数核对是否相符，结合其他业务成本科目与营业成本报表数核对是否相符。	SB2
ABC	2. 实施实质性分析程序（必要时）。 (1) 针对已识别需要运用分析程序的有关项目，注册会计师基于对被审计单位及其环境的了解，并考虑有关数据间关系的影响，以建立有关数据的期望值。 (2) 进行比较。 ①比较当年度与以前年度不同品种产品的主营业务成本和毛利率。 ②比较当年度与以前年度各月主营业务成本的波动趋势。 ③比较被审计单位与同行业的毛利率。 ④比较当年度与以前年度主要产品的单位产品成本。 (3) 确定可接受的差异额。 (4) 将实际的情况与期望值相比较，识别需要进一步调查的差异。 (5) 如果其差额超过可接受的差异额，调查并获取充分的解释和恰当的佐证审计证据。 (6) 评估分析程序的测试结果。	SB3
ABC	3. 检查主营业务成本的内容和计算方法是否符合会计准则规定，前后期是否一致。	SB4
ABC	4. 编制生产成本与主营业务成本倒轧表，并与相关科目交叉索引。	SB5
AB	5. 抽查____月主营业务成本结转明细清单，比较计入主营业务成本的品种、规格、数量和主营业务收入的口径是否一致，是否符合配比原则。	SB4
ABCDE	6. 针对主营业务成本中重大调整事项（如销售退回）、非常规项目，检查相关原始凭证，评价真实性和合理性，检查其会计处理是否正确。	SB6
C	7. 在采用计划成本、定额成本、标准成本或售价核算存货的条件下，应检查产品成本差异或商品进销差价的计算、分配和会计处理是否正确。	略
AB	8. 结合期间费用的审计，判断被审计单位是否通过将应记入生产成本的支出记入期间费用，或将应记入期间费用的支出记入生产成本等手段调节生产成本，从而调节主营业务成本。	略
F	9. 检查营业成本是否已在财务报表中作出恰当列报。	略

案例 12-3

注册会计师对 ABC 公司 12 月的生产成本及主营业务成本进行审计，发现以下事项：(1) 料到单未到的材料 5 000 元未暂估入账；(2) 车间月末剩余材料 1 000 元未作假退料处理；(3) 在建厂房的工人工资 2 000 元列入了直接薪酬费用；(4) 本月预付的财产保险费 6 000 元全额列入了制造费用，经检查应从本月起按 3 个月摊销；(5) 月末在产品盘点实际结存 37 000 元。

分析： 注册会计师分析相关资料后编制生产成本及主营业务成本倒轧表（见表 12－9）。

表 12－9　生产成本及主营业务成本倒轧表

项目	未审数	调整或重分类金额（借或贷）	审定数
原材料期初余额	80 000		80 000
加：本期购进	150 000	借 5 000（暂估）	155 000
减：原材料期末余额	60 000	借 1 000（假退料）	61000
其他发出额	10 000		10 000
直接材料成本	160 000	借 4 000	164 000
加：直接薪酬费用	15 000	贷 2 000（修建厂房）	13 000
制造费用	42 000	贷 4 000（财产保险）	38 000
生产成本	217 000	贷 2 000	215 000
加：在产品期初余额	23 000		23 000
减：在产品期末余额	30 000	借 7 000（在产品盘点）	37 000
其他发出额	0		0
完工产品生产成本	210 000	贷 9 000	201 000
加：产成品期初余额	28 000		28 000
减：产成品期末余额	27 000		27 000
其他发出额	0		0
主营业务成本	211 000	贷 9000	202 000

审计结论：

1. 资产少计 14 000 元、负债少计 5 000 元、虚减利润总额 9 000 元（其中原材料少计 1 000 元，生产成本余额少计 7 000 元，预付账款少计 4 000 元，在建工程少计 2 000 元，应付账款少计 5 000 元，主营业务成本多计 9 000 元）。

2. 经复核，成本勾稽关系正确。

实训

一、判断题

1. 对于种类繁多、数量较大、金额不大的存货，应由注册会计师亲自盘点。（　　）

2. 由于不可预见的情况导致无法在预定日期实施存货监盘，应当实施替代审计程序。（　　）

3. 被审计单位财务负责人认为本公司存货采用永续盘存制，因此可不必对存货进行实地盘点。注册会计师应接受这种意见。（　　）

4. 在制订监盘计划时，需要考虑是否需要利用专家的工作。（　　）

5. 存货监盘的目标主要与存货的存在认定有关，对于存货的完整性、计价、权利认定也能提供部分证据。（　　）

6. 存货监盘时间应与被审计单位存货盘点时间相协调，尽量接近资产负债表日。（　　）

7. 如果被审计单位存货的性质或位置导致无法实施存货监盘，注册会计师应当直接发表保留意见或无法表示意见。（ ）

8. 从存货盘点记录中选取项目追查至存货实物，以测试盘点记录的完整性；从存货实物中选取项目追查至存货盘点记录，以测试存货盘点记录的准确性。（ ）

9. 截止测试的目的是检查截止到资产负债表日，存货实物纳入盘点范围的时间与存货引起的借贷会计科目的入账时间是否处于同一会计期间。（ ）

10. 科技含量高的存货易因技术进步而过时，存在认定错报风险大。（ ）

二、单项选择题

1. 对存货实施定期盘点属于（ ）。

A. 注册会计师的审计责任　　B. 被审计单位的会计责任

C. 会计师事务所有质量控制要求　　D. 被审计单位财务部门的责任

2. 注册会计师监盘客户存货的主要目的是（ ）。

A. 查明是否漏盘某些主要的存货项目　　B. 查明存货的计价是否正确

C. 了解盘点指示是否贯彻执行　　D. 获得存货是否实际存在的证据

3. 下列关于存货计价测试的说法中，不正确的是（ ）。

A. 选择样本时，应着重选择结存余额较大且价格变化比较频繁的项目

B. 关注计价方法的合理性与前后各期的一致性

C. 任何情况下都无法实现全样本测试

D. 测试时，应采用被审计单位已有计算程序重新计算，并与被审计单位账面记录对比

4. 注册会计师在企业存货的盘点工作中应当（ ）。

A. 亲自进行独立的存货盘点

B. 参与企业盘点，并对盘点工作进行适当观察和检查

C. 观察企业盘点，完全不必亲自盘点

D. 制定盘点计划，由企业进行盘点，将盘点结果汇入工作底稿

5. 下列关于存货监盘时实施检查程序的做法中，与测试存货盘点记录的完整性不相关的是（ ）。

A. 从存货实物中选取项目追查至存货盘点记录

B. 在存货盘点过程中关注存货的移动情况

C. 从存货盘点记录中选取项目追查至存货实物

D. 在存货盘点结束前，再次观察盘点现场

6. 由第三方保管或控制的存货无法在存货盘点现场实施监盘，注册会计师拟实施替代审计程序，以下表述错误的是（ ）。

A. 检查相关的文件记录　　B. 向第三方函证

C. 委托其他注册会计师代为监盘　　D. 委托被审计单位的内部审计人员监盘

7. 注册会计师负责审计 ABC 公司 2018 年度财务报表，了解到 ABC 公司存货采用实地盘存制，2019 年 1 月 2 日在复核存货监盘报告及相关审计工作底稿时，注意到以

下情况，其中做法正确的是（　　）。

A. 索取全部盘点表并按编号顺序汇总后，进行账账、账实核对

B. 监盘前将抽盘范围告知 ABC 公司，以便其做好准备工作

C. 抽盘后将抽盘记录交给 ABC 公司，要求其调整存货盘点表

D. 由于未能监盘期初存货，拟定根据期末监盘结果倒推存货期初余额，并予以确认

8. 生产与存货循环和销售与收款循环的直接联系发生于（　　）之时。

A. 借记原材料、贷记应付账款　　B. 借记货币资金、贷记应收账款

C. 借记主营业务成本、贷记库存商品　　D. 借记应付账款、贷记货币资金

9. 生产与存货循环可以看成是由两个既相互独立又密切联系的系统组成的，一个涉及商品的实物流程，另一个涉及相关的（　　）。

A. 加工流程　　B. 成本流程　　C. 人员流程　　D. 收付流程

10. 生产与存货循环有关交易的实质性程序不包括（　　）。

A. 成本会计制度的测试　　B. 分析程序的运用

C. 存货的监盘　　D. 存货的计价测试

三、多项选择题

1. 存货审计通常是审计中最复杂也最费时的部分，需要注册会计师予以特别关注，可能的原因包括（　　）。

A. 存货是资产负债表中的一个主要项目，通常是构成营运资本的最大项目

B. 存货存放比较分散，对其实物控制和盘点都很困难

C. 存货项目本身具有多样性，存货计价方法也存在多样性

D. 存货本身的陈旧以及存货成本的分配也使得存货的估价存在困难

2. 下列有关存货监盘目的的说法中，正确的有（　　）。

A. 存货监盘针对的主要是存货的存在认定

B. 存货监盘针对的主要是存货的存在认定、完整性认定、计价与分摊认定

C. 存货监盘针对的主要是存货的存在认定、完整性认定、权利与义务认定

D. 存货监盘也可能获取有关存货完整性认定、权利与义务认定、计价认定的部分证据

3. 注册会计师应当根据存货的存放地点确定监盘地点。如果存货存放在多个地点，下列有关存货监盘地点的职业判断中，不恰当的有（　　）。

A. 要求被审计单位提供一份完整的存货存放地点清单

B. 要求被审计单位提供一份完整的存货存放地点清单，期末存货量为零的仓库除外

C. 要求被审计单位提供一份完整的存货存放地点清单，租赁的仓库除外

D. 要求被审计单位提供一份完整的存货存放地点清单，第三方代保管存货的仓库除外

4. 注册会计师应当根据存货的存放地点确定监盘地点。根据具体情况下的重大错报风险评估结果，注册会计师可以考虑执行的审计程序包括（　　）。

A. 询问被审计单位除管理层和财务部门以外的其他人员，如营销人员、仓库人员

等，以了解有关存货存放地点的情况

B. 比较被审计单位不同时期的存货存放地点清单，关注仓库变动情况，以确定是否存在因仓库变动而未将存货纳入盘点范围的情况发生

C. 检查被审计单位存货的出入库单，关注是否存在被审计单位尚未告知注册会计师的仓库

D. 检查费用支出明细账和租赁合同，关注被审计单位是否租赁仓库并支付租金，如果有，该仓库是否已包括在被审计单位提供的仓库清单中

5. 注册会计师应当关注存货在不同存放地点之间的移动以及截止日前后期间出入库的控制。下列关于存货移动以及截止日前后期间出入库的控制的说法正确的有（　　）。

A. 如果被审计单位在盘点过程中停止生产并关闭存货存放地点以确保停止存货的移动，则有利于保证存货盘点的准确性

B. 根据被审计单位的具体情况考虑其无法停止存货移动的原因及其合理性

C. 如果被审计单位在盘点过程中无法停止生产，可以考虑在仓库内划分出独立的过渡区域，将预计在盘点期间领用的存货移至过渡区域，将盘点期间办理入库手续的存货暂时放在过渡区域，确保相关存货只被盘点一次

D. 向被审计单位索取盘点期间存货移动相关的书面记录以及出入库资料，以便观察被审计单位有关存货移动的控制程序是否得到执行

6. 下列事项中对盘点范围的考虑恰当的有（　　）。

A. 即使在被审计单位声明不存在受托代存存货的情形下，注册会计师也应当关注是否存在某些存货不属于被审计单位的迹象，以避免盘点范围不当

B. 对所有权不属于被审计单位的存货，应当取得其规格、数量等有关资料，确定是否已单独存放、标明，且未被纳入盘点范围

C. 对被审计单位未纳入盘点范围的存货，注册会计师应当实施替代审计程序

D. 在被审计单位盘点存货前，注册会计师应当观察盘点现场，确定应纳入盘点范围的存货是否已经适当整理和排列，并附有盘点标识，防止遗漏或重复盘点

7. 在考虑被审计单位委托其他单位保管的存货时，注册会计师应当拟定的审计程序有（　　）。

A. 实施监盘

B. 向存货的保管人函证

C. 向受托单位获取受托代管存货的书面确认函

D. 视同审计范围受到限制，考虑出具非无保留意见审计报告

8. 在编制存货监盘计划时，注册会计师应当实施的工作有（　　）。

A. 了解与存货相关的内部控制，评估与存货相关的重大错报风险

B. 制订存货监盘的替代审计程序

C. 如存在特殊存货，考虑是否需要利用专家的工作或其他注册会计师的工作

D. 索取完整的存货存放地点清单，确定其完整性

9. 如果对被审计单位存货无法实施监盘，应当考虑能否实施替代审计程序，这些替代审计程序主要包括（　　）。

A. 检查进货交易凭证或生产记录以及其他相关资料

B. 检查资产负债表日后发生的销货交易凭证

C. 检查资产负债表日后付款凭证

D. 向顾客或供应商函证

10. 存货截止测试的方法有（　　）。

A. 在存货明细账的借方发生额中选取资产负债表日前后若干张、一定金额以上的凭证，并与入库单或购货发票核对

B. 在入库单或购货发票中选取资产负债表日前后若干张、一定金额以上的凭据，与明细账的借方发生额进行核对

C. 在存货明细账的贷方发生额中选取资产负债表日前后若干张、一定金额以上的凭证，并与出库单或销货发票核对

D. 在出库单或销货发票中选取资产负债表日前后若干张、一定金额以上的凭据，与明细账的贷方发生额进行核对

四、案例分析题

1. ABC 公司的材料采用计划成本核算，注册会计师在审阅基本生产车间生产成本、原材料和材料成本差异等明细账时，发现甲材料 12 月初材料成本差异账户为借方余额 8 340 元，库存原材料计划成本为 320 000 元。12 月份购入甲材料的实际成本为 2 455 000 元，计划成本为 2 500 000 元，12 月份发出甲材料的计划成本为 960 000 元，其中生产车间生产产品领用 920 000 元，生产车间一般耗用领用 12 000 元，行政管理部门领用 8 000 元，销售部门领用 20 000 元；结转耗用材料的实际成本为 931 960 元。12 月份产品全部完工并售出。

要求：

（1）说明运用的审计程序。

（2）你是否同意 ABC 公司的会计处理？说明理由。

（3）如不同意，提出审计调整建议。

2. 甲公司主要从事电子产品的生产和销售。X 注册会计师担任甲公司 2018 年度财务报表审计项目合伙人。在审计存货时，X 注册会计师编制了相关工作底稿，部分内容摘录如表 12－10 所示。

表 12－10　　　　**存货审定表**　　　　单位：万元

存货项目	索引	2018 年			2017 年
		未审数	审计调整	审定数	已审数
一、存货账面余额					
A 原材料	注释 1	40	0	40	100
B 原材料	注释 2	200	50	250	450

续前表

存货项目	索引	2018 年			2017 年
		未审数	审计调整	审定数	已审数
C 原材料	注释 3	50	−20	30	200
⋮					
二、存货跌价准备	B1-3	0	0	0	0
合计		2 000	−60	1 940	1 800

注释 1：A 原材料主要用于生产 A 产品。

A 原材料 2018 年年末结存数量与 2017 年年末基本保持一致，但结存金额比 2017 年年末有所减少。主要原因是：A 原材料供应商从 2018 年年初开始向甲公司提供采购折扣（年末结算）。甲公司在 2018 年 12 月 31 日收到 A 原材料供应商支付的 2018 年度采购折扣 60 万元，并相应冲减 A 原材料 2018 年年末结存成本 60 万元。我们检查了采购合同、供应商出具的采购折扣结算明细表以及相关的银行进账单据，没有发现异常。无须提出审计调整建议。

注释 2：B 原材料主要用于生产 B 产品。

根据 B 原材料盘点结果，2018 年年末结存金额未包括于 2018 年 12 月 31 日已入库但尚未收到采购发票的 50 万元 B 材料。已提出审计调整建议，于 2018 年年末补计已入库的 B 原材料 50 万元。

注释 3：C 原材料主要用于生产 C 产品。

根据 C 原材料盘点结果，2018 年年末结存金额中有 20 万元的 C 原材料在 2018 年 12 月 31 日收到采购发票，但于 2019 年 1 月 1 日才实际收到入库。已提出审计调整建议，于 2018 年年末冲回尚未收到入库的 C 原材料 20 万元。

（略）

要求：

（1）针对注释 1 至注释 3，假定不考虑其他条件，逐项指出相关审计建议是否存在不当之处，并简要说明理由。

（2）如果存在不当之处，简要提出改进建议。

3. A 注册会计师负责审计甲公司 2018 年度财务报表。甲公司主要从事服装的生产和销售，2018 年年末未审计财务报表存货余额约 10 000 万元。存货存放在下属乙工厂和全国 60 家直营店。审计项目组确定财务报表整体的重要性为 1 000 万元。审计项目组实施存货监盘的部分事项如下：

（1）审计工作底稿中的记录，存货监盘目标为获取有关甲公司资产负债表日存货数量的审计证据。

（2）审计项目组按 2018 年年末各存放地点的存货余额进行排序，选取存货余额最大的 20 个地点（合计占年末存货余额的 60%）实施监盘。审计项目组根据选取地点的监盘情况，认为甲公司年末存货盘点结果令人满意。

（3）因天气原因，审计项目组成员未能按计划在 2018 年 12 月 31 日到达某直营店实施监盘。经与管理层协商，改在 2019 年 1 月 5 日实施监盘，并对 2018 年 12 月 31 日至 2019 年 1 月 5 日期间的存货变动情况实施审计程序。

（4）乙工厂存货品种繁多，存放拥挤。为保证监盘工作顺利进行，A 注册会计师提前两天将拟抽盘项目清单发给乙工厂财务部人员，要求其做好准备工作。

要求：针对上述事项（1）～（4），假定不考虑其他条件，逐项指出审计项目组的做法是否恰当，简要说明理由。

4. 注册会计师在审计 ABC 公司 2018 年年报时发现：

(1) 该公司在 2018 年年初与 Z 公司签订了一项经营租赁合同。ABC 公司租用 Z 公司两台设备，租期为 3 年，每月租金 15 000 元，第一年免交租金。ABC 公司认为第一年免交租金，所以 2018 年度公司无相关的租赁费用。

(2) 2018 年 1 月 1 日，ABC 公司经营租入办公设备一台，租期 3 年。设备价值为 2 000 000 元，预计使用年限为 10 年，3 年的租金总额为 1 500 000 元。在租赁开始日 (2018 年 1 月 1 日)，ABC 公司一次性支付租金 1 500 000 元，全部记入当期的管理费用。

要求：

(1) 注册会计师是否同意 ABC 公司的会计处理？说明理由。

(2) 如何编制审计调整分录？

第13章

货币资金审计与所得税费用审计

引导案例

货币资金风险评估与应对

甲公司系餐饮连锁企业，餐厅集中在一线城市。ABC会计师事务所的X注册会计师负责审计甲公司2018年度财务报表。甲公司店内收银使用POS系统，接受现金、银行卡和会员卡付款。

X注册会计师了解到甲公司以下情况：

情况一：2018年12月，甲公司董事会接到匿名举报，称总经理从甲公司银行账户挪用公司款项300万元。甲公司董事会已对此事展开调查，目前尚无定论。

情况二：2018年10月，甲公司投入1 000万元购入某银行推出的一款一年期非保本高收益理财产品。

X注册会计师获取了甲公司的部分财务数据：

项目	2018年未审数（万元）	2017年已审数（万元）
货币资金	6 910	5 568
现金	110	68
银行存款	5 800	5 500
银行理财产品	1 000	0

据此，X注册会计师作出以下分析：

情况一：总经理被举报有舞弊行为，管理层诚信出了问题，可能导致财务报表层次重大错报风险，而挪用资金可能导致货币资金（存在认定）出现重大错报风险。

情况二：非保本的理财产品的年末价值难以计量，存在重大错报风险，与货币资金（存在）、持有至到期（计价）相关。

思考： X注册会计师对重大错报风险的识别与评估是否合理？

第 1 节　货币资金的重大错报风险评估与应对

一、货币资金内部控制的了解与评价

【知识链接】
货币资金信息概述

（一）了解重要交易类别与交易流程

1. 重要交易类别

在货币资金中，收款和付款交易通常都是重要交易类别，库存现金、银行存款一般被确定为重大账户。

2. 交易流程

货币资金内部控制涉及的交易流程如图 13－1 所示。

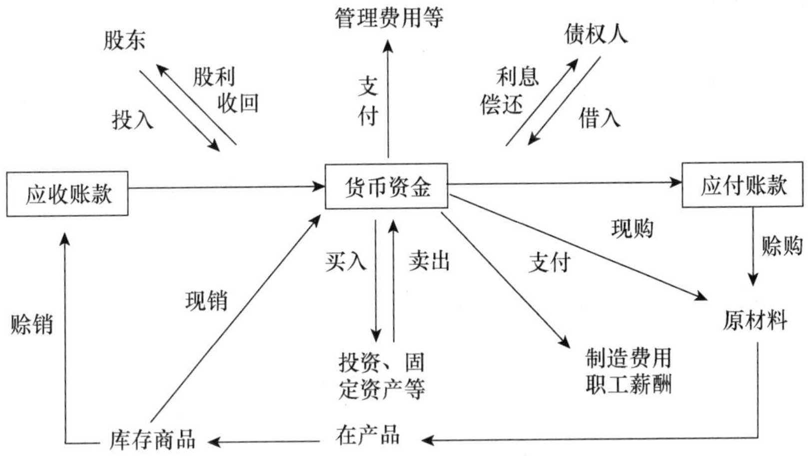

图 13－1　交易流程图

3. 了解的程序

了解的程序包括检查被审计单位相关控制手册和其他书面指引，询问各部门的相关人员，观察操作流程等。例如，注册会计师可以询问付款的人员，了解付款流程；也可以询问会计部门的人员，了解有关账务处理流程。注册会计师可以利用文字表述、流程图等方式把了解到的情况记录下来。

（二）确定可能发生错报的环节

注册会计师需要确认和了解货币资金的错报在什么环节发生，即确定被审计单位应在哪些环节设置控制，以防止或发现并纠正可能发生的错报。部分在货币资金上可能发生错报的环节如表 13－1 所示。

表 13－1　货币资金的可能错报环节

交易流程	可能的错报
收款	现金收入不入账，设置账外资产
	存入的款项来源不合法（如出租账户）
	贪污（如截留）

续前表

交易流程	可能的错报
付款	以现金支付回扣或好处费
	挪用，贪污（如假发票等）
	坐支
保管	非法挪用资金，白条抵库，长短款

（三）识别和了解相关控制

注册会计师应当了解货币资金相关控制，尤其要注意可能发生错报的环节的关键控制的状况，并以文字表述、流程图的方式或几种方式相结合进行记录。

（四）穿行测试

注册会计师应当选择一笔或几笔收款与付款交易进行穿行测试。例如，针对资金支付业务，追踪从支付申请、审批、复核到办理支付、生成记账凭证，并过账至库存现金、银行存款日记账和总账的整个交易流程，考虑之前对交易流程和相关控制的了解是否正确和完整。货币资金（收款）穿行测试如表 13－2 所示。

（五）初步评价内部控制

注册会计师通过了解货币资金的内部控制，对相关控制的设计和是否得到执行进行评价。

二、货币资金重大错报风险评估与应对

（一）可能表明货币资金存在重大错报风险的事项或情形

（1）被审计单位的现金交易比例较高，并与其所在行业常用的结算模式不同；

（2）库存现金规模明显超过业务周转所需资金；

（3）银行账户开立数量与企业实际的业务规模不匹配；

（4）在没有经营业务的地区开立银行账户；

（5）企业资金存放于管理层或员工个人账户；

（6）货币资金收支金额与现金流量表不匹配；

（7）不能提供银行对账单或银行存款余额调节表；

（8）存在长期或大量银行未达账项；

（9）银行存款明细账存在非正常转账的“一借一贷”；

（10）违反货币资金存放和使用规定（如上市公司未经批准开立账户转移募集资金、未经许可将募集资金转作其他用途等）；

（11）存在大额非记账本位币收付记录，而被审计单位并不涉足外贸业务；

（12）被审计单位以各种理由不配合注册会计师实施银行函证；

（13）存在没有具体业务支持或与交易不相匹配的大额资金往来；

（14）存在长期挂账的大额预付款项；

（15）存在大额自有资金的同时，向银行高额举债；

表 13 - 2

货币资金（收款）穿行测试

测试目标：

验证之前对货币资金（收款）交易流程和相关控制的了解是否准确和完整，并确定相关控制是否得到执行。

样本序号	样本类别	业务内容	银行对账单					会计凭证					原始凭证			
			日期	归属期间	单位	金额	索引号	日期	编号	款项性质	金额	索引号	日期	编号	金额	索引号
2	大额银行存款	收 X 能源公司借款	2017/12/28	2017	ABC 公司	1 200 000	ZA2-2	2017/12/30	收 130	转账收入	1 200 000	ZA2-2	2017/12/28	5859	1 200 000	ZA2-2
⋮																

检查点说明：

检查点 1：不相容职务已分开设置并得到执行	检查点 3：收款及时入账	检查点 5：收款业务的内容与企业经营活动相关
检查点 2：银行对账单金额与收款记录核对一致	检查点 4：收款凭证的对应科目与付款单位的户名一致	检查点 6：记账凭证与原始凭证的内容、金额核对一致

穿行测试说明：

1. 按照样本类别（被审计单位的收款方式，包括转账、托收、汇兑等），各选取一个样本进行穿行测试。
2. 我们选取了 2017 年 12 月的一笔收款对其进行穿行测试。

（1）付款人：×公司

（2）日期：2017 年 12 月 28 日

（3）金额：1 200 000.00 元

（4）获得银行回单、收款确认单，与收款凭证核对金额、付款人名称一致。

（5）从收款凭证跟踪到相关的应收账款明细分类账、银行存款日记账，金额、付款人名称一致。

（6）获得 12 月份的银行对账单以及银行余额调节表，核对金额一致。

测试结论：

1. 我们追踪了收款交易在财务报告信息系统中的处理过程，证实了我们对重要交易流程和可能发生错报的环节的了解是准确和完整的。
2. 我们所了解的相关控制得到执行。

（16）付款方账户名称与销售客户名称不一致、收款方账户名称与供应商名称不一致；

（17）开具的银行承兑汇票没有银行承兑协议支持；

（18）银行承兑票据保证金余额与应付票据余额比例不合理。

以上事项或情形甚至表明存在舞弊风险。

（二）设计进一步审计程序的总体方案

注册会计师基于识别的重大错报风险评估结果，确定进一步审计程序的总体方案，决定采用综合性方案还是实质性方案，继而编制具体审计计划，设计控制测试与实质性程序的性质、时间安排和范围。

三、货币资金的控制测试

收款与付款交易相关的内部控制的测试已在销售与收款循环、采购与付款循环中简单介绍，因此本节侧重于与货币资金余额相关的控制测试（见表 13－3）。

表 13－3　与货币资金余额相关的控制测试一览表

风险点	控制活动	控制测试
现金长短款	账钱分管。 会计主管指定应付账款会计每月末的最后一天对库存现金进行盘点，根据盘点结果编制库存现金盘点表，将盘点余额与现金日记账余额进行核对，并对差异调节项进行说明。 会计主管复核库存现金盘点表，若盘点金额与现金日记账余额存在差异且差异金额超过×万元，需查明原因并报财务经理批准后进行财务处理。	检查现金以确定其是否存在，并检查现金盘点结果。 在月末最后一天参与被审计单位的现金盘点，检查是否由应付账款会计进行现金盘点。 观察现金盘点程序是否按照盘点计划的指令和程序执行，是否编制了现金盘点表并经财务部相关人员签字复核。 检查现金盘点表中记录的现金盘点余额是否与实际盘点金额保持一致、现金盘点表中记录的现金日记账余额是否与被审计单位现金日记账中余额保持一致。 针对调节差异金额超过×万元的调节项，检查是否经财务经理批准后进行财务处理。
银行存款账户管理混乱	会计主管根据实际业务需要就银行账户的开立、变更和注销提出申请，经财务经理审核后报总经理审批。	询问会计主管本年开户、变更、撤销的整体情况。 取得本年度账户开立、变更、撤销申请项目清单，检查清单的完整性，并抽样检查账户的开立、变更、撤销项目是否已经财务经理和总经理审批。
银行存款存在、完整性和准确性错报	每月末，会计主管指定应收账款会计核对银行存款日记账和银行对账单，编制银行存款余额调节表，使银行存款账面余额与银行对账单调节相符。 如存在差异项，查明原因并进行差异调节说明。会计主管复核银行存款余额调节表，对需要进行调整的调节项目及时进行处理，并签字确认。	询问应收账款会计和会计主管，以确定其是否按照内部控制政策要求执行控制，特别是针对未达账项的编制及审批流程。 针对选取的样本，检查银行存款余额调节表，查看调节表中记录的企业银行存款日记账余额是否与银行存款日记账余额保持一致，调节表中记录的银行对账单余额是否与被审计单位提供的银行对账单中的余额保持一致。 针对调节项目，检查是否经会计主管签字复核。 针对大额未达账项进行期后收付款的检查。

【特别提示】

现金监盘程序及对银行存款余额调节表的检查是用作控制测试还是实质性程序，取决于注册会计师对风险评估结果、审计方案和实施的特定程序的判断。注册会计师可以将现金监盘、对银行存款余额调节表的检查作为双重目的测试，同时用作控制测试和实质性程序。

第 2 节　货币资金审计

一、审计目标与认定对应关系表（见表 13－4）

表 13－4　　审计目标与认定对应关系表

审计目标	财务报表认定				
	存在	完整性	权利与义务	计价与分摊	列报
A. 资产负债表中记录的货币资金是存在的。	√				
B. 应当记录的货币资金均已记录。		√			
C. 记录的货币资金由被审计单位拥有或控制。			√		
D. 货币资金以恰当的金额包括在财务报表中，与之相关的计价调整已恰当记录。				√	
E. 货币资金已在财务报表中作出恰当列报。					√

二、审计目标与审计程序对应关系表（见表 13－5）

表 13－5　　审计目标与审计程序对应关系表

审计目标	可供选择的审计程序	索引号
（一）库存现金		
D	1. 核对库存现金日记账与总账的金额是否相符，检查非记账本位币库存现金的折算汇率及折算金额是否正确。	略
ABDC	2. 监盘库存现金。 （1）制定监盘计划。 ①确定监盘时间。最好选在上午上班前或下午下班后进行，尽量不影响被审计单位正常营业。 ②确定监盘范围。覆盖各部门经管的全部库存现金。各处保管的库存现金应同时进行盘点，防止移库遮掩现金短缺；可以由出纳员将库存现金集中存入保险柜；或者将各处库存现金就地封存；同时进行库存金融资产的盘点，防止其用金融资产作质押换取现金来弥补缺库。 ③确定参加人员。注册会计师、被审计单位的出纳员和会计机构负责人都要参加。 ④监盘方式。采用突击方式以增强监盘结果的可信度。	ZA2

续前表

审计目标	可供选择的审计程序	索引号
	（2）检查库存现金日记账，并与现金收付凭证核对，查看其内容、金额和日期是否相符。 （3）监盘库存现金，编制库存现金监盘表。将盘点金额与现金日记账余额进行核对，如有差异，应要求被审计单位查明原因并作适当调整，如无法查明原因，应要求被审计单位按管理权限批准后作出调整；若有充抵库存现金的借条、未提现支票、未作报销的原始凭证，需在监盘表中注明，必要时调整。 （4）在非资产负债表日进行监盘时，应将监盘金额调整至资产负债表日的金额。	
ABD	3. 抽查大额库存现金收支。检查原始凭证是否齐全、记账凭证与原始凭证是否相符、账务处理是否正确、是否记录于恰当的会计期间等项内容。	ZA3
D	4. 库存现金收支的截止测试。对截止日前后一段时期内的现金收支凭证进行审计，检查是否存在跨期事项。	ZA4
（二）银行存款		
DE	5. 获取或编制银行存款余额明细表。 （1）复核加计是否正确，并与总账数和日记账合计数核对是否相符。 （2）检查非记账本位币银行存款的折算汇率及折算金额是否正确。	ZA2-1
ABD	6. 实施实质性分析程序。计算银行存款累计余额应收利息收入，分析比较被审计单位银行存款应收利息收入与实际利息收入的差异是否恰当，评估利息收入的合理性，检查是否存在高息资金拆借，确认银行存款余额是否存在，利息收入是否已经完整记录。	略
ABD	7. 取得并检查银行对账单与银行存款余额调节表（证实银行存款的存在以及完整性）。 （1）取得加盖银行印章的银行对账单。 ①检查银行对账单是否真实，必要时亲自到银行获取对账单。 ②将银行对账单与银行询证函回函核对，确认是否一致。 ③将银行对账单余额与银行存款日记账余额核对，如果存在差异，获取银行存款余额调节表。 ④关注相近日期银行对账单上等额一收一付（或两付、多付），而银行存款日记账上无记录的“空中飞”现象，可能存在贪污、挪用或设立小金库等舞弊行为。 （2）获取银行存款余额调节表。 ①检查调节表中加计数是否正确，调节后银行存款日记账余额与银行对账单余额是否一致。 ②检查调节事项的性质和范围是否合理。 ③检查是否存在跨期收支。检查企业已收付银行未收付的事项，检查相关收付款凭证，并取得银行期后银行对账单，确认未达账项是否存在，银行是否已于日后入账；对于银行已收付企业未入账的事项，检查期后企业入账的收付款凭证，确认未达账项是否存在，如果企业的银行存款余额调节表存在大额或较长时间的未达账项，应查明原因并确定是否需要提请被审计单位进行调整。 ④检查是否存在跨行转账的调节事项。编制跨行转账业务明细表，检查跨行转账业务是否同时对应转入和转出，未在同一期间完成的转账业务是否反映在银行存款余额调节表的调整事项中。 ⑤检查是否存在未入账的利息收入和利息支出。 ⑥当未经授权或授权不清的支付现象比较突出时，特别关注银付企未付、企付银未付中支付异常的领款事项（包括没有载明收款人、签字不全、收款地址不清的事项），确认是否存在舞弊行为。	ZA2-3 略

续前表

审计目标	可供选择的审计程序	索引号
AC	8. 函证银行存款。 （1）函证目的。证实资产负债表所列银行存款是否存在，同时可以了解企业欠银行的债务，还能发现企业未登记的银行借款及未披露的或有负债。 （2）函证对象。注册会计师应向被审计单位在本期存过款的所有银行发函，包括零账户和账户已结清的银行，因为有可能仍有银行借款或其他负债存在。注册会计师已直接从某一银行取得了银行对账单和所有已付支票，也应向这一银行进行函证。 （3）函证的控制与评价。 ①以被审计单位名义直接向银行发询证函（见参考格式 13－1），并直接从银行获取回函。一般采取跟函的形式。 ②将银行确认的余额与银行存款余额调节表、银行对账单的余额核对，同时确定函证中银行所提供的相关信息已在报表中得到披露。 ③编制银行函证结果汇总表，检查银行回函。如果确定所函证信息与银行回函结果有差异，对不符事项进行调查。	ZA2-4 ZA2-5
C	9. 检查银行存款账户存款人是否为被审计单位，若存款人非被审计单位，应获取该账户户主和被审计单位的书面声明，确认资产负债表日是否需要调整。	ZA2-1
ABD	10. 抽查大额银行存款收支的原始凭证，检查原始凭证是否齐全、记账凭证与原始凭证是否相符、账务处理是否正确、是否记录于恰当的会计期间等项内容。检查是否存在非营业目的的大额货币资金转移，并核对相关账户的进账情况；如有与被审计单位生产经营无关的收支事项，应查明原因并作相应的记录。	ZA2-6
BA	11. 检查银行存款收支的截止是否正确。选取资产负债表日前后____张、____金额以上的凭证实施截止测试，关注业务内容及对应项目，如有跨期收支事项，应考虑是否应进行调整。	略
E	12. 检查货币资金是否已在财务报表中作出恰当列报。因质押或冻结等对使用有限制、存放在境外、有潜在回收风险的款项是否恰当分类或者披露。	

【参考格式 13－1】

银行询证函

××（银行）：

本公司聘请的××会计师事务所正在对本公司××年度财务报表进行审计，按照中国注册会计师审计准则的要求，应当询证本公司与贵行相关的信息。下列信息出自本公司记录，如与贵行记录相符，请在本函下端“信息证明无误”处签章证明；如有不符，请在“信息不符”处列明不符项目及具体内容；如存在与本公司有关的未列入本函的其他重要信息，也请在“信息不符”处列出其详细资料。回函请直接寄至××会计师事务所。

回函地址：　　　　　　　　　　　　邮编：

电话：　　　　　　传真：　　　　　联系人：

截至××年×月×日止，本公司与贵行相关的信息列示如下：

1. 银行存款

账户名称	银行账号	币种	利率	余额	起止日期	是否被质押、用于担保或存在其他使用限制	备注

除上述列示的银行存款外，本公司并无在贵行的其他存款。

注："起止日期"一栏仅适用于定期存款，如为活期或保证金存款，可只填写"活期"或"保证金"字样。

2. 银行借款

借款人名称	币种	本息余额	借款日期	到期日期	利率	借款条件	抵（质）押品/担保人	备注

除上述列示的银行借款外，本公司并无自贵行的其他借款。

注：此项仅函证截至资产负债表日本公司尚未归还的借款。

其他重大事项：

（公司盖章）

年　月　日

——————以下仅供被询证银行使用——————

结论：

1. 信息证明无误。 （银行盖章） 经办人：　　　　年　月　日	2. 信息不符，请列明不符项目及具体内容（对于在本函前述漏列的其他重要信息，请列出详细资料）。 （银行盖章） 经办人：　　　　年　月　日

案例 13-1

2018 年 12 月 31 日，注册会计师审计 ABC 公司库存现金。库存现金日记账当日余额 5 650 元，采购员王明预借差旅费 1 500 元、变卖旧报纸收入 278 元、副厂长李毅私人借款白条 2 000 元均未入账。库存现金监盘结果：实有额为 2 428 元，其中 100 元币 15 张，50 元币 5 张，20 元币 10 张，10 元币 20 张，5 元币 34 张，1 元币 94 张，0.5 元币 15 张，0.1 元币 65 张。银行对该企业核定的库存限额为 1 500 元。

【知识链接】
其他货币资金审计

分析：编制的库存现金监盘表如表 13-6 所示。

表 13-6　　　　库存现金监盘表

检查账目记录			现金盘点记录		
项目	币种	人民币	面额（元）	数量（张）	金额（元）
一、盘点日现金账面余额	1	5 650	100	15	1 500
加：未记账收款金额	2	278	50	5	250
减：未记账付款金额	3	1 500	20	10	200
盘点日账面应有余额	4=1+2−3	4 428	10	20	200
二、盘点日库存实有金额	5	2 428	5	34	170
加：白条抵库	6	2 000	2	0	0
盘点日库存应有金额	7=5+6	4 428	1	94	94
三、盘点日账存与实存差异	8=4−7	0	0.5	15	7.5
			0.1	65	6.5
四、追溯调整			合计	—	2 428
加：报表日至盘点日现金付出数	9		存放地点：××		
减：报表日至盘点日现金收入数	10		盘点日：2018 年 12 月 31 日		
报表日现金实有金额	11=7+9−10		盘点人：××		
报表日现金账面余额	12		出纳人员：××		
报表日账存与实存差额	13=12−11		会计主管：××		
审计说明： 1. 白条抵库。 2. 库存超限。 3. 收付款项入账不及时。					

第 3 节　所得税费用审计

一、审计目标与认定对应关系表（见表 13-7）

表 13-7　　　　审计目标与认定对应关系表

审计目标	财务报表认定					
	发生	完整性	准确性	截止	分类	列报
A. 确定利润表中记录的所得税费用已发生。	√					
B. 确定所有应当记录的所得税费用均已记录。		√				
C. 确定与所得税费用有关的金额及其他数据已恰当记录。			√			
D. 确定所得税费用记录于正确的会计期间。				√		
E. 确定被审计单位记录的所得税费用记录于恰当的账户。					√	
F. 所得税费用已在财务报表中作出恰当列报。						√

二、审计目标与审计程序对应关系表（见表 13－8）

表 13－8 审计目标与审计程序对应关系表

审计目标	可供选择的审计程序	索引号
C	1. 获取或编制所得税费用明细表，复核加计是否正确，并与报表数、总账数和明细账合计数核对是否相符。	SL2
CAB	2. 根据审计结果和税法规定，核实当期的纳税调整事项，确定应纳税所得额，结合“应交税费——应交所得税”的审计，计算当期所得税费用，检查会计处理是否正确。	FG4
CABDE	3. 根据资产及负债的账面价值与其计税基础之间的差异，以及未作为资产和负债确认的项目的账面价值与按照税法的规定确定的计税基础的差异，结合递延所得税资产和递延所得税负债的审计，计算递延所得税资产、递延所得税负债期末应有余额，并根据递延所得税资产、递延所得税负债期初余额，倒轧出递延所得税费用（收益），并检查会计处理是否正确。	SL3
CE	4. 将当期所得税费用与递延所得税费用之和与利润表上的所得税项目金额核对。	略
F	5. 检查所得税费用、递延所得税资产、递延所得税负债是否已在财务报表中作出恰当列报。	略

案例 13－2

ABC 公司 2018 年利润表中利润总额为 1 000 万元，该公司适用 25%的所得税税率，递延所得税资产及递延所得税负债不存在期初余额。2018 年纳税调整事项如下：

（1）违反环保法规定支付罚款 200 万元。

（2）年末对存货计提 100 万元的存货跌价准备。

2018 年公司计算应交所得税：(1 000＋200＋100)×25%＝325 万元，相关会计处理如下：

借：所得税费用——当期所得税费用 3 250 000

　贷：应交税费——应交所得税 3 250 000

分析：计提的存货跌价准备属于可抵扣暂时性差异，按照企业会计准则的规定应当确认为递延所得税资产。

本案中，当期所得税费用为 325 万元，递延所得税收益为 25 万元（100×25%）。

审计调整分录如下：

借：递延所得税资产 250 000

　贷：所得税费用（递延所得税费用） 250 000

实训

一、判断题

1. 监盘库存现金通常采用突击的方式进行，现金出纳员不必始终在场。（　　）

2. 监盘库存现金必须有出纳员和被审计单位会计机构负责人参加，并由注册会计师亲自进行盘点。（　　）

3. 通常注册会计师以被审计单位名义直接向银行发询证函，并直接从银行获取回函，因此不能采用跟函的形式。（　　）

4. 银行存款函证的目的不包括查找未入账的银行借款。（　　）

5. 通过对银行存款余额调节表的审查，可以验证期末存款的真正余额。（　　）

6. 库存现金截止测试是为了证实库存现金余额的正确性。（　　）

7. 对于因质押或冻结等使用有限制的银行存款，企业列入资产负债表货币资金项目，注册会计师应认可这种做法。（　　）

8. 若被审计单位某一银行账户已结清，注册会计师可不再向此银行函证。（　　）

9. 对银行存款余额调节表的检查，只能用作实质性程序证实银行存款的存在及完整性，不能用作控制测试。（　　）

10. 资产负债表日后进行库存现金盘点时，应倒推计算调整至资产负债表日的金额。（　　）

二、单项选择题

1. 对库存现金实有数额的审计应通过对库存现金实施（　　）来进行。

A. 函证　　B. 重新计算　　C. 分析程序　　D. 监盘

2. 核实银行存款的实有数额，采用（　　）开户银行取得资产负债表日银行存款数额的证明。

A. 询问　　B. 函证　　C. 重新计算　　D. 监盘

3. 注册会计师在检查被审计单位 2018 年 12 月 31 日的银行存款余额调节表时，发现下列调节事项，其中有迹象表明性质或范围不合理的是（　　）。

A. “银收企未收”项目包含一项 2018 年 12 月 31 日到账的货款，被审计单位尚未收到银行的收款通知

B. “企付银未付”项目包含一项被审计单位 2018 年 12 月 31 日提交的转账支付申请，用于支付被审计单位 2018 年 12 月份的电费

C. “企收银未收”项目包含一项 2018 年 12 月 30 日收到的退货款，被审计单位已将供应商的支票提交银行

D. “银付企未付”项目包含一项 2018 年 11 月支付的销售返利，该笔付款已经总经理授权，但由于经办人员未提供相关单据，会计部门尚未入账

4. 货币资金审计不涉及的凭证与记录是（　　）。

A. 库存现金盘点表　　B. 银行对账单
C. 银行存款余额调节表　　D. 库存现金对账单
5. 如果被审计单位的某开户银行账户余额为零，注册会计师（　　）。
A. 不需再向该银行函证
B. 仍需向该银行函证
C. 可根据需要确定是否函证
D. 可根据审计业务约定书的要求确定是否函证
6. 验证银行存款收付截止日期是为了（　　）。
A. 确保所有已开出支票均已记账　　B. 确保所有收款均已入账
C. 确保银行存款余额的正确性　　D. 以上均正确
7. 下列不属于银行存款函证对象的是（　　）。
A. 在本年存过款的所有银行
B. 存款账户已结清的银行
C. 直接取得银行对账单和所有已付支票的银行
D. 往来单位的开户银行
8. 向开户银行函证，可以实现许多目标，其中最基本的目标是（　　）。
A. 银行存款的存在　　B. 是否有欠银行的债务
C. 是否有漏列的负债　　D. 是否有充作抵押担保的存货
9. 在进行年度财务报表审计时，为了证实被审计单位在临近 12 月 31 日签发的支票未予入账，注册会计师实施的最有效审计程序是（　　）。
A. 检查 12 月 31 日的银行存款余额调节表
B. 函证 12 月 31 日的银行存款余额
C. 检查 12 月 31 日的银行对账单
D. 检查 12 月份的支票存根并追查至银行存款日记账
10. 注册会计师实施的下列程序中，属于控制测试程序的是（　　）。
A. 取得银行存款余额调节表并检查未达账项的真实性
B. 检查银行存款收支的正确截止
C. 检查是否定期取得银行对账单并编制银行存款余额调节表
D. 函证银行存款余额

三、多项选择题

1. 函证银行存款的目的是（　　）。
A. 证实银行存款余额的正确性
B. 了解企业欠银行的债务
C. 发现企业未记账的银行借款
D. 确定被审计单位银行存款使用的合法性
2. 注册会计师实施的下列各项审计程序中能够证实银行存款是否存在的有（　　）。

A. 分析定期存款占银行存款的比例
B. 检查银行存款余额调节表
C. 函证银行存款余额
D. 分析银行存款占货币资金的比例

3. 为证实资产负债表所列的现金是否存在，应采用监盘库存现金的程序。参与盘点的人员有（　　）。

A. 被审计单位出纳人员
B. 被审计单位管理层
C. 注册会计师
D. 被审计单位会计机构负责人

4. 影响银行存款的循环包括（　　）。

A. 销售与收款循环
B. 采购与付款循环
C. 筹资与投资循环
D. 生产与存货循环

5. 注册会计师寄发的银行询证函（　　）。

A. 以被审计单位的名义发往开户银行
B. 以会计师事务所的名义发往开户银行
C. 要求银行直接回函至会计师事务所
D. 包括银行存款和借款余额

6. 资产负债表日后盘点库存现金时，注册会计师应（　　）以调整至资产负债表日的金额。

A. 扣减资产负债表日至盘点日库存现金增加额
B. 扣减资产负债表日至盘点日库存现金减少额
C. 加计资产负债表日至盘点日库存现金增加额
D. 加计资产负债表日至盘点日库存现金减少额

7. 下列对监盘库存现金的表述正确的是（　　）。

A. 监盘库存现金是证实资产负债表所列库存现金是否存在的一项重要程序
B. 实施突击性检查，最好是上午上班之前或下午下班时进行
C. 在盘点之前，应由注册会计师将库存现金集中起来
D. 对库存现金存放部门有两处或两处以上的，应同时进行盘点

8. 下列可能表明被审计单位货币资金存在重大错报风险的因素有（　　）。

A. 被审计单位的现金交易比例较高，并与其所在行业常用的结算模式不同
B. 库存现金规模明显超过业务周转所需资金
C. 银行账户开立数量与企业实际的业务规模不匹配
D. 货币资金收支金额与现金流量表不匹配

9. 评价内部控制时，被审计单位的以下职责应分离的有（　　）。

A. 登记库存现金日记账与银行存款日记账
B. 登记银行存款日记账与核对银行对账单
C. 出纳和稽核
D. 登记库存现金及银行存款日记账与登记总账

10. 抽查大额货币资金收支后，通常检查测试（　　）。

A. 原始凭证是否齐全　　B. 记账凭证与原始凭证是否相符
C. 账务处理是否正确　　D. 是否记录于恰当的会计期间

四、案例分析题

1. 2019年1月8日16时，注册会计师对ABC公司的库存现金进行突击盘点。相关记录如下：

（1）人民币：100元币11张，50元币9张，20元币5张，10元币16张，5元币19张，2元币22张，1元币25张，5角币38张，1角币4张。

（2）已收款尚未入账的收款凭证2张，计130元。

（3）已付款尚未入账的付款凭证3张，计820元，其中有500元白条。

（4）2019年1月8日库存现金日记账余额为1 890.20元，2019年1月1—8日收入现金4 560.16元，付出现金3 730元，2018年12月31日库存现金日记账余额为1 060.04元。

开户银行核定的库存限额为1 000元。

要求：编制库存现金盘点表，指出该公司库存现金管理存在的问题。

2. 甲公司系餐饮连锁企业，餐厅集中在一线城市。ABC会计师事务所的X注册会计师负责审计甲公司2018年度财务报表。甲公司店内收银使用POS系统，接受现金、银行卡和会员卡付款。

审计项目组成员在实施银行函证程序时，针对甲公司银行账户（见表13-9）采取了相应措施（见说明）。

表13-9　甲公司银行账户情况

银行名称	银行账户	银行对账单余额（万元）	账户性质	说明
银行1	账户a	1 361	基本户	（1）
银行2	账户b	1 500	定期存款户	（2）
银行3	账户c	1 100	结算户	（3）
银行4	账户d	495	结算户	（4）
银行5	账户e	368	结算户	（5）

说明：

（1）2018年12月20日，甲公司一董事从银行1借款300万元。审计项目组成员获悉甲公司已为该笔借款提供担保，但在银行函证中未包含此事项。

（2）审计项目组成员认为可以查看定期存单，不必发送银行询证函。

（3）审计项目组成员第一次询证时无回复，再次发送询证函后仍无回复。作为替代程序，审计项目组成员查看了甲公司提供的2018年12月份的银行对账单，并将银行对账单复印件归入工作底稿。

（4）甲公司代为填写银行询证函，审计项目组成员审核后亲自发出并回收。

（5）甲公司财务经理去办理相关业务时，顺便取回银行询证函回函。审计项目组成员核对后，将回函归入工作底稿。

要求：针对上述说明（1）至（5）项，逐项指出审计项目组成员的做法是否恰当。如不恰当，简要说明理由。

3. A 注册会计师确定甲公司 2017 年度财务报表整体的重要性为 200 万元，明显微小错报的临界值为 10 万元。A 注册会计师实施了银行函证程序，相关底稿的部分内容摘录如表 13－10 所示。

表 13－10　　**银行询证函**　　单位：万元

询证函编号	是否回函（是/否）	账面余额	回函金额	差异
Y1	是	3 500	3 500	0
Y2	是	235	232	3
⋮				

说明：

（1）对甲公司 2017 年 12 月 31 日有余额的银行账户实施函证程序。

（2）甲公司为某银行重要客户，有业务专员上门办理各类业务。2018 年 2 月 18 日，A 注册会计师在甲公司财务经理陪同下将函证交给上门办理业务的银行业务专员。银行业务专员当场盖章回函。函证结果令人满意。

（3）差异金额 3 万元，小于明显微小错报的临界值，无须实施进一步审计程序。

要求：指出 A 注册会计师的做法是否恰当。如不恰当，说明理由。

第 4 篇

完成审计工作

完成审计工作是审计最后一个阶段。在按照业务循环完成各财务报表项目的审计测试后，注册会计师要完成一些更具综合性的审计工作。比如，汇总审计测试结果，与管理层沟通并更正错报，编制试算平衡表，确定已审报表，复核审计工作底稿，对财务报表进行总体复核，关注期后事项对财务报表的影响，重估重要性，评价未更正错报的影响，评价重大发现，解决项目组成员间意见分歧，汇总重大事项，与治理层沟通重大事项，进行审计意见类型决策，确定审计报告措辞，获取管理层声明，撰写审计总结，编写并致送审计报告，等等。这些综合性的工作如下图所示。

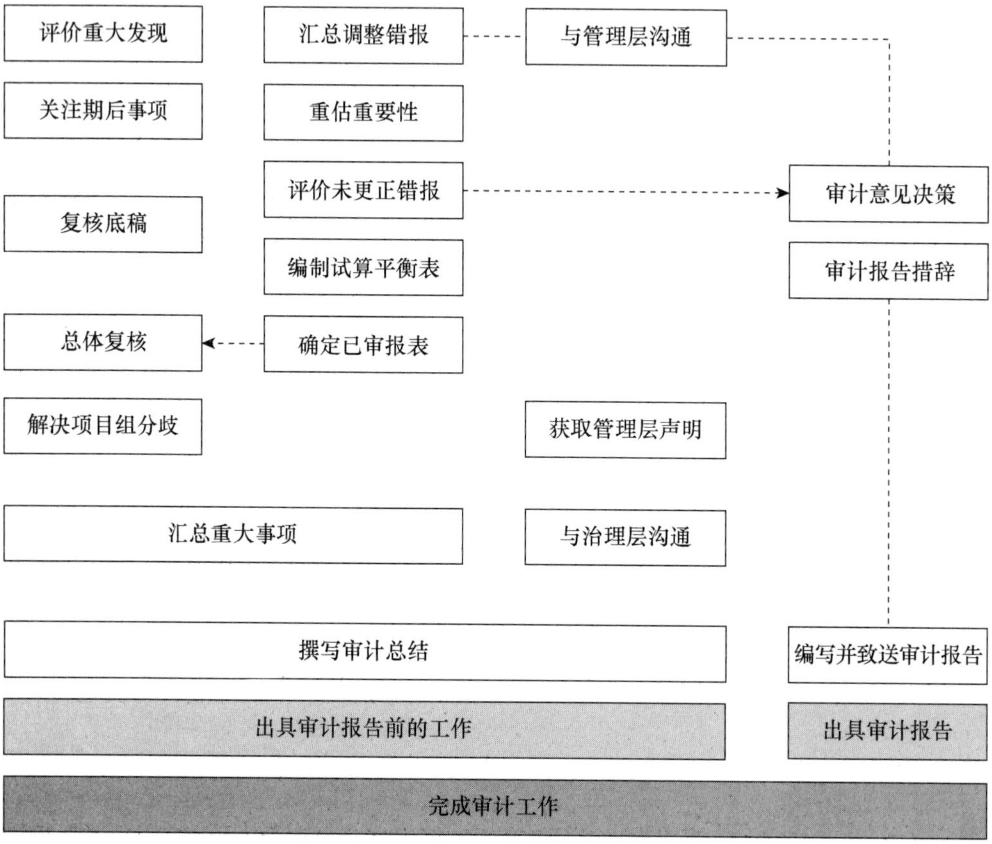

完成审计工作框架图

以上所列并非完成审计阶段的全部工作，且有些具体审计工作难分先后，有些具体审计工作在审计实施阶段就已经开始实施，有些具体审计工作又是同时交叉进行的。

第14章

出具审计报告前的综合性审计工作

引导案例

出具审计报告前的复核

甲公司是ABC会计师事务所的常年审计客户，主要从事大型机械设备的生产和销售。X注册会计师负责审计甲公司2018年度财务报表。他分派助理人员E审计应付账款。对于大型设备制造企业来说应付账款是重要的审计领域，对应付账款应执行检查期后付款等程序以验证负债记录是否恰当。E在预定时间完成了分内工作，在审计即将完成前辞职了。

X复核了每张工作底稿，看到E在底稿上对每笔应付账款都用"√"作了标记并加以解释，表明E对有关账证、数据已详细检查，并认为客户应付账款记录是正确的。

完成审计工作时会计师事务所的合伙人A复核了相关底稿。A对设备制造业及ABC公司都非常熟悉，复核底稿后感觉应付账款不太合理。A要求X进一步测试应付账款。X又检查了复核过的底稿中E提到的所有账簿与凭证，吃惊地发现E没有认真地检查或者根本没有检查账簿与凭证，X查出ABC公司漏记负债200万元。

合伙人A的复核使会计师事务所避免了一次审计失败。

思考：在按照业务循环完成各财务报表项目的审计测试后，注册会计师能否直接出具审计报告？为什么？

第1节　完成审计的常规工作

在按照业务循环完成各财务报表项目的审计后，注册会计师要完成一些更具综合性的审计工作。

一、沟通与更正错报

注册会计师需要就错报事项及时与被审计单位适当层级的管理层沟通（除非法律法规限制）；同时，注册会计师应当建议管理层就累积的所有错报调整财务报表，除非是明显微小错报；管理层接受调整建议做出必要的更正或提出不予更正的理由。

（一）错报的调整

错报的调整在审计工作底稿中是以审计调整分录的形式来反映的。错报类型及其调整分录示例如表 14-1 所示。

表 14-1　　错报类型及其调整分录示例

错报类型	会计核算错报	重分类错报
释义	因被审计单位对交易与事项进行了不恰当的会计核算（确认、计量与记录）而引起的差异	会计核算正确但因被审计单位未按适用的财务报告编制基础（如企业会计准则）列报财务报表而引起的差异
举例	如虚构销售 10 万元，被审计单位不仅需要调整财务报表项目，还需要调整相关账户记录	如一年内将到期的长期借款 20 万元在长期借款项目列报了，被审计单位只需调整财务报表项目，不需要调整账户记录
审计调整类型	账项调整	重分类调整
调整分录举例	借：营业收入——主营业务收入——A 产品　10 万元 　贷：应收账款——甲公司　10 万元	借：长期借款　20 万元 　贷：一年内将到期的长期借款　20 万元

（二）审计调整分录编制技巧

（1）将需要调整的错报事项视同刚刚发生，直接调整报表项目，而不涉及账户，但可以备注受影响的账户（如果应用计算机辅助审计技术，则在调整分录编制窗口选中调整的科目后系统自动生成调整的报表项目）。

（2）错报导致报表项目多计，多多少冲多少；错报导致报表项目少计，少多少补多少。

（3）审计调整分录不一定满足账户对应关系，但要保持借贷平衡。

二、汇总错报并确定已审报表

（一）编制审计调整分录汇总表

1. 账项调整分录汇总表

会计核算错报汇总到账项调整分录汇总表（见表 14-2）。

表 14－2　　账项调整分录汇总表

序号	调整原因	索引号	调整内容				被审计单位调整情况
			借方项目	借方金额	贷方项目	贷方金额	
1	提前确认收入	DS1－1	营业收入——主营业务收入	300 000	应收账款	300 000	已调

被审计单位授权代表签字：＿＿＿＿＿＿＿＿＿＿＿＿　　日期：＿＿＿＿＿＿＿＿

2. 重分类调整分录汇总表

重分类错报汇总到重分类调整分录汇总表（见表 14－3）。

表 14－3　　重分类调整分录汇总表

序号	调整原因	索引号	调整内容				被审计单位调整情况
			借方项目	借方金额	贷方项目	贷方金额	
5	冻结存款重分类	DA1－1	其他流动资产	1 000 000	货币资金	1 000 000	已调
6	X 公司预收账款借方余额重分类	DA3－1	应收账款	200 000	预收账款	200 000	已调

被审计单位授权代表签字：＿＿＿＿＿＿＿＿＿＿＿＿　　日期：＿＿＿＿＿＿＿＿

3. 附注披露调整汇总表

会计报表附注披露发生的错报汇总到附注披露汇总表（见表 14－4）。

表 14－4　　附注披露调整汇总表

一、被审计单位财务报表附注中的漏报项目包括： 与控股股东 K 公司关联方关系未披露。
二、被审计单位财务报表附注中的错报调整项目包括：

被审计单位授权代表签字：＿＿＿＿＿＿＿＿＿＿＿＿　　日期：＿＿＿＿＿＿＿＿

4. 未更正错报汇总表

对于被审计单位未更正错报，编制未更正错报汇总表（见表 14－5）来汇总。

表 14－5　　未更正错报汇总表

序号	调整原因	索引号	调整内容				管理层不予更正的原因
			借方项目	借方金额	贷方项目	贷方金额	

未更正错报的影响：

项目	金额	百分比
1. 总资产	________	________
2. 净资产	________	________
3. 净利润	________	________

结论：

被审计单位授权代表签字：________________　　日期：____________

（二）编制试算平衡表

试算平衡表是在被审计单位提供未审财务报表的基础上，考虑调整分录等内容，将被审计单位已接受调整建议的部分过入试算平衡表中，确定已审数的表式。

资产负债表和利润表的试算平衡表的参考格式见表 14－6、表 14－7。

试算平衡表编制说明：

（1）过入试算平衡表中的调整分录是被审计单位已接受调整建议的部分。

（2）试算平衡表中的“未审数”栏，应根据被审计单位提供的未审计财务报表填列。

（3）有些项目会在调整分录中多次出现，可先通过 T 字形账户汇总后再填入汇总数（如果应用计算机辅助审计技术，则系统自动汇总）。

（4）在编制完成试算平衡表后，应检查报表项目之间的勾稽关系。

①资产负债表试算平衡表左边的“未审数”“审定数”各栏合计数应分别等于其右边相应各栏合计数。

②资产负债表试算平衡表左边的“账项调整”栏中的借方合计数与贷方合计数之差应等于右边的“账项调整”栏中的贷方合计数与借方合计数之差。

③资产负债表试算平衡表左边的“重分类”栏的借方合计数与贷方合计数之差应等于右边的“重分类”栏中的贷方合计数与借方合计数之差。

表 14-6 资产负债表试算平衡表

项目	期末未审数	账项调整		重分类调整		期末审定数
		借方	贷方	借方	贷方	
货币资金	772 158.00				100 000.00	672 158.00
以公允价值计量且其变动计入当期损益的金融资产						
应收票据						
应收账款	3 557 915.00		300 000.00	200 000.00		3 457 915.00
预付款项	208 300.00					208 300.00
应收利息						
应收股利						
其他应收款	10 000.00					10 000.00
存货	9 263 756.00					9 263 756.00
划分为持有待售的资产						
一年内到期的非流动资产						
其他流动资产						
可供出售金融资产						
持有至到期投资						
长期应收款						
长期股权投资						
投资性房地产						
固定资产	2 258 150.00					2 258 150.00
在建工程						
工程物资						
固定资产清理						
生产性生物资产						
无形资产						
开发支出						
商誉						
长期待摊费用						
递延所得税资产						
其他非流动资产				100 000.00		100 000.00
合计	16 070 279.00		300 000.00	300 000.00	100 000.00	15 970 279.00

续前表

项目	期末未审数	账项调整		重分类调整		期末审定数
		借方	贷方	借方	贷方	
短期借款	2 058 800.00					2 058 800.00
以公允价值计量且其变动计入当期损益的金融负债						
应付票据						
应付账款	2 045 708.00					2 045 708.00
预收款项	313 000.00				200 000.00	513 000.00
应付职工薪酬	265 506.50					265 506.50
应交税费	297 950.00	75 000.00				222 950.00
应付利息						
应付股利						
其他应付款						
划分为持有待售的负债						
一年内到期的非流动负债						
其他流动负债						
长期借款	2 000 000.00					2 000 000.00
应付债券						
长期应付款						
专项应付款						
预计负债						
递延收益						
递延所得税负债						
其他非流动负债						
实收资本（或股本）	8 000 000.00					8 000 000.00
资本公积						
其他综合收益						
盈余公积	157 094.00					157 094.00
未分配利润	932 220.50	300 000.00	75 000.00			707 220.50
合计	16 070 279.00	375 000.00	75 000.00		200 000.00	15 970 279.00

表 14-7　　利润表试算平衡表

项目		未审数	调整金额		审定数
			借方	贷方	
一	营业收入	28 652 800.00	300 000.00		28 352 800.00
	减：营业成本	17 272 502.93			17 272 502.93
	税金及附加	409 998.86			409 998.86
	销售费用	224 761.42			224 761.42
	管理费用	5 913 261.48			5 913 261.48
	财务费用（收益以“—”号填列）	61 699.00			61 699.00
	资产减值损失	1 026 280.64			1 026 280.64
	加：公允价值变动收益（损失以“—”号填列）				
	投资收益（损失以“—”号填列）				
	其他收益				
二	营业利润（亏损以“—”号填列）	3 744 295.67	300 000.00		3 444 295.67
	加：营业外收入	36 000.00			36 000.00
	减：营业外支出	120 000.00			120 000.00
三	利润总额（亏损总额以“—”号填列）	3 660 295.67	300 000.00		3 360 295.67
	减：所得税费用	915 073.92		75 000.00	840 073.92
四	净利润（净亏损以“—”号填列）	2 745 221.75	300 000.00	75 000.00	2 520 221.75
五	其他综合收益的税后净额				
六	综合收益总额				
七	每股收益				

三、评价审计结果

（一）重新评估重要性

在完成审计工作阶段，注册会计师应当依据实际的财务结果重新评估报表整体重要性，必要时还需要重新评估特定类别交易、账户余额或披露的一个或多个重要性水平。如果重估后的重要性水平远远低于原来确定的重要性水平，注册会计师应重新评价已经获得的审计证据是否充分、适当，重新考虑实际执行的重要性和进一步审计程序的性质、时间安排和范围的适当性。

同时，依据实际的财务结果，明显微小错报临界值可能需要调整。

（二）评价未更正错报的影响

1. 评价可能错报汇总数

根据重估的重要性水平来确定可能错报汇总数（包括被审计单位未更正的已识别错

报和推断错报及上期未更正错报对本期报表的影响）是否重大。

（1）如果可能错报总额低于重要性水平，对财务报表的影响不重大，注册会计师可以发表无保留意见。

（2）如果可能错报总额超过了重要性水平，对财务报表的影响可能是重大的，注册会计师应当考虑通过扩大审计程序的范围或建议管理层调整财务报表来降低审计风险。

（3）如果可能错报总额接近重要性水平，注册会计师应当考虑其连同尚未发现的错报是否可能超过重要性水平，并考虑通过实施追加的审计程序或建议管理层调整财务报表来降低审计风险。

2. 评价每一单项错报

注册会计师需要考虑每一单项错报，以评价其对相关类别的交易、账户余额或披露的影响，包括评价该项错报是否超过特定类别的交易、账户余额或披露的重要性水平（如适用）。

（1）如果某一单项错报是重大的，则其不大可能被其他错报抵销。例如，如果收入存在重大虚增，即使其对收益的影响被相同金额的费用虚增抵销，财务报表仍存在重大错报。

（2）同一账户余额或同一类别交易内部的非重大错报可以抵销，但需要考虑可能存在其他未被发现的错报的风险。

3. 评价错报的性质

（1）错报单独或汇总起来低于重要性水平，但从性质上考虑可能是重要的。例如，舞弊导致的错报，其金额小，但性质是严重的。又如，某项一年内到期的长期负债未重分类至流动负债，金额远低于财务报表整体的重要性，但该项分类错报影响流动比率这一贷款合同中的关键财务指标，属于重大错报。

（2）在有些情况下，某些分类错报超过了重要性水平，但从性质上可能被认为不重要。例如，未将资产负债表日已达到可使用状态的在建工程转入固定资产，金额超过财务报表整体重要性，该错报涉及的相关折旧金额较小，对资产总额及财务报表整体均不产生重大影响，可能被注册会计师认为并不重要。

（三）书面声明

注册会计师应当要求管理层和治理层（如适用）提供书面声明，说明其是否认为未更正错报单独或汇总起来对财务报表整体的影响不重大。

四、复核财务报表和审计工作底稿

（一）对财务报表总体合理性实施分析程序

注册会计师运用分析程序以确定审计调整后的财务报表整体是否合理，即对财务报表进行总体复核。如果识别出以前未识别的重大错报风险，注册会计师应当重新考虑对全部或部分交易、账户余额、列报评估的风险是否恰当，并在此基础上重新评价已实施的审计程序是否充分、恰当，是否有必要追加或扩大审计程序。

（二）复核审计工作底稿

对审计工作底稿的复核见第 5 章第 2 节“审计工作底稿”。

五、形成审计意见并草拟审计报告

在评价审计结果的基础上，根据已获取的审计证据，评价财务报表的合法性、公允性，确定是否对已审财务报表整体不存在由舞弊或错误导致的重大错报获取了合理保证，得出审计结论，以发表恰当的审计意见，并草拟审计报告。

审计意见的形成详见本章第 2 节“对期后事项的考虑”。

六、与治理层沟通

注册会计师与治理层的沟通可能发生在整个审计过程中。通常，双方就下列事项进行书面或口头的沟通。

（1）注册会计师与财务报表审计相关的责任。

（2）计划的审计范围和时间安排。

（3）审计中发现的重大问题。

①注册会计师对被审计单位会计实务（包括会计政策、会计估计和财务报表披露）重大方面的质量的看法。

②审计工作中遇到的重大困难。

③已与管理层讨论或需要书面沟通的重大事项（除非治理层全部成员参与管理被审计单位）。

④影响审计报告形式和内容的情形（例如，预期发表非无保留意见、报告与持续经营相关的重大不确定性、沟通关键审计事项、增加强调事项段或其他事项段等）。

⑤审计中出现的根据职业判断认为与监督财务报告过程相关的所有其他重大事项。

（4）值得关注的内部控制的缺陷。

（5）注册会计师的独立性（对独立性的不利影响及防范措施）。

第 2 节　对期后事项的考虑

期后事项是指资产负债表日至审计报告日之间发生的事项，以及注册会计师在审计报告日后知悉的事实。期后事项可以划分为三个时段，第一个时段是资产负债表日后至审计报告日；第二个时段是审计报告日后至财务报表报出日；第三个时段是财务报表报出日后（如图 14 - 1 所示）。

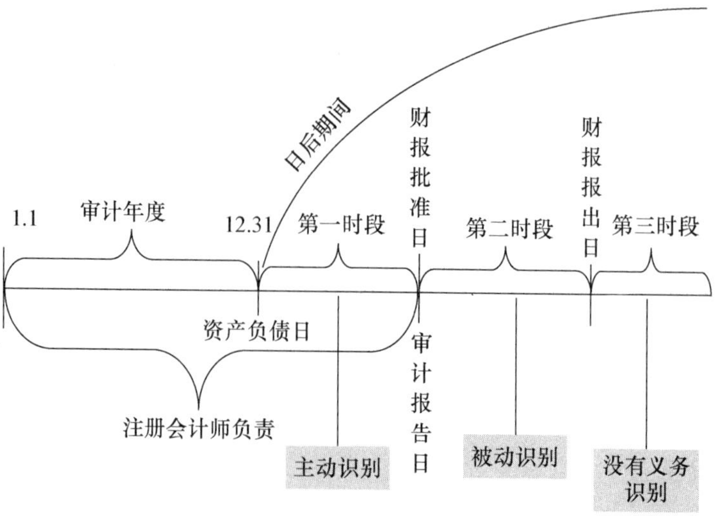

图 14－1　期后事项分段示意图

一、第一时段期后事项（资产负债表日至审计报告日之间发生的事项）

1. 主动识别第一时段期后事项

对于这一时段的期后事项，注册会计师负有主动识别的义务，应当设计专门的审计程序来识别其中需要在财务报表中调整或披露的事项，并根据这些事项的性质判断其对财务报表的影响，进而确定是进行调整还是披露。但是，注册会计师不需要对之前已实施审计程序并已得出满意结论的事项执行追加审计程序。

2. 用以识别第一时段期后事项的审计程序

（1）了解管理层为确保识别期后事项而建立的程序。

（2）询问管理层和治理层，确定是否已发生可能影响财务报表的期后事项。例如，是否已发生新的承诺、借款或担保，是否计划出售或购置资产等。

（3）查阅被审计单位的所有者、管理层和治理层在资产负债表日后举行会议的纪要，在不能获取会议纪要的情况下，询问此类会议讨论的事项。

（4）查阅被审计单位最近的中期财务报表（如有）。

（5）查阅被审计单位在资产负债表日后最近期间内的预算、现金流量预测和其他相关的管理报告。

（6）就诉讼和索赔事项询问被审计单位的法律顾问，或扩大之前口头或书面查询的范围。

（7）必要时获取涵盖特定期后事项的书面声明以支持其他审计证据。

3. 知悉第一时段期后事项时的考虑

如果识别出对财务报表有重大影响的期后事项，注册会计师应当确定这些事项是否按照适用的财务报告编制基础的规定在财务报表中得到恰当反映。

（1）如果所知悉的期后事项属于调整事项，注册会计师应当确定被审计单位是否已对财务报表作出适当的调整。

（2）如果所知悉的期后事项属于非调整事项，注册会计师应当确定被审计单位是否在财务报表附注中予以充分披露。

二、第二时段期后事项（审计报告日后至财务报表报出日之间发生的事项）

1. 被动识别第二时段期后事项

在审计报告日后，注册会计师没有义务针对财务报表实施任何审计程序。但是，在这一阶段，被审计单位的财务报表并未报出，管理层有责任将发现的可能影响财务报表的事实告知注册会计师。当然，注册会计师还可能从媒体报道、举报信或者证券监管部门问询函等途径获悉影响财务报表的期后事项。

2. 知悉第二时段期后事项时的考虑

（1）管理层修改财务报表时的处理。如果管理层修改财务报表，注册会计师应当根据具体情况对有关修改实施必要的审计程序，获取充分、适当的审计证据，以验证管理层根据期后事项所作出的财务报表调整或披露是否符合适用的财务报告编制基础的规定，并针对修改后的财务报表出具新的审计报告。新的审计报告日不应早于修改后的财务报表被批准的日期。

如果管理层对财务报表的修改仅限于反映导致修改的期后事项的影响，被审计单位的董事会、管理层或类似机构也仅对有关修改进行批准，注册会计师可选用下列处理方式之一。

①修改审计报告，针对财务报表修改部分增加补充报告日期，从而表明注册会计师对期后事项实施的审计程序仅限于财务报表相关附注所述的修改。对管理层作出修改前的财务报表出具的原审计报告日期保持不变。有关补充报告日期的示例如下："除附注×所述事项的日期为（仅针对附注×所述修改的审计程序完成日期）之外，（原审计报告日）"。

②出具新的或修改的审计报告，在强调事项段或其他事项段中说明注册会计师对期后事项实施的审计程序仅限于财务报表相关附注所述的修改。

（2）管理层不修改财务报表且审计报告未提交时的处理。如果认为管理层应当修改财务报表而没有修改，并且审计报告尚未提交给被审计单位，注册会计师应当发表非无保留意见，然后提交审计报告。

（3）管理层不修改财务报表且审计报告已提交时的处理。如果认为管理层应当修改财务报表而没有修改，并且审计报告已经提交给被审计单位，注册会计师应当通知管理层和治理层在财务报表作出必要修改前不要向第三方报出。否则，注册会计师应当采取适当措施，以设法防止财务报表使用者信赖该审计报告。例如，针对上市公司，注册会计师可以利用证券传媒等刊登必要的声明，防止使用者信赖审计报告。

三、第三时段期后事项（财务报表报出日之后发生的事项）

1. 没有义务识别第三时段的期后事项

注册会计师没有义务针对第三时段期后事项实施任何审计程序。

2. 知悉第三时段期后事项时的考虑

第三时段期后事项需要注册会计师采取行动应满足两个条件：一是这类期后事项在审计报告日已经存在；二是该事实如果被注册会计师在审计报告日前获知，可能影响审计报告。

在这种情况下，注册会计师应当与管理层和治理层讨论该事项，确定财务报表是否需要修改，如果需要修改，询问管理层将如何在财务报表中处理该事项。

（1）管理层修改财务报表时的处理。如果管理层修改了财务报表，注册会计师应当采取以下必要的措施。

①根据具体情况对有关修改实施必要的审计程序。例如，查阅法院判决文件，复核会计处理或披露事项，确定管理层对财务报表的修改是否恰当。

②复核管理层是否采取在证券报纸、网站刊登公告等措施来确保所有收到原财务报表和审计报告的人士了解这一情况。

③延伸实施审计程序，并针对修改后的财务报表出具新的审计报告。新的审计报告日不应早于修改后的财务报表被批准的日期。

④在特殊情况下修改审计报告或提供新的审计报告，并增加强调事项段或其他事项段，提醒财务报表使用者关注财务报表附注中有关修改原财务报表的详细原因和注册会计师提供的原审计报告。

（2）管理层未采取任何行动时的处理。如果管理层没有采取必要措施确保所有收到原财务报表的人士了解这一情况，或者没有接受注册会计师修改财务报表的建议，注册会计师应当设法防止财务报表使用者信赖该审计报告。

第3节　获取管理层书面声明

管理层声明是指被审计单位管理层向注册会计师提供的陈述，用以确认某些事项或支持其他审计证据。注册会计师在出具审计报告前应向被审计单位索取管理层书面声明。

通过召开审计总结会议等方式就审计中发现的重大错报、审计意见类型等有关事项与管理层进行沟通后，注册会计师获取管理层声明。

一、管理层声明的作用

1. 明确管理层的责任

管理层声明可以明确管理层认可其按照适用的财务报告编制基础编制财务报表的责

任，这有助于提高注册会计师与管理层沟通的透明度，能够起到保护注册会计师的作用。

2. 提供审计证据

在某些情况下，管理层声明是注册会计师通过实施其他审计程序获得的审计证据的补充。比如，注册会计师已经获取被审计单位就已识别的关联方恰当披露的证据，仍应获取关于关联方信息完整性的管理层声明，以表明被审计单位不存在其他应披露而未披露的关联方及其交易。就某些事项而言，管理层声明可作为重要审计证据。比如，影响资产和负债账面价值或分类的意图、计划，注册会计师应取得管理层声明，作为重要证据。

【特别提示】

管理层声明作为审计证据，不能替代其他必要的审计证据。

二、管理层声明书的内容

1. 针对管理层责任的书面声明（必须提供）

针对管理层责任的声明主要包括两方面的内容：

（1）针对财务报表的编制。管理层需确认其履行了按照适用的财务报告编制基础编制财务报表并使其实现公允反映的责任。

（2）针对提供的信息和交易的完整性。管理层需确认其按照审计业务约定条款，已向注册会计师提供所有相关信息，并允许注册会计师不受限制地接触所有相关信息以及被审计单位内部人员和其他相关人员；所有交易均已记录并反映在财务报表中。

2. 其他书面声明（必要时提供）

如果注册会计师认为有必要获取一项或多项其他声明，以支持与财务报表或者一项或多项具体认定相关的其他审计证据，应要求管理层提供这些书面声明。可能包括：

（1）关于财务报表的额外书面声明（例如会计政策的选择和运用是否适当，是否恰当披露用于担保的抵押资产）。

（2）关于向注册会计师提供信息的额外书面声明（例如管理层确认已将注意到的所有内部控制缺陷向注册会计师通报）。

（3）关于特定认定的书面声明（例如管理层对某项投资意图的声明）。

三、书面声明的日期和涵盖的期间

书面声明的日期应当尽量接近对财务报表出具审计报告的日期，但不得在审计报告日后。书面声明应当涵盖审计报告针对的所有财务报表和期间。如果在审计报告提及的所有期间内被审计单位的管理层发生了变动，注册会计师仍需要向现任管理层获取涵盖所有相关期间的书面声明。

四、管理层声明书范例

针对管理层责任的书面声明举例如表 14－8。

表 14-8　　　　管理层声明书

中天会计师事务所并王好云、张本康注册会计师：

本声明书是针对你们审计 ABC 公司截至 2017 年 12 月 31 日的年度财务报表而提供的。审计的目的是对财务报表发表意见，以确定财务报表是否在所有重大方面已按照企业会计准则的规定编制，并实现公允反映。

尽我们所知，并在作出了必要的查询和了解后，我们确认：

一、财务报表

1. 我们已履行 2018 年 1 月 18 日签署的审计业务约定书中提及的责任，即根据企业会计准则的规定编制财务报表，并对财务报表进行公允反映。

2. 在作出会计估计时使用的重大假设（包括与公允价值计量相关的假设）是合理的。

3. 已按照企业会计准则的规定对关联方关系及其交易作出了恰当的会计处理和披露。

4. 根据企业会计准则的规定，所有需要调整或披露的资产负债表日后事项都已得到调整或披露。

5. 未更正错报，无论是单独还是汇总起来，对财务报表整体的影响均不重大。未更正错报汇总表附在本声明书后。

二、提供的信息

1. 我们已向你们提供下列工作条件：

（1）允许接触我们注意到的、与财务报表编制相关的所有信息（如记录、文件和其他事项）。

（2）提供你们基于审计目的要求我们提供的其他信息。

（3）允许在获取审计证据时不受限制地接触你们认为必要的本公司内部人员和其他相关人员。

2. 所有交易均已记录并反映在财务报表中。

3. 我们已向你们披露了由舞弊可能导致的财务报表重大错报风险的评估结果。

4. 我们已向你们披露了我们注意到的、可能影响本公司的与舞弊或舞弊嫌疑相关的所有信息，这些信息涉及本公司的：（1）管理层；（2）在内部控制中承担重要职责的员工；（3）其他人员（在舞弊行为导致财务报表重大错报的情况下）。

5. 我们已向你们披露了从现任和前任员工、分析师、监管机构等方面获知的、影响财务报表的舞弊指控或舞弊嫌疑的所有信息。

6. 我们已向你们披露了所有已知的、在编制财务报表时应当考虑其影响的违反或涉嫌违反法律法规的行为。

7. 我们已向你们披露了我们注意到的关联方的名称和特征、所有关联方关系及其交易。

附：未更正错报汇总表

ABC 公司（盖章）　　　　ABC 公司管理层（签名并盖章）

中国长春市　　　　二〇一八年三月二十八日

五、管理层声明对审计意见的影响

如果管理层不提供注册会计师要求的声明，或者注册会计师对管理层提供的声明的可靠性产生疑虑，注册会计师应当采取适当措施，包括考虑其对审计意见可能产生的影响。例如，注册会计师对管理层的诚信产生重大疑虑，以至于认为其作出的书面声明不可靠，或者管理层不提供关于财务报表编制责任以及提供的信息完整性的书面声明，则注册会计师无法获取充分、适当的审计证据，这对财务报表的影响可能是广泛的，因此，注册会计师应当发表无法表示意见。

实训

一、判断题

1. 审计调整分录同会计分录一样，一定要满足账户对应关系并保持借贷平衡。（　　）

2. 对于所有的期后事项，注册会计师应当设计专门的审计程序来识别这些期后事项，并根据这些事项的性质判断其对财务报表的影响，进而确定是进行调整还是披露。（　　）

3. 过入试算平衡表中的调整分录是被审计单位已接受调整建议的部分，而不一定是注册会计师提出的所有调整分录。（　　）

4. 在完成审计工作阶段，注册会计师应当依据实际的财务结果重新评估报表整体重要性，但任何情况下都不需要重新评估特定类别交易、账户余额或披露的一个或多个重要性水平。（　　）

5. 对财务报表进行总体复核是在完成审计工作阶段注册会计师运用分析程序来确定审计调整后的财务报表整体是否合理。（　　）

6. 如果某一单项错报是重大的，则其不大可能被其他错报抵销。例如，如果收入存在重大虚增，即使其对收益的影响被相同金额的费用虚减所抵销，财务报表仍存在重大错报。（　　）

7. 注册会计师与治理层的沟通只是发生在完成审计业务阶段。（　　）

8. 对于资产负债表日至审计报告日之间发生的期后事项，注册会计师没有主动识别的义务，无须设计专门的审计程序来识别其中需要在财务报表中调整或披露的事项。（　　）

9. 当判断管理层诚实守信时，管理层声明作为审计证据可以替代其他必要的审计证据。（　　）

10. 在任何情况下，注册会计师都应当只要求管理层就已识别的重大的错报调整财务报表。（　　）

二、单项选择题

1.（　　）是会计核算正确但因被审计单位未按适用的财务报告编制基础（如企业会计准则）列报财务报表而引起的差异。

A. 会计核算错报　　B. 重分类错报　　C. 事实错报　　D. 推断错报

2. 对于审计过程中累积的错报，下列做法正确的是（　　）。

A. 如果错报单独或汇总起来未超过财务报表整体的重要性，注册会计师可以不要求管理层更正

B. 如果错报单独或汇总起来未超过实际执行的重要性，注册会计师可以不要求管理层更正

C. 如果错报不影响确定财务报表整体的重要性时选定的基准，注册会计师可以不要求管理层更正

D. 注册会计师应当要求管理层更正审计过程中累积的所有错报（除非明显微小错报）

3. 关于注册会计师对期后事项的责任，下列表述中错误的是（　　）。

A. 注册会计师有责任实施必要的审计程序，以确定截至审计报告日发生的期后事项是否均已得到识别

B. 在审计报告日后知悉的事实，没有责任针对财务报表实施审计程序

C. 在审计报告日后至财务报表报出日前，如果知悉可能对财务报表产生重大影响的事实，有责任采取措施

D. 在财务报表报出后，如果知悉可能对财务报表产生重大影响的事实，没有责任采取措施

4. 如果重估后的重要性水平（　　）原来确定的重要性水平，注册会计师应重新评价已经获得的审计证据是否充分、适当，重新考虑实际执行的重要性和进一步审计程序的性质、时间安排和范围的适当性。

A. 远远低于　　B. 远远高于　　C. 等于　　D. 接近

5. 下列关于书面声明的说法中，正确的是（　　）。

A. 书面声明能为所涉及的事项提供充分、适当的审计证据

B. 注册会计师获取的书面声明会影响对具体认定获取的其他审计证据的性质和范围

C. 如果在审计报告提及的所有期间内被审计单位的管理层发生了变动，注册会计师需要向现任管理层获取涵盖变更后整个期间的书面声明

D. 书面声明的日期应当尽量接近对财务报表出具审计报告的日期，但不得在审计报告日后

6. 下列书面文件中，注册会计师认为可以作为书面声明的是（　　）。

A. 明细账簿　　B. 股东会会议记录

C. 财务报表　　D. 管理层提供的确认其责任的声明

7. 在评价未更正错报的影响时，下列说法中不正确的有（　　）。

A. 如果可能错报总额低于重要性水平，对财务报表的影响不重大，注册会计师可以发表无保留意见

B. 如果可能错报总额超过了重要性水平，对财务报表的影响可能是重大的，注册会计师应当考虑发表非无保留意见

C. 错报单独或汇总起来低于重要性水平，但从性质上考虑可能是重要的

D. 在有些情况下，某些分类错报超过了重要性水平，但从性质上可能被认为不重要

8. 如果注册会计师在审计报告日后至财务报表报出日前知悉了需要修改财务报表的事实，并且管理层在审计报告日后修改了财务报表，在检查修改后的财务报表时，注册会计师发现管理层对财务报表的修改仅限于反映导致修改的期后事项的影响，被审计

单位的董事会、管理层或类似机构也仅对有关修改进行批准，那么注册会计师的下列做法中错误的是（　　）。

A. 针对修改后的财务报表出具新的审计报告，修改审计报告的日期，不在任何事项段说明该事项

B. 仅针对有关修改将用以识别期后事项的审计程序延伸至新的审计报告日

C. 出具新的或经修改的审计报告，在强调事项段或其他事项段中说明注册会计师对期后事项实施的审计程序仅限于财务报表相关附注所述的修改

D. 修改审计报告，针对财务报表修改部分增加补充报告日期

9. 如果注册会计师在财务报表报出日知悉期后事项在审计报告日已经存在且该事实如果被注册会计师在审计报告日前获知，可能影响审计报告，在这种情况下，注册会计师应当与管理层和治理层讨论该事项，确定财务报表是否需要修改，如果需要修改，而管理层未采取任何行动，注册会计师正确的处理是（　　）。

A. 注册会计师应当设法防止财务报表使用者信赖该审计报告

B. 注册会计师应当根据具体情况实施必要的审计程序

C. 复核管理层是否采取在证券报纸、网站刊登公告等措施来确保所有收到原财务报表和审计报告的人士了解这一情况

D. 在特殊情况下提供新的审计报告，并增加强调事项段或其他事项段，提醒财务报表使用者关注注册会计师提供的原审计报告

10. 注册会计师负责审计 ABC 公司 2017 年度财务报表，现场审计工作完成日为 2018 年 3 月 20 日，财务报表批准日为 2018 年 3 月 28 日，审计报告日为 2018 年 3 月 29 日，财务报表报出日为 2018 年 3 月 31 日。下列有关书面声明日期的表述中，最恰当的是（　　）。

A. 2018 年 3 月 29 日　　B. 2018 年 3 月 28 日

C. 2018 年 3 月 31 日　　D. 2018 年 3 月 20 日

三、多项选择题

1. 如果注册会计师在评价未更正错报的影响前，调低了财务报表整体的重要性水平，则以下做法中恰当的有（　　）。

A. 重新考虑实际执行的重要性水平

B. 重新考虑进一步审计程序的性质

C. 重新考虑进一步审计程序的时间安排和范围

D. 重新考虑获取的证据是否充分、适当

2. 下列各项中，通常包括在管理层声明书里的有（　　）。

A. 管理层确认其履行了按照适用的财务报告编制基础编制财务报表并使其实现公允反映的责任

B. 注册会计师对财务报表的可靠程度提供绝对的保证

C. 管理层确认其按照审计业务约定条款，已向注册会计师提供所有相关信息，并

允许注册会计师不受限制地接触所有相关信息以及被审计单位内部人员和其他相关人员

D. 管理层声明所有交易均已记录并反映在财务报表中

3. 注册会计师与治理层的沟通可能发生在整个审计过程中。通常，双方在完成审计工作阶段就下列事项（　　）进行书面或口头的沟通。

A. 审计工作中遇到的重大困难

B. 已与管理层讨论或需要书面沟通的重大事项（除非治理层全部成员参与管理被审计单位）

C. 影响审计报告形式和内容的情形（例如，预期发表非无保留意见等）

D. 审计中出现的根据职业判断认为与监督财务报告过程相关的重大事项

4. 下列有关项目合伙人复核的说法中，错误的有（　　）。

A. 项目合伙人复核的内容包括对关键领域所作的判断、特别风险和认为重要的其他领域的事项

B. 所有的审计工作底稿均需要项目合伙人复核

C. 项目合伙人对审计业务的总体质量负责

D. 由于项目合伙人在审计的过程中工作较多，项目合伙人在出具审计报告后，对审计工作底稿进行详细的复核

5. 下列各项中属于上市公司财务报表审计，实施项目质量控制复核的范围的有（　　）。

A. 评价在编制审计报告时得出的结论，并考虑拟出具审计报告的恰当性

B. 项目组就具体审计业务对会计师事务所独立性作出的评价

C. 与项目合伙人讨论重大事项

D. 项目组是否已就涉及意见分歧的事项，或者其他疑难问题或争议事项进行适当咨询，以及咨询得出的结论

6. 审计差异按是否需要调整账户记录可分为（　）。

A. 会计核算错报　　　　B. 重分类错报

C. 已识别错报　　　　D. 推断错报

7. 注册会计师对 ABC 公司 2017 年度财务报表进行审计。注册会计师出具审计报告的日期为 2018 年 3 月 15 日，财务报表报出日为 2018 年 3 月 20 日。对于截至 2018 年 3 月 15 日发生的期后事项，A 注册会计师的下列做法中正确的有（　　）。

A. 设计专门的审计程序识别这些期后事项

B. 尽量在接近资产负债表日时实施针对期后事项的专门审计程序

C. 尽量在接近审计报告日时实施针对期后事项的专门审计程序

D. 不专门设计审计程序识别这些期后事项

8. 针对财务报表报出后知悉的事实，注册会计师采取行动的条件有（　　）。

A. 这类期后事项应当是在审计报告日已经存在的事实

B. 这类期后事项应当是在财务报表报出日已经存在的事实

C. 该事实如果被注册会计师在审计报告日前获知，可能影响审计报告

D. 该事实如果被注册会计师在财务报表报出日前获知，可能影响审计报告

9. 下列选项中，属于针对管理层责任以外的其他书面声明的有（　　）。

A. 针对管理层责任的书面声明

B. 关于特定认定的书面声明

C. 关于财务报表的额外书面声明

D. 与向注册会计师提供信息有关的额外书面声明

10. 在出具审计报告前，注册会计师要汇总未更正错报，评价其对审计意见的影响。下列关于未更正错报的说法中正确的有（　　）。

A. 被审计单位财务报表中大于明显微小错报临界值但尚未更正的错报构成未更正错报

B. 在评价未更正错报的影响之前，依据实际的财务结果，明显微小错报临界值可能需要调整

C. 注册会计师应当要求管理层和治理层（如适用）提供书面声明，说明其是否认为未更正错报单独或汇总起来对财务报表整体的影响不重大

D. 如果收入存在高估错报，同时费用存在高估错报，则二者对损益的影响金额相互抵销后低于明显微小错报临界值，此时收入和费用的错报可以不调整

四、案例分析题

ABC 公司是 XYX 会计师事务所的常年审计客户。X 注册会计师担任 ABC 公司 2017 年度财务报表审计项目合伙人，Y 注册会计师担任项目质量控制复核人，2018 年 2 月 20 日 ABC 公司管理层批准报出财务报表，同日 X 注册会计师出具了审计报告，2018 年 2 月 25 日 ABC 公司对外报出 2017 年度财务报表。在审计工作完成阶段，注册会计师遇到以下相关事项：

（1）根据复核计划，审计项目经理复核了审计工作底稿，X 注册会计师复核了财务报表和拟出具的审计报告，确信获取了充分、适当的审计证据。

（2）在审计过程中，X 注册会计师要求项目组成员之间相互复核工作底稿。

（3）2018 年 2 月 22 日，Y 注册会计师随机选取若干份工作底稿进行了复核，没有发现重大问题。

（4）在财务报表报出前，X 注册会计师获悉 ABC 公司 2018 年 1 月 10 日发生了一笔大额销售退回，因此，要求管理层修改财务报表，并于 2018 年 2 月 25 日重新出具了审计报告。管理层于 2018 年 2 月 26 日批准并报出修改后的财务报表。

（5）2018 年 2 月 28 日，X 注册会计师通过证监会获知，2018 年 2 月 20 日 ABC 公司上年度的未决诉讼已经判决，并且支付了大额赔偿款，X 注册会计师与管理层和治理层讨论了该事项，并且确定财务报表需要修改。

（6）2017 年 7 月，ABC 集团公司更换了主要管理层成员。由于现任管理层仅就其

任职期间提供书面声明，X注册会计师向前任管理层获取了其在任时相关期间的书面声明。

要求： 针对上述第（1）至（6）项，假定不考虑其他条件，逐项指出X注册会计师或Y注册会计师的处理是否恰当。如不恰当，请说明理由。

第15章

出具审计报告

引导案例

上市公司2017年年报审计情况快报

2018年5月17日，中国注册会计师协会发布上市公司2017年年报审计情况快报，摘录如下：

一、会计师事务所出具上市公司年报审计报告总体情况

截至2018年4月30日，40家事务所共为3 503家上市公司出具了财务报表审计报告，其中，沪市主板1 407家，深市主板472家，中小企业板907家，创业板717家。从审计报告意见类型看，3 452家上市公司被出具了无保留意见审计报告，37家被出具了保留意见审计报告，23家被出具了无法表示意见审计报告。在3 452家被出具了无保留意见审计报告的上市公司中，39家上市公司被出具了带强调事项段的无保留意见审计报告，33家上市公司被出具了带持续经营相关重大不确定性事项段的无保留意见审计报告。

二、上市公司财务报表审计报告意见类型总体情况（见表15－1）

表15－1　　2017年上市公司财务报表审计报告意见类型总体情况表

审计报告意见类型	无保留意见审计报告				非无保留意见审计报告				总计
	标准无保留意见	强调事项段	持续经营或其他事项段	小计	保留意见	无法表示意见	否定意见	小计	
数量	3 380	39	33	3 452	37	23	0	60	3 512
比例（%）	96.24	1.11	0.94	98.29	1.05	0.65	0.00	1.71	100.00

资料来源：http://www.cicpa.org.cn/Industry_regulation/annual_audit/.

思考：如何发表审计意见？怎样编写审计报告？

第 1 节　审计意见决策

一、审计意见的类型

注册会计师在执行审计工作的基础上，根据审计证据得出结论后，对财务报表可能发表无保留意见、保留意见、否定意见、无法表示意见四种审计意见（如图 15－1 所示）。

- 审计意见
  - 无保留意见
  - 非无保留意见
    - 保留意见
    - 否定意见
    - 无法表示意见

图 15－1　审计意见的类型

（一）无保留意见

无保留意见意味着，注册会计师通过执行审计工作，认为被审计单位财务报表在所有重大方面按照适用的财务报告编制基础编制并实现公允反映。注册会计师与审计委托人都最希望见到无保留意见。

（二）非无保留意见

非无保留意见是指保留意见、否定意见或无法表示意见。由于某些情形的存在，发表无保留意见的条件不具备或不完全具备，注册会计师不能发表无保留意见，根据具体情形可能发表保留意见、否定意见或无法表示意见。

二、审计意见决策的基本考虑

（一）发表无保留意见的情形

注册会计师经过审计后，如果认为财务报表同时符合下列条件，应当发表无保留意见。

1. 财务报表不存在重大错报

（1）财务报表在所有重大方面按照适用的财务报告编制基础编制。

（2）财务报表在所有重大方面公允反映了被审计单位的财务状况、经营成果和现金流量。

2. 已获取充分、适当的审计证据

注册会计师按照中国注册会计师审计准则的规定计划和实施了审计工作，针对财务报表认定已获取充分、适当的审计证据。

（二）发表非无保留意见的情形

当存在下列情形之一时，注册会计师应发表非无保留意见，即选择发表保留意见、否定意见或无法表示意见当中的一种。

1. 财务报表存在重大错报

（1）管理层在会计政策选择与运用方面的错报。例如，坏账选用了直接转销法核算；发出存货成本的计量选用了后进先出法；将固定资产达到预定可使用状态后发生的借款利息予以资本化计入固定资产成本；分期收款方式销售按合同约定的收款日期和金额确认收入；长期股权投资后续计量在成本法与权益法之间随意转换，以调节利润；等等。

（2）管理层在会计估计方面的错报。例如，没有对应收款项估计坏账损失；没有识别出债务人财务状况的恶化对估计坏账损失的影响；没有取得所有重大应收款项的准确账龄；对可能发生的坏账损失金额高估或低估；没有考虑固定资产在使用寿命内各期提供经济利益的方式不同或负荷程度不同，而采用使用年限法计提折旧；等等。

（3）管理层在财务报表披露方面的错报。例如，没有披露重大已贴现商业承兑汇票形成的或有负债；没有充分、清晰地披露关联方及关联交易，从而使财务报表使用者不能了解相关交易对被审计单位财务状况、经营成果和现金流量的影响；等等。

2. 无法获取充分、适当的审计证据

在审计过程中，审计程序的实施有时可能受到限制，无法获取充分、适当的审计证据，从而不能得出财务报表整体是否不存在重大错报的结论。

（1）客观环境造成的限制。例如，被审计单位存货的性质或位置特殊，或者注册会计师接受审计委托的时间安排，导致注册会计师无法监盘存货；对于长期股权投资无法获取有关被投资企业的财务信息的充分、适当的审计证据，以评价其是否恰当地运用了权益法；账目记录不完整、已毁坏；集团重要组成部分的会计记录被无限期查封；注册会计师仅实施实质性程序是不充分的，但被审计单位的内部控制无效；等等。

（2）被审计单位管理层的主观限制。例如，管理层不允许注册会计师观察存货盘点，或者阻止注册会计师对特定账户余额实施函证，等等。

在某种审计程序无法实施的情况下，注册会计师应当考虑是否可能实施替代审计程序，以获取充分、适当的审计证据。如果亦不能实施替代审计程序，在这种情况下，缺乏充分、适当的审计证据作为形成审计意见的基础，注册会计师不能发表意见。

（三）审计意见类型的决策

1. 审计意见类型的决策的思路

审计意见类型的决策要考虑三个层面：（1）是否获取了充分、适当的审计证据；（2）财务报表存在的错报（或者在无法获取充分、适当的审计证据的情况下，财务报表可能存在的错报）是否重大；（3）重大错报（或可能重大错报）对财务报表产生（或可能产生）影响的广泛性。注册会计师要考虑这三个层面来确定恰当的审计意见类型（见表 15－2）。

表 15-2　　审计意见决策表

<table>
<tr><td rowspan="3">事项与情况</td><td colspan="3">对财务报表的影响或可能影响</td></tr>
<tr><td rowspan="2">不重大</td><td colspan="2">重大</td></tr>
<tr><td>不广泛</td><td>广泛</td></tr>
<tr><td>获取充分、适当的审计证据存在错报（金额或性质）</td><td rowspan="2">无保留意见</td><td>保留意见</td><td>否定意见</td></tr>
<tr><td>无法获取充分、适当的审计证据（未发现的可能错报）</td><td>保留意见</td><td>无法表示意见</td></tr>
</table>

2. 对“重大”与“广泛性”的理解

（1）关于重大。重要性水平是考虑审计意见类型的重要依据。财务报表存在重大错报是指报表错报的金额或性质超出最终评价的财务报表整体重要性（也适用于特定类别交易、账户余额或披露存在的错报超过最终评价的特定类别交易、账户余额或披露的重要性）。

（2）关于广泛性。对财务报表的影响具有广泛性的情形有：①不限于对财务报表的特定要素、账户或项目产生影响；②虽然仅对财务报表的特定要素、账户或项目产生影响，但这些要素、账户或项目是财务报表的主要组成部分；③当与披露相关时，产生的影响对财务报表使用者理解财务报表至关重要。

第 2 节　审计报告的内容与格式

一、审计报告的含义

审计报告是审计人员在依法实施审计工作的基础上向审计授权人或委托人出具的，用于提出审计结论、发表审计意见的书面文件。

就注册会计师审计而言，审计报告是指注册会计师根据审计准则的规定，在执行审计工作的基础上对财务报表发表审计意见的书面文件。

本章主要介绍注册会计师对财务报表进行审计所出具的审计报告。

【知识链接】
注册会计师出具的审计报告的作用

二、审计报告的基本内容

（一）标题

审计报告的标题应统一规范为“审计报告”。

（二）收件人

审计报告的收件人是指注册会计师按照有关法规或审计业务约定书的要求致送审计报告的对象，一般是指审计业务的委托人。审计报告应当载明收件人的全称，如“××有限责任公司董事会”“××股份有限公司全体股东”。委托人是其他公司、企业，收件人为“××公司（T）董事会”；委托人是未设董事会的其他公司、企业，收件人为“××公司”“××厂”。

（三）审计意见

表 15－3 列出了各种类型审计意见的要求。

表 15－3　　审计意见段

	标题	内容	
		第一部分：陈述已审计的财务报表	第二部分：陈述所发表的审计意见
审计意见类型	表明审计意见的类型	（1）被审计单位的名称。 （2）财务报表已经审计。 （3）构成整套财务报表的每一财务报表的名称、日期或涵盖的期间。 （4）财务报表附注。	（1）合法性。财务报表是否在所有重大方面按照适用的财务报告编制基础（如企业会计准则）编制。 （2）公允性。财务报表是否在所有重大方面公允反映了被审计单位的财务状况、经营成果和现金流量。
无保留意见	审计意见	我们审计了被审计单位的财务报表，包括×年×月×日的资产负债表，×年度的利润表、股东权益变动表和现金流量表以及财务报表附注。	我们认为，财务报表在所有重大方面按照适用的财务报告编制基础编制，公允反映了财务状况、经营成果和现金流量。
保留意见	保留意见		财务报表存在重大错报而发表保留意见时： 我们认为，除“形成保留意见的基础”部分所述事项产生的影响外，财务报表在所有重大方面合法、公允。
			无法获取充分、适当的审计证据而发表保留意见时： 我们认为，除……可能产生的影响外，财务报表在所有重大方面合法、公允。
否定意见	否定意见		我们认为，由于“形成否定意见的基础”部分所述事项的重要性，财务报表没有在所有重大方面合法，未能公允反映。
无法表示意见	无法表示意见	我们接受委托，审计被审计单位的财务报表，包括…… （将“审计了财务报表”改成“审计财务报表”）	我们不对财务报表发表审计意见。由于“形成无法表示意见的基础”部分所述事项的重要性，我们无法获取充分、适当的审计证据以作为对财务报表发表审计意见的基础。

（四）形成审计意见的基础

这一部分紧接审计意见部分之后，详见表 15－4。

表 15-4　　　　　　　　　　　　　　　　形成审计意见的基础

<table>
<tr><td rowspan="2">审计意见类型</td><td>标题</td><td colspan="2">内容</td></tr>
<tr><td>与审计意见类型相适应</td><td colspan="2">陈述所发表审计意见的重要背景。
（1）说明注册会计师按照审计准则的规定执行了审计工作。
（2）提及审计报告中用于描述注册会计师责任的部分。
（3）声明保持了独立性，履行了职业道德的其他责任。
（4）声明注册会计师是否相信获取的审计证据是充分、适当的，为发表审计意见提供了基础。
（5）描述导致发表非无保留意见的事项；量化错报的财务影响或说明无法量化财务影响；指出错报在何处（如附注 X）；描述应披露未披露信息（如可行）；披露导致发表非无保留意见的所有事项及其影响；无法获取充分、适当的审计证据的原因。</td></tr>
<tr><td>无保留意见</td><td>形成审计意见的基础</td><td colspan="2">（1）我们按照中国注册会计师审计准则的规定执行了审计工作。
（2）审计报告的“注册会计师对财务报表审计的责任”部分进一步阐述了我们在这些准则下的责任。
（3）按照中国注册会计师职业道德守则，我们独立于 X 公司，并履行了职业道德方面的其他责任。
（4）我们相信，我们获取的审计证据是充分、适当的，为发表审计意见提供了基础。</td></tr>
<tr><td rowspan="2">保留意见</td><td rowspan="2">形成保留意见的基础</td><td colspan="2">（1）（2）（3）同形成无保留意见的基础部分。
（4）声明注册会计师相信获取的审计证据是充分、适当的，为发表保留意见提供了基础。</td></tr>
<tr><td>无法获取充分、适当的审计证据而发表保留意见时：
（5）描述无法获取充分、适当的审计证据的原因。</td><td>由于财务报表存在重大错报而发表保留意见时：
（5）描述导致发表保留意见的事项并量化错报的财务影响。</td></tr>
<tr><td>否定意见</td><td>形成否定意见的基础</td><td colspan="2">（1）（2）（3）同形成无保留意见的基础部分。
（4）声明注册会计师相信获取的审计证据是充分、适当的，为发表否定意见提供了基础。
（5）描述导致发表否定意见的事项并量化错报的财务影响。</td></tr>
<tr><td>无法表示意见</td><td>形成无法表示意见的基础</td><td colspan="2">（5）描述无法获取充分、适当的审计证据的原因。</td></tr>
</table>

（五）管理层对财务报表的责任（见表 15-5）

表 15-5　　　　　　　　　　　　　　　　管理层对财务报表的责任

<table>
<tr><td>审计意见类型</td><td>标题</td><td>内容</td></tr>
<tr><td>无保留意见</td><td rowspan="4">管理层对财务报表的责任</td><td rowspan="4">（1）管理层负责按照适用的财务报告编制基础编制财务报表，使其实现公允反映。
（2）设计、执行和维护必要的内部控制，以使财务报表不存在由舞弊或错误导致的重大错报。
（3）管理层负责评估被审计单位的持续经营能力，披露与持续经营相关的事项（如适用），并运用持续经营假设。
（4）治理层负责监督财务报告过程。</td></tr>
<tr><td>保留意见</td></tr>
<tr><td>否定意见</td></tr>
<tr><td>无法表示意见</td></tr>
</table>

（六）注册会计师对财务报表审计的责任（见表 15－6）

表 15－6　　注册会计师对财务报表审计的责任

审计意见类型	标题	内容
无保留意见 保留意见 否定意见	注册会计师对财务报表审计的责任	（1）描述注册会计师的目标。 （2）描述合理保证。 （3）描述重要性。 （4）说明在按照审计准则执行审计工作的过程中，注册会计师运用职业判断，并保持职业怀疑。 （5）描述执行的审计工作的内容： ①识别和评估重大错报风险，设计和实施审计程序以应对这些风险。 ②了解与审计相关的内部控制，以设计恰当的审计程序。 ③评价管理层选用会计政策的恰当性和作出会计估计及相关披露的合理性。 ④对管理层使用持续经营假设的恰当性得出结论，就可能导致对公司持续经营能力产生重大疑虑的事项或情况是否存在重大不确定性得出结论。 ⑤评价财务报表的总体列报、结构和内容（包括披露），并评价财务报表是否公允反映相关交易和事项。 （6）与治理层进行沟通。 （7）就已遵守与独立性相关的职业道德要求向治理层提供声明，并与治理层沟通独立性的可能不利影响及防范。 （8）确定关键审计事项（详见本章第 3 节）。
无法表示意见		（1）注册会计师的责任是按照中国注册会计师审计准则的规定，对财务报表执行审计工作，以出具审计报告。 （2）无法获取充分、适当的审计证据以作为发表审计意见的基础。 （3）声明独立于被审计单位，并履行了职业道德方面的其他责任。

（七）注册会计师的签名及盖章

审计报告应当由审计项目合伙人和具体负责该项目的注册会计师（通常是审计项目经理）签名并盖章，审计报告中应注明项目合伙人。

（八）会计师事务所的名称、地址及盖章

审计报告应载明会计师事务所的名称和地址，加盖会计师事务所公章。

【特别提示】

地址注明会计师事务所所在的城市即可，如“中国北京市”，无须注明详细地址。

（九）报告日期

审计报告日期不应早于注册会计师获取充分、适当的审计证据，并在此基础上对财务报表形成审计意见的日期。

在确定审计报告日时，注册会计师应当确信已获取下列两方面的审计证据：

（1）构成整套财务报表的所有报表（包括相关附注）已编制完成。

（2）被审计单位的董事会、管理层或类似机构已经认可其对财务报表负责（通常以管理层批准、签署财务报表并提交管理层声明为标志）。

审计报告的日期向审计报告使用者表明，注册会计师已考虑其知悉的、截止审计报告日所发生的事项与交易的影响。

在实务中，注册会计师在正式签署审计报告前，通常把审计报告草稿和已审计财务报表草稿一同提交被审计单位的董事会、管理层或类似机构，如果被审计单位的董事会、管理层或类似机构批准并签署已审计的财务报表，注册会计师即可签署审计报告。

在实务中，审计报告日与管理层声明日、财务报表批准日通常保持一致。

（十）附件

注册会计师应当将已审计的财务报表附于审计报告之后，以便于财务报表使用者正确理解和使用审计报告，并应当防止被审计单位替换、更改已审计的财务报表。

三、审计报告参考格式

（一）无保留意见的审计报告

【参考格式 15-1】

对上市公司财务报表出具的无保留意见审计报告

背景信息：

1. 对上市实体整套财务报表进行审计（不属于集团审计）；

2. 管理层按照企业会计准则编制财务报表；

3. 审计业务约定条款体现了《中国注册会计师审计准则第 1111 号——就审计业务约定条款达成一致意见》中关于管理层对财务报表责任的描述；

4. 基于获取的审计证据，注册会计师认为发表无保留意见是恰当的；

5. 适用的相关职业道德要求为中国注册会计师职业道德守则；

6. 基于获取的审计证据，根据《中国注册会计师审计准则第 1324 号——持续经营》，注册会计师认为可能导致对被审计单位持续经营能力产生重大疑虑的事项或情况不存在重大不确定性；

7. 已按照《中国注册会计师审计准则第 1504 号——在审计报告中沟通关键审计事项》的规定沟通了关键审计事项；

8. 负责监督财务报表的人员与负责编制财务报表的人员不同。

审计报告

ABC 股份有限公司全体股东：

一、审计意见

我们审计了 ABC 股份有限公司（以下简称“ABC 公司”）财务报表，包括 20×1 年 12 月 31 日的资产负债表，20×1 年度的利润表、现金流量表、股东权益变动表以及相关财务报表附注。

我们认为，后附的财务报表在所有重大方面按照企业会计准则的规定编制，公允反映了 ABC 公司 20×1 年 12 月 31 日的财务状况以及 20×1 年度的经营成果和现金流量。

二、形成审计意见的基础

我们按照中国注册会计师审计准则的规定执行了审计工作。审计报告的“注册会计师对财务报表审计的责任”部分进一步阐述了我们在这些准则下的责任。按照中国注册会计师职业道德守则，我们独立于 ABC 公司，并履行了职业道德方面的其他责任。我们相信，我们获取的审计证据是充分、适当的，为发表审计意见提供了基础。

三、关键审计事项

关键审计事项是我们根据职业判断，认为对本期财务报表审计最为重要的事项。这些事项的应对以对财务报表整体进行审计并形成审计意见为背景，我们不对这些事项单独发表意见。

［略］

四、管理层和治理层对财务报表的责任

ABC 公司管理层（以下简称“管理层”）负责按照企业会计准则的规定编制财务报表，使其实现公允反映，并设计、执行和维护必要的内部控制，以使财务报表不存在由舞弊或错误导致的重大错报。

在编制财务报表时，管理层负责评估 ABC 公司的持续经营能力，披露与持续经营相关的事项（如适用），并运用持续经营假设，除非管理层计划清算 ABC 公司、终止运营或别无其他现实的选择。

治理层负责监督 ABC 公司的财务报告过程。

五、注册会计师对财务报表审计的责任

我们的目标是对财务报表整体是否不存在由舞弊或错误导致的重大错报获取合理保证，并出具包含审计意见的审计报告。合理保证是高水平的保证，但并不能保证按照审计准则执行的审计在某一重大错报存在时总能发现。错报可能由舞弊或错误导致，如果合理预期错报单独或汇总起来可能影响财务报表使用者依据财务报表作出的经济决策，则通常认为错报是重大的。

在按照审计准则执行审计工作的过程中，我们运用职业判断，并保持职业怀疑。同时，我们也执行以下工作：

（1）识别和评估由舞弊或错误导致的财务报表重大错报风险，设计和实施审计程序以应对这些风险，并获取充分、适当的审计证据，作为发表审计意见的基础。由于舞弊可能涉及串通、伪造、故意遗漏、虚假陈述或凌驾于内部控制之上，未能发现由舞弊导致的重大错报的风险高于未能发现由错误导致的重大错报的风险。

（2）了解与审计相关的内部控制，以设计恰当的审计程序，但目的并非对内部控制的有效性发表意见（如果注册会计师结合财务报表审计对内部控制的有效性发表意见，应当删除“但目的并非对内部控制的有效性发表意见”的措辞）。

（3）评价管理层选用会计政策的恰当性和作出会计估计及相关披露的合理性。

(4) 对管理层使用持续经营假设的恰当性得出结论。同时，根据获取的审计证据，就可能导致对 ABC 公司持续经营能力产生重大疑虑的事项或情况是否存在重大不确定性得出结论。如果我们得出结论认为存在重大不确定性，审计准则要求我们在审计报告中提请报表使用者注意财务报表中的相关披露；如果披露不充分，我们应当发表非无保留意见。我们的结论基于截至审计报告日可获得的信息。然而，未来的事项或情况可能导致 ABC 公司不能持续经营。

(5) 评价财务报表的总体列报、结构和内容（包括披露），并评价财务报表是否公允反映相关交易和事项。

我们与治理层就计划的审计范围、时间安排和重大审计发现等事项进行沟通，包括沟通我们在审计中识别出的值得关注的内部控制缺陷。

我们还就已遵守与独立性相关的职业道德要求向治理层提供声明，并与治理层沟通可能被合理认为影响我们独立性的所有关系和其他事项，以及相关的防范措施（如适用）。

从与治理层沟通过的事项中，我们确定哪些事项对本期财务报表审计最为重要，因而构成关键审计事项。我们在审计报告中描述这些事项，除非法律法规禁止公开披露这些事项，或在极少数情形下，如果合理预期在审计报告中沟通某事项造成的负面后果超过在公众利益方面产生的益处，我们确定不应在审计报告中沟通该事项。

××会计师事务所（盖章）　　中国注册会计师：××（项目合伙人）（签名并盖章）

中国注册会计师：××（签名并盖章）

中国××市　　20×2 年×月×日

（二）保留意见的审计报告

【参考格式 15 - 2】

由于财务报表存在重大错报而出具保留意见审计报告

背景信息：

1. 对上市实体整套财务报表进行审计（不属于集团审计）；

2. 管理层按照企业会计准则编制财务报表；

3. 审计业务约定条款体现了《中国注册会计师审计准则第 1111 号——就审计业务约定条款达成一致意见》中关于管理层对财务报表责任的描述；

4. 存货存在错报，该错报对财务报表影响重大但不具有广泛性（即保留意见是恰当的）；

5. 适用的相关职业道德要求为中国注册会计师职业道德守则；

6. 基于获取的审计证据，根据《中国注册会计师审计准则第 1324 号——持续经营》，注册会计师认为可能导致对被审计单位持续经营能力产生重大疑虑的事项或情况不存在重大不确定性；

7. 已按照《中国注册会计师审计准则第 1504 号——在审计报告中沟通关键审计事

项》的规定沟通了关键审计事项；

8. 负责监督财务报表的人员与负责编制财务报表的人员不同。

审计报告

ABC 股份有限公司全体股东：

一、保留意见

我们审计了 ABC 股份有限公司（以下简称“ABC 公司”）财务报表，包括 20×1 年 12 月 31 日的资产负债表，20×1 年度的利润表、现金流量表、股东权益变动表以及相关财务报表附注。

我们认为，除“形成保留意见的基础”部分所述事项产生的影响外，后附的财务报表在所有重大方面按照企业会计准则的规定编制，公允反映了 ABC 公司 20×1 年 12 月 31 日的财务状况以及 20×1 年度的经营成果和现金流量。

二、形成保留意见的基础

ABC 公司 20×1 年 12 月 31 日资产负债表中存货的列示金额为×元。ABC 公司管理层（以下简称“管理层”）根据成本对存货进行计量，而没有根据成本与可变现净值孰低的原则进行计量，这不符合企业会计准则的规定。ABC 公司的会计记录显示，如果管理层以成本与可变现净值孰低来计量存货，存货列示金额将减少×元。相应地，资产减值损失将增加×元，所得税、净利润和股东权益将分别减少×元、×元和×元。

我们按照中国注册会计师审计准则的规定执行了审计工作。审计报告的“注册会计师对财务报表审计的责任”部分进一步阐述了我们在这些准则下的责任。按照中国注册会计师职业道德守则，我们独立于 ABC 公司，并履行了职业道德方面的其他责任。我们相信，我们获取的审计证据是充分、适当的，为发表保留意见提供了基础。

三、关键审计事项

关键审计事项是我们根据职业判断，认为对本期财务报表审计最为重要的事项。这些事项的应对以对财务报表整体进行审计并形成审计意见为背景，我们不对这些事项单独发表意见。除“形成保留意见的基础”部分所述事项外，我们确定下列事项是需要在审计报告中沟通的关键审计事项。

[略]

四、管理层和治理层对财务报表的责任

[同参考格式 15-1]

五、注册会计师对财务报表审计的责任

[同参考格式 15-1]

××会计师事务所（盖章）　中国注册会计师：××（项目合伙人）（签名并盖章）

中国注册会计师：××（签名并盖章）

中国××市　20×2 年×月×日

【参考格式 15－3】

由于注册会计师无法获取充分、适当的审计证据而出具保留意见审计报告

背景信息：

1. 对上市实体整套合并财务报表进行审计。该审计属于集团审计，被审计单位拥有多个子公司（即适用《中国注册会计师审计准则第 1401 号——对集团财务报表审计的特殊考虑》）；

2. 管理层按照××财务报告编制基础编制合并财务报表，该编制基础允许被审计单位只列报合并财务报表；

3. 审计业务约定条款体现了《中国注册会计师审计准则第 1111 号——就审计业务约定条款达成一致意见》中关于管理层对合并财务报表责任的描述；

4. 对一家境外联营公司，注册会计师无法获取充分、适当的审计证据，这一事项对合并财务报表可能产生的影响重大，但不具有广泛性（即保留意见是恰当的）；

5. 适用的相关职业道德要求为中国注册会计师职业道德守则；

6. 基于获取的审计证据，根据《中国注册会计师审计准则第 1324 号——持续经营》，注册会计师认为可能导致对被审计单位持续经营能力产生重大疑虑的事项或情况不存在重大不确定性；

7. 负责监督合并财务报表的人员与负责编制合并财务报表的人员不同。

审计报告

ABC 股份有限公司全体股东：

一、保留意见

我们审计了 ABC 股份有限公司及其子公司（以下简称“ABC 集团”）合并财务报表，包括 20×1 年 12 月 31 日的合并资产负债表，20×1 年度的合并利润表、合并现金流量表、合并股东权益变动表以及相关合并财务报表附注。

我们认为，除“形成保留意见的基础”部分所述事项可能产生的影响外，后附的合并财务报表在所有重大方面按照××财务报告编制基础的规定编制，公允反映了 ABC 集团 20×1 年 12 月 31 日的合并财务状况以及 20×1 年度的合并经营成果和合并现金流量。

二、形成保留意见的基础

如财务报表附注×所述，ABC 集团于 20×1 年取得了境外 XYZ 公司 30%的股权，因能够对 XYZ 公司施加重大影响，故采用权益法核算该项股权投资，于 20×1 年度确认对 XYZ 公司的投资收益×元，该项股权投资于 20×1 年 12 月 31 日合并资产负债表上反映的账面价值为×元。由于我们未被允许接触 XYZ 公司的财务信息、管理层和执行 XYZ 公司审计的注册会计师，我们无法就该项股权投资的账面价值以及 ABC 集团确认的 20×1 年度对 XYZ 公司的投资收益获取充分、适当的审计证据，也无法确定是否

有必要对这些金额进行调整。

我们按照中国注册会计师审计准则的规定执行了审计工作。审计报告的“注册会计师对合并财务报表审计的责任”部分进一步阐述了我们在这些准则下的责任。按照中国注册会计师职业道德守则，我们独立于 ABC 集团，并履行了职业道德方面的其他责任。我们相信，我们获取的审计证据是充分、适当的，为发表保留意见提供了基础。

三、关键审计事项

[略]

四、管理层和治理层对合并财务报表的责任

ABC 集团管理层（以下简称“管理层”）负责按照××财务报告编制基础的规定编制合并财务报表，使其实现公允反映，并设计、执行和维护必要的内部控制，以使合并财务报表不存在由舞弊或错误导致的重大错报。

在编制合并财务报表时，管理层负责评估 ABC 集团的持续经营能力，披露与持续经营相关的事项（如适用），并运用持续经营假设，除非管理层计划清算 ABC 集团、终止运营或别无其他现实的选择。

治理层负责监督 ABC 集团的财务报告过程。

五、注册会计师对合并财务报表审计的责任

我们的目标是对合并财务报表整体是否不存在由舞弊或错误导致的重大错报获取合理保证，并出具包含审计意见的审计报告。合理保证是高水平的保证，但并不能保证按照审计准则执行的审计在某一重大错报存在时总能发现。错报可能由舞弊或错误导致，如果合理预期错报单独或汇总起来可能影响财务报表使用者依据合并财务报表作出的经济决策，则通常认为错报是重大的。

在按照审计准则执行审计工作的过程中，我们运用职业判断，并保持职业怀疑。同时，我们也执行以下工作：

(1) 识别和评估由舞弊或错误导致的合并财务报表重大错报风险，设计和实施审计程序以应对这些风险，并获取充分、适当的审计证据，作为发表审计意见的基础。由于舞弊可能涉及串通、伪造、故意遗漏、虚假陈述或凌驾于内部控制之上，未能发现由舞弊导致的重大错报的风险高于未能发现由错误导致的重大错报的风险。

(2) 了解与审计相关的内部控制，以设计恰当的审计程序，但目的并非对内部控制的有效性发表意见。

(3) 评价管理层选用会计政策的恰当性和作出会计估计及相关披露的合理性。

(4) 对管理层使用持续经营假设的恰当性得出结论。同时，根据获取的审计证据，就可能导致对 ABC 集团持续经营能力产生重大疑虑的事项或情况是否存在重大不确定性得出结论。如果我们得出结论认为存在重大不确定性，审计准则要求我们在审计报告中提请报表使用者注意合并财务报表中的相关披露；如果披露不充分，我们应当发表非无保留意见。我们的结论基于截至审计报告日可获得的信息。然而，未来的事项或情况可能导致 ABC 集团不能持续经营。

(5) 评价合并财务报表的总体列报、结构和内容（包括披露），并评价合并财务报表是否公允反映相关交易和事项。

(6) 就ABC集团中实体或业务活动的财务信息获取充分、适当的审计证据，以对合并财务报表发表审计意见。我们负责指导、监督和执行集团审计，并对审计意见承担全部责任。

我们与治理层就计划的审计范围、时间安排和重大审计发现等事项进行沟通，包括沟通我们在审计中识别出的值得关注的内部控制缺陷。

我们还就已遵守与独立性相关的职业道德要求向治理层提供声明，并与治理层沟通可能被合理认为影响我们独立性的所有关系和其他事项，以及相关的防范措施（如适用）。

从与治理层沟通过的事项中，我们确定哪些事项对本期合并财务报表审计最为重要，因而构成关键审计事项。我们在审计报告中描述这些事项，除非法律法规禁止公开披露这些事项，或在极少数情形下，如果合理预期在审计报告中沟通某事项造成的负面后果超过在公众利益方面产生的益处，我们确定不应在审计报告中沟通该事项。

××会计师事务所（盖章）　　中国注册会计师：××（项目合伙人）（签名并盖章）

中国注册会计师：××（签名并盖章）

中国××市　　20×2年×月×日

（三）否定意见的审计报告

【参考格式15-4】

由于财务报表存在重大错报而出具否定意见审计报告

背景信息：

1. 对上市实体整套合并财务报表进行审计。该审计属于集团审计，被审计单位拥有多个子公司（即适用《中国注册会计师审计准则第1401号——对集团财务报表审计的特殊考虑》）；

2. 管理层按照××财务报告编制基础编制合并财务报表，该编制基础允许被审计单位只列报合并财务报表；

3. 审计业务约定条款体现了《中国注册会计师审计准则第1111号——就审计业务约定条款达成一致意见》中关于管理层对合并财务报表责任的描述；

4. 合并财务报表因未合并某一子公司而存在重大错报，该错报对合并财务报表影响重大且具有广泛性（即否定意见是恰当的），但量化该错报对合并财务报表的影响是不切实际的；

5. 适用的相关职业道德要求为中国注册会计师职业道德守则；

6. 基于获取的审计证据，根据《中国注册会计师审计准则第1324号——持续经营》，注册会计师认为可能导致对被审计单位持续经营能力产生重大疑虑的事项或情况不存在重大不确定性；

7. 适用《中国注册会计师审计准则第1504号——在审计报告中沟通关键审计事

项》。然而，注册会计师认为，除“形成否定意见的基础”部分所述事项外，无其他关键审计事项；

8. 负责监督合并财务报表的人员与负责编制合并财务报表的人员不同。

审计报告

ABC 股份有限公司全体股东：

一、否定意见

我们审计了 ABC 股份有限公司及其子公司（以下简称“ABC 集团”）的合并财务报表，包括 20×1 年 12 月 31 日的合并资产负债表，20×1 年度的合并利润表、合并现金流量表、合并股东权益变动表以及相关合并财务报表附注。

我们认为，由于“形成否定意见的基础”部分所述事项的重要性，后附的合并财务报表没有在所有重大方面按照××财务报告编制基础的规定编制，未能公允反映 ABC 集团 20×1 年 12 月 31 日的合并财务状况以及 20×1 年度的合并经营成果和合并现金流量。

二、形成否定意见的基础

如财务报表附注×所述，20×1 年 ABC 集团通过非同一控制下的企业合并获得对 XYZ 公司的控制权，因未能取得购买日 XYZ 公司某些重要资产和负债的公允价值，故未将 XYZ 公司纳入合并财务报表的范围。按照××财务报告编制基础的规定，该集团应将这一子公司纳入合并范围，并以暂估金额为基础核算该项收购。如果将 XYZ 公司纳入合并财务报表的范围，后附的 ABC 集团合并财务报表的多个报表项目将受到重大影响。但我们无法确定未将 XYZ 公司纳入合并范围对合并财务报表产生的影响。

我们按照中国注册会计师审计准则的规定执行了审计工作。审计报告的“注册会计师对合并财务报表审计的责任”部分进一步阐述了我们在这些准则下的责任。按照中国注册会计师职业道德守则，我们独立于 ABC 集团，并履行了职业道德方面的其他责任。我们相信，我们获取的审计证据是充分、适当的，为发表否定意见提供了基础。

三、关键审计事项

除“形成否定意见的基础”部分所述事项外，我们认为，没有其他需要在我们的报告中沟通的关键审计事项。

四、管理层和治理层对合并财务报表的责任

[同参考格式 15-3]

五、注册会计师对合并财务报表审计的责任

[同参考格式 15-3]

××会计师事务所（盖章）　　中国注册会计师：××（项目合伙人）（签名并盖章）

中国注册会计师：××（签名并盖章）

中国××市　　20×2 年×月×日

（四）无法表示意见的审计报告

【参考格式 15-5】

由于无法针对财务报表多个要素获取充分、适当的审计证据而出具无法表示意见审计报告

背景信息：

1. 对非上市实体整套财务报表进行审计（不属于集团审计）；

2. 管理层按照企业会计准则编制财务报表；

3. 审计业务约定条款体现了《中国注册会计师审计准则第 1111 号——就审计业务约定条款达成一致意见》中关于管理层对财务报表责任的描述；

4. 对财务报表的多个要素，注册会计师无法获取充分、适当的审计证据，例如，对被审计单位的存货和应收账款，注册会计师无法获取审计证据，这一事项对财务报表可能产生的影响重大且具有广泛性；

5. 适用的相关职业道德要求为中国注册会计师职业道德守则；

6. 负责监督财务报表的人员与负责编制财务报表的人员不同；

7. 按照审计准则要求在注册会计师的责任部分作出有限的表述。

审计报告

ABC 股份有限公司全体股东：

一、无法表示意见

我们接受委托，审计 ABC 股份有限公司（以下简称"ABC 公司"）财务报表，包括 20×1 年 12 月 31 日的资产负债表，20×1 年度的利润表、现金流量表、股东权益变动表以及相关财务报表附注。

我们不对后附的 ABC 公司财务报表发表审计意见。由于"形成无法表示意见的基础"部分所述事项的重要性，我们无法获取充分、适当的审计证据以作为对财务报表发表审计意见的基础。

二、形成无法表示意见的基础

我们于 20×2 年 1 月接受委托审计 ABC 公司财务报表，因而未能对 ABC 公司 20×1 年初金额为×元的存货和年末金额为×元的存货实施监盘程序。此外，我们也无法实施替代审计程序获取充分、适当的审计证据。并且，ABC 公司于 20×1 年 9 月采用新的应收账款电算化系统，由于存在系统缺陷导致应收账款出现大量错误。截至报告日，ABC 公司管理层（以下简称"管理层"）仍在纠正系统缺陷并更正错误，我们也无法实施替代审计程序，以对截至 20×1 年 12 月 31 日的应收账款总额×元获取充分、适当的审计证据。因此，我们无法确定是否有必要对存货、应收账款以及财务报表其他项目作出调整，也无法确定应调整的金额。

三、管理层和治理层对财务报表的责任

[同参考格式 15-1]

四、注册会计师对财务报表审计的责任

我们的责任是按照中国注册会计师审计准则的规定，对 ABC 公司的财务报表执行审计工作，以出具审计报告。但由于“形成无法表示意见的基础”部分所述的事项，我们无法获取充分、适当的审计证据以作为发表审计意见的基础。

按照中国注册会计师职业道德守则，我们独立于 ABC 公司，并履行了职业道德方面的其他责任。

××会计师事务所（盖章）　　中国注册会计师：××（项目合伙人）（签名并盖章）

中国注册会计师：××（签名并盖章）

中国××市　　20×2 年×月×日

第 3 节　审计报告中的关键审计事项、强调事项段和其他事项段

一、在审计报告中沟通关键审计事项

（一）关键审计事项的含义

关键审计事项是指注册会计师根据职业判断认为对本期财务报表审计最为重要的事项。

在审计报告中描述关键审计事项能够提高已执行审计工作的透明度，增加审计报告的沟通价值，帮助财务报表使用者了解注册会计师根据职业判断认为对本期财务报表审计最为重要的事项，了解已审计财务报表中涉及重大管理层判断的领域，了解注册会计师对这些重要事项是如何进行审计应对的。

（二）关键审计事项的决策

1. 关键审计事项的确定时间

关键审计事项是注册会计师在形成审计意见之后，基于整个审计过程中获取的审计证据确定的。

2. 关键审计事项的决策框架

注册会计师在确定关键审计事项时需要遵循的决策框架如图 15－2 所示。

（1）以“与治理层沟通的事项”为起点。通常注册会计师与治理层沟通审计中发现的重大问题，包括注册会计师对被审计单位会计实务（包括会计政策、会计估计和财务报表披露）重大方面的看法，审计工作中遇到的重大困难，已与管理层讨论或需要书面沟通的重大事项等。这些事项往往也是财务报告使用者所关心的，因此关键审计事项应从这些与治理层沟通的事项中选取。

（2）从“与治理层沟通的事项”中选出在执行审计工作时“重点关注过的事项”。识别和评估的重大错报风险越高，实施审计时涉及的判断就越多越复杂，需要获取更有

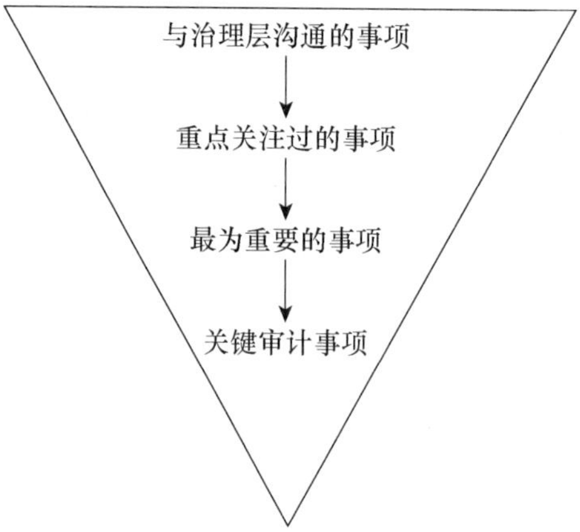

图 15－2　关键审计事项的决策框架

说服力的审计证据，审计工作更加富有挑战性，需要投放更多的审计资源，这些事项就更加需要重点关注。

因此，判断是不是“重点关注过的事项”，一般考虑以下几方面：

①属于评估的重大错报风险较高的领域或识别出的特别风险。

②涉及复杂的、重大管理层判断（包括具有高度不确定性的会计估计）。

③当期重大交易或事项对审计工作产生重大影响（例如影响审计策略、审计资源分配）。

例如，在审计过程中，注册会计师已与管理层和治理层就重大关联方交易或重大异常交易对财务报表的影响进行了大量讨论，管理层就这些交易的确认、计量、列报或披露作出困难或复杂的判断，已被识别为特别风险，这对注册会计师的总体审计策略产生重大影响，从而成为重点关注事项。

（3）从“重点关注过的事项”中选出对本期审计“最为重要的事项”。在“重点关注过的事项”中，注册会计师与治理层的沟通更加深入、频繁、充分的事项（如重大会计政策的运用）可能被确定为“最为重要的事项”，从而构成“关键审计事项”。

确定某一事项是否为对本期审计“最为重要的事项”时，可以从下列方面加以考虑：

①该事项对预期使用者理解财务报表整体的重要程度，尤其是对财务报表的重要性。

②与该事项相关的会计政策的性质，或者与同行业其他实体相比，管理层在选择适当的会计政策时涉及的复杂程度或主观程度。

③从定性和定量方面考虑，与该事项相关的由舞弊或错误导致的已更正错报和累积未更正错报的性质和重要程度。

④为应对该事项所付出的审计努力的性质和程度。

a. 为应对该事项而实施审计程序或评价审计程序的结果在多大程度上需要特殊的知识或技能。

b. 就该事项在项目组之外进行咨询的性质。

⑤在实施审计程序、评价实施审计程序的结果、获取相关和可靠的审计证据以作为发表审计意见的基础时，注册会计师遇到的困难的性质和严重程度，尤其是当注册会计

师的判断变得更加主观时。

⑥识别出的与该事项相关的控制缺陷的严重程度。

⑦该事项是否涉及多项可区分但又相互关联的审计考虑。例如，长期合同可能在收入确认、诉讼或其他或有事项等方面需要重点关注，并且可能影响其他会计估计。

3. 关键审计事项数量的确定

“最为重要的事项”并不意味着只有一项，但罗列大量关键审计事项可能与这些事项是审计中最为重要的事项这一概念相抵触。确定关键审计事项的数量受被审计单位规模和复杂程度、业务和经营环境的性质，以及审计业务具体事实和情况的影响。

（三）描述关键审计事项（见表 15－7）

表 15－7　　关键审计事项在审计报告中的描述

<table>
<tr><td colspan="3">1. 在审计报告中单设关键审计事项部分</td></tr>
<tr><td>标题</td><td colspan="2">关键审计事项</td></tr>
<tr><td>位置</td><td colspan="2">在“形成审计意见的基础”部分之后</td></tr>
<tr><td rowspan="3">内容</td><td>第一部分：引言</td><td>第二部分：逐项描述关键审计事项</td></tr>
<tr><td rowspan="2">（1）说明关键审计事项是注册会计师根据职业判断认为对本期财务报表审计最为重要的事项。
（2）关键审计事项的应对以对财务报表整体进行审计并形成审计意见为背景，注册会计师对财务报表整体形成审计意见，而不对关键审计事项单独发表意见。</td><td>（1）子标题：单一关键审计事项。
（2）事项描述。
①基本事实陈述；②被认定为最重要事项的理由。
（3）审计应对（实施的审计程序及结果）。</td></tr>
<tr><td>排列顺序：依据事项重要程度</td></tr>
<tr><td colspan="3">2. 不在审计报告中描述关键审计事项的情形</td></tr>
<tr><td colspan="3">（1）法律法规禁止公开披露某事项（例如妨碍司法调查）。
（2）在极少数情形下，合理预期在审计报告中沟通敏感事项造成的负面后果超过在公众利益方面产生的益处（被审计单位已公开披露与该事项有关的信息除外）。</td></tr>
<tr><td colspan="3">3. 在审计报告中不描述但应提及关键审计事项</td></tr>
<tr><td colspan="3">（1）导致非无保留意见的事项，或可能导致对被审计单位持续经营能力产生重大疑虑的事项或情况存在重大不确定性，属于关键审计事项，但不得在审计报告的关键审计事项部分进行描述，而应在关键审计事项部分提及形成保留（否定）意见的基础部分或与持续经营相关的重大不确定性部分。
（2）如果确定不存在需要沟通的关键审计事项，或者仅有上述（1）所列事项，应在审计报告中单设的关键审计事项部分加以说明。</td></tr>
</table>

（四）关键审计事项的参考格式

1. 在审计报告中沟通关键审计事项的参考格式

【参考格式 15－6】

在无保留意见审计报告中沟通关键审计事项

三、关键审计事项

关键审计事项是我们根据职业判断，认为对本期财务报表审计最为重要的事项。这些事项的应对以对财务报表整体进行审计并形成审计意见为背景，我们不对这些事项单独发表意见。

（一）以公允价值计价的消耗性生物资产

1. 事项描述

截至20×1年12月31日，ABC公司合并财务报表附注所示以公允价值计价的消耗性生物资产余额×万元，属于ABC公司的特殊资产，且金额较大，为此我们确定消耗性生物资产的计量为关键审计事项。根据××的会计政策，消耗性生物资产在形成蓄积量以前按照成本进行初始计量，形成蓄积量以后按公允价值计量，公允价值变动计入当期损益。由于ABC公司的消耗性生物资产没有活跃的市场可参考价格，所以ABC公司采用估值技术确定已形成蓄积量的消耗性生物资产的公允价值（详见附注七、6“存货”所述）。

2. 审计应对

针对该类生物资产的公允价值计量问题，我们实施的审计程序主要包括：我们对ABC公司与确定该类生物资产相关的控制进行了评估；对该类生物资产的估值方法进行了了解和评价，并与估值专家讨论了估值方法的具体运用；对在估值过程中运用的估值参数和折现率进行了考虑和评价。

【参考格式15-7】

在保留意见审计报告中沟通关键审计事项

三、关键审计事项

关键审计事项是我们根据职业判断，认为对本期财务报表审计最为重要的事项。这些事项的应对以对财务报表整体进行审计并形成审计意见为背景，我们不对这些事项单独发表意见。除“形成保留意见的基础”部分所述事项外，我们确定下列事项是需要在审计报告中沟通的关键审计事项。

（一）固定资产减值准备计提

1. 事项描述

截至20×1年12月31日，ABC公司合并财务报表附注列示固定资产减值准备×万元，在计提固定资产减值准备时，ABC公司考虑了固定资产处置时的市场价值及快速变现因素，并聘请专家对固定资产运用估值技术核定固定资产的减值。

2. 审计应对

在审计固定资产减值准备的过程中，我们实地勘察了相关固定资产，取得了相关资产资料，评估了ABC公司的估值方法，并与估值专家讨论了估值方法运用的适当性。

基于获取的审计证据，我们得出审计结论，管理层对固定资产减值准备的计提是合理的，相关信息在财务报表附注七、13“固定资产”及附注七、21“资产减值准备明细”中所作出的披露是适当的。

2. 不存在需要沟通的关键审计事项时的表述

如果注册会计师确定不存在需要在审计报告中沟通的关键审计事项，可以在审计报告中作以下表述：

三、关键审计事项

除“形成保留（否定）意见的基础”部分或与持续经营相关的重大不确定性部分所描述的事项外，我们确定不存在其他需要在审计报告中沟通的关键审计事项。

或者：

三、关键审计事项

我们确定不存在需要在审计报告中沟通的关键审计事项。

二、在审计报告中增加强调事项段

（一）强调事项段的含义

强调事项段是指审计报告中含有的一个段落，该段落描述已在财务报表中恰当列报或披露的事项，根据注册会计师的职业判断，该事项对财务报表使用者理解财务报表至关重要。

（二）增加强调事项段的条件

（1）该事项已在财务报表中列报或披露，且不存在重大错报。

（2）该事项对财务报表使用者理解财务报表至关重要，有必要提醒报表使用者关注。

（3）该事项未被确定为在审计报告中沟通的关键审计事项。

（三）增加强调事项段的情形（列举）

（1）异常诉讼或监管行动的未来结果存在不确定性。

（2）提前应用（在允许的情况下）对财务报表有广泛影响的新会计准则。

（3）存在已经或持续对被审计单位财务状况产生重大影响的特大灾难。

（4）法律法规规定的财务报告编制基础不可接受，但其是由法律或法规作出的规定。

（5）财务报表按照特殊目的编制基础编制。

（6）针对期后事项出具了新的审计报告或修改了审计报告。

（四）描述强调事项段（见表 15－8）

表 15－8　　强调事项段在审计报告中的描述

标题	（1）“强调事项”。 （2）“强调事项——背景信息”，例如“强调事项——期后事项”。
内容	（1）描述该强调事项。 （2）明确提及相关披露的位置，以便能够在财务报表中找到对该事项的详细描述。 （3）指出该段内容仅用于提醒财务报表使用者关注，并不影响已发表的审计意见。
位置	（1）紧接在“形成审计意见的基础”部分之后（当强调事项与适用的财务报告编制基础相关时）。 （2）当审计报告中包含关键审计事项部分时，强调事项段紧接在关键审计事项部分之前或之后（取决于重要程度）。
参考格式	见参考格式 15－8 包含关键审计事项、强调事项段及其他事项段的审计报告。

【特别提示】

如果管理层运用持续经营假设是适当的，但存在重大不确定性，且财务报表对重大不确定性已作出充分披露，注册会计师应当发表无保留意见，并在审计报告中增加以“与持续经营相关的重大不确定性”为标题的单独部分。

三、在审计报告中增加其他事项段

（一）其他事项段的含义

其他事项段是指审计报告中含有的一个段落，该段落提及未在财务报表中列报或披露的事项，根据注册会计师的职业判断，该事项与财务报表使用者理解审计工作、注册会计师的责任或审计报告相关。

（二）增加其他事项段的条件

（1）未在财务报表中列报或披露（因未被要求）。

（2）根据职业判断注册会计师认为与财务报表使用者理解审计工作、注册会计师的责任或审计报告相关。

（3）未被确定为在审计报告中沟通的关键审计事项。

（4）法律法规未禁止注册会计师披露。

（三）增加其他事项段的情形

1. 与使用者理解审计工作相关的情形

在极其特殊的情况下，即使由于管理层对审计范围施加的限制导致无法获取充分、适当的审计证据可能产生的影响具有广泛性，注册会计师也不能解除业务约定。此时，注册会计师可能认为有必要在审计报告中增加其他事项段，解释为何不能解除业务约定。

2. 与使用者理解注册会计师的责任或审计报告相关的情形

法律法规或得到广泛认可的惯例要求或允许注册会计师详细说明某些事项，以进一步解释注册会计师在财务报表审计中的责任或审计报告。在这种情况下，注册会计师可以使用一个或多个子标题来描述其他事项段的内容。

3. 对两套以上财务报表出具审计报告的情形

被审计单位按照通用目的编制基础（如×国财务报告编制基础）编制一套财务报表，且按照另一个通用目的编制基础（如国际财务报告准则）编制另一套财务报表，并委托注册会计师同时对两套财务报表出具审计报告。如果注册会计师已确定两个财务报告编制基础在各自情形下是可接受的，可以在审计报告中增加其他事项段，说明该被审计单位根据另一个通用目的编制基础（如国际财务报告准则）编制了另一套财务报表以及注册会计师对这些财务报表出具了审计报告。

4. 限制审计报告分发和使用的情形

为特定目的编制的财务报表按照通用目的编制基础编制，且能够满足特定使用者对财务信息的需求。由于审计报告旨在提供给特定使用者，注册会计师可能认为在这种情况下需要增加其他事项段，说明审计报告只是提供给财务报表特定使用者，不应分发给其他机构或人员或者被其他机构或人员使用。

(四) 描述其他事项段 (见表 15-9)

表 15-9　　其他事项段在审计报告中的描述

标题	(1) "其他事项"。 (2) "其他事项——背景信息", 例如 "其他事项——审计范围"。
内容	描述该事项的具体内容。
位置	在关键审计事项部分、强调事项段之后。
参考格式	见参考格式 15-8 包含关键审计事项、强调事项段及其他事项段的审计报告。

【参考格式 15-8】

包含关键审计事项、强调事项段及其他事项段的审计报告

背景信息:

1. 对上市实体整套财务报表进行审计, 该审计不属于集团审计;

2. 管理层按照企业会计准则编制财务报表;

3. 审计业务约定条款体现了《中国注册会计师审计准则第 1111 号——就审计业务约定条款达成一致意见》中关于管理层对财务报表责任的描述;

4. 基于获取的审计证据, 注册会计师认为发表无保留意见是恰当的;

5. 适用的相关职业道德要求为中国注册会计师职业道德守则;

6. 基于获取的审计证据, 根据《中国注册会计师审计准则第 1324 号——持续经营》, 注册会计师认为可能导致对被审计单位持续经营能力产生重大疑虑的事项或情况不存在重大不确定性;

7. 在财务报表日至审计报告日之间, 被审计单位的生产设备发生了火灾, 被审计单位已将其作为期后事项披露。根据注册会计师的判断, 该事项对财务报表使用者理解财务报表至关重要, 但在本期财务报表审计中不是重点关注过的事项;

8. 已按照《中国注册会计师审计准则第 1504 号——在审计报告中沟通关键审计事项》的规定沟通了关键审计事项;

9. 注册会计师在审计报告日前已获取所有其他信息, 且未识别出信息存在重大错报;

10. 负责监督财务报表的人员与负责编制财务报表的人员不同。

审计报告

ABC 股份有限公司全体股东:

一、审计意见

[同参考格式 15-1]

二、形成审计意见的基础

[同参考格式 15-1]

三、强调事项

我们提醒财务报表使用者关注，财务报表附注×描述了火灾对ABC公司的生产设备造成的影响。本段内容不影响已发表的审计意见。

四、关键审计事项

关键审计事项是我们根据职业判断，认为对本期财务报表审计最为重要的事项。这些事项的应对以对财务报表整体进行审计并形成审计意见为背景，我们不对这些事项单独发表意见。

（一）使用寿命不确定的无形资产的减值测试

[略]

（二）对铁塔资产租赁的会计处理方法

[略]

五、其他事项

20×0年12月31日的资产负债表，20×0年度的利润表、现金流量表、股东权益变动表以及相关财务报表附注由其他会计师事务所审计，并于20×1年3月31日发表了无保留意见。

六、其他信息

ABC公司管理层（以下简称“管理层”）对其他信息负责。其他信息包括××报告中涵盖的信息，但不包括财务报表和我们的审计报告。

我们对财务报表发表的审计意见不涵盖其他信息，我们也不对其他信息发表任何形式的鉴证结论。

结合我们对财务报表的审计，我们的责任是阅读其他信息，在此过程中，考虑其他信息是否与财务报表或我们在审计过程中了解到的情况存在重大不一致或者似乎存在重大错报。

基于我们已执行的工作，如果我们确定其他信息存在重大错报，我们应当报告该事实。在这方面，我们无任何事项需要报告。

七、管理层和治理层对财务报表的责任

[同参考格式15-1]

（八）注册会计师对财务报表审计的责任

[同参考格式15-1]

××会计师事务所（盖章）　　中国注册会计师：××（项目合伙人）（签名并盖章）

中国注册会计师：××（签名并盖章）

中国××市　　20×2年×月×日

四、关键审计事项、强调事项和其他事项的比较

表15-10中对关键审计事项、强调事项和其他事项做了比较。

表 15－10　　关键审计事项、强调事项和其他事项的比较

属性	关键审计事项	强调事项	其他事项
定性	（1）不能代替管理层在财务报表中作出的披露。 （2）不能代替注册会计师发表非无保留意见。 （3）不是注册会计师就单一事项单独发表意见。		
目的	增加信息含量，提高审计报告的有用性。		
条件	（1）与治理层沟通过。 （2）重点关注过。 （3）对本期财务报表最为重要的事项。 （4）已解决，已获得证据。	（1）已披露。 （2）不存在重大错报。 （3）未被确定为关键审计事项。	（1）未披露。 （2）法律未要求也未禁止披露。 （3）未被确定为关键审计事项。
位置	关键审计事项部分、强调事项段的位置先后取决于事项的重要程度。		在关键审计事项部分、强调事项段之后。
相互关系	不能使用强调事项段或其他事项段代替对关键审计事项的描述。		
	未被确定为关键审计事项，但重要，应包含在强调事项段或其他事项段中。		
	不能使用关键审计事项代替可能导致对被审计单位持续经营能力产生重大疑虑的事项或情况存在重大不确定性时在“与持续经营相关的重大不确定性”部分的报告。		

【知识链接】
特殊项目的审计及其对审计报告的影响

【知识链接】
比较信息

【知识链接】
其他信息

实训

一、判断题

1. 审计范围受限是指某种审计程序无法实施而无法获取充分、适当的审计证据。（　　）

2. 注册会计师签署审计报告的日期通常与管理层签署已审计财务报表的日期为同一天，也可以早于管理层签署已审计财务报表的日期。（　　）

3. 预期在审计报告中沟通某事项造成的负面后果超过产生公众利益方面的益处的事项，需要在关键审计事项部分披露。（　　）

4. 注册会计师明知应当出具否定意见的审计报告时，为了规避风险，可以用无法表示意见的审计报告代替。（　　）

5. 将财务报表与审计报告一同提交给财务报表使用者，可以减少被审计单位管理层对财务报表的真实性、完整性、合法性所负的责任。（　　）

6. 如果确定不存在需要沟通的关键审计事项，应在审计报告中单设的关键审计事

项部分加以说明。（　）

7. 注册会计师需要对关键审计事项单独发表审计意见。（　）

8. 如果无法获取充分、适当的审计证据以作为形成审计意见的基础，但认为未发现的错报对财务报表可能产生的影响重大且具有广泛性，应发表否定意见。（　）

9. 在确定审计意见类型时所依据的重要性水平仅是指最终评价的财务报表整体重要性，不适用于特定类别交易、账户余额或披露的重要性。（　）

10. 在任何情况下，注册会计师都应当只要求管理层就已识别的重大的错报调整财务报表。（　）

二、单项选择题

1. 下列选项中，不属于审计报告的要素的是（　）。

A. 审计报告后附的财务报表和附注　　B. 形成审计意见的基础

C. 管理层对财务报表的责任　　D. 注册会计师对财务报表的责任

2. 下列各项中，属于不在审计报告中描述关键审计事项也不提及所在的披露部分的情形的有（　）。

A. 合理预期在审计报告中沟通敏感事项造成的负面后果超过在公众利益方面产生的益处（被审计单位已公开披露与该事项有关的信息除外）

B. 导致非无保留意见的事项

C. 可能导致对被审计单位持续经营能力产生重大疑虑的事项或情况存在重大不确定性

D. 确定不存在需要沟通的关键审计事项

3. （　）是指注册会计师根据职业判断认为对本期财务报表审计最为重要的事项，它一般从注册会计师与治理层沟通过的事项中选取。

A. 其他事项　　B. 强调事项

C. 关键审计事项　　D. 资产负债表日后事项

4. 针对在审计报告中沟通关键审计事项的下列说法中，正确的是（　）。

A. 导致非无保留意见的事项需要在关键审计事项部分披露

B. 可能导致对持续经营能力产生重大疑虑的事项或情况存在重大不确定性，需要在关键审计事项部分披露

C. 未得到满意解决的事项需要在关键审计事项部分披露

D. 形成保留（否定）意见的基础部分可能需要在关键审计事项部分提及

5. 如果被审计单位限制注册会计师监盘占总资产50%的存货，且无法对存货运用替代审计程序，尽管对财务报表的其他项目都取得了满意的证据，审计人员也应出具（　）审计报告。

A. 否定意见　　B. 增加强调事项段的无保留意见

C. 保留意见　　D. 无法表示意见

6. 注册会计师出具任何意见类型的审计报告，都应在（　）加上“形成审计意见的基础”，说明所持意见的理由。

A. 审计意见部分之前

B. 注册会计师对财务报表审计的责任部分之前

C. 审计意见部分之后

D. 管理层和治理层对财务报表的责任部分之后

7. 注册会计师在出具非无保留意见审计报告时，应在“形成审计意见的基础”部分描述导致发表非无保留意见的事项，并在可能的情况下指出其对（　　）的影响程度。

A. 审计意见　　B. 财务报表

C. 审计风险　　D. 被审计单位现金流量

8. 由于未能取得充分、适当的审计证据，注册会计师对被审计单位财务报表整体不能发表意见，应当（　　）。

A. 拒绝接受委托　　B. 拒绝提供审计报告

C. 出具无法表示意见的审计报告　　D. 出具否定意见的审计报告

9. 审计报告的日期可能为（　　）。

A. 已审的财务报表截止日　　B. 董事会正式批准财务报表日

C. 审计业务约定书签订日　　D. 审计报告完稿日期

10.（　　）表明注册会计师认为被审计单位财务报表整体无法接受。

A. 无保留意见　　B. 否定意见　　C. 保留意见　　D. 无法表示意见

三、多项选择题

1. 下列关于在审计报告中沟通的关键审计事项的说法正确的有（　　）。

A. 注册会计师对关键审计事项单独发表意见

B. 关键审计事项是注册会计师根据职业判断，认为对本期财务报表审计最为重要的事项

C. 在审计报告中需要说明被确定为关键审计事项的原因

D. 在审计报告中需要说明关键审计事项在审计中是如何应对的

2. 在进行审计意见类型的决策时，注册会计师要考虑的三个层面是（　　）。

A. 是否获取了充分、适当的审计证据

B. 财务报表存在的错报（或者在无法获取充分、适当的审计证据的情况下，财务报表可能存在的错报）是否重大

C. 重大错报（或可能重大错报）对财务报表产生（或可能产生）影响的广泛性

D. 被审计单位管理层是否诚信

3. 注册会计师在审计报告中沟通的关键审计事项可能包括（　　）。

A. 评估的重大错报风险较高的领域或识别出的特别风险

B. 财务报表中涉及重大管理层判断（包括被认为具有高度估计不确定性的会计估计）的领域相关的重大审计判断

C. 本期重大交易或事项对审计的影响

D. 强调事项

4. 在审计报告中增加强调事项段的条件包括（　　）。

A. 该事项已在财务报表中列报或披露

B. 该事项不存在重大错报

C. 该事项对财务报表使用者理解财务报表至关重要，有必要提醒报表使用者关注

D. 该事项未被确定为在审计报告中沟通的关键审计事项

5. 审计报告的审计意见部分首先要说明已审计的财务报表情况，包括（　　）。

A. 描述被审计单位的名称

B. 被审计单位财务报表已经过审计

C. 构成整套财务报表的每张报表的名称、日期和涵盖的期间

D. 提及财务报表附注

6. 在审计报告中增加强调事项段，强调事项段不能代替的情形有（　　）。

A. 提醒财务报表使用者注意财务报表按照特殊目的的编制基础编制

B. 发表非无保留意见的情形

C. 适用的财务报表编制基础要求管理层在财务报表中作出披露

D. 对持续经营能力存在重大不确定性时作出报告

7. 审计意见的基本类型有（　　）。

A. 无保留意见　　B. 否定意见

C. 保留意见　　D. 无法表示意见

8. 出现下列情形（　　），且不影响已发表的意见，注册会计师可能在审计报告中增加强调事项段。

A. 异常未决诉讼或监管行动的未来结果存在不确定性

B. 提前应用（在允许的情况下）对财务报表有广泛影响的新会计准则

C. 财务报表按照特殊目的编制基础编制

D. 存在已经或持续对被审计单位财务状况产生重大影响的特大灾难

9. 审计范围受到限制可能是（　　）。

A. 客观环境造成的限制　　B. 审计成本过高造成的限制

C. 管理层主观造成的限制　　D. 审计抽样造成的限制

10. 在审计报告中增加其他事项段的条件是（　　）。

A. 该事项因未被要求而未在财务报表中列报或披露

B. 根据职业判断注册会计师认为该事项与财务报表使用者理解审计工作、注册会计师的责任或审计报告相关

C. 该事项未被确定为在审计报告中沟通的关键审计事项

D. 法律法规未禁止注册会计师披露该事项

四、案例分析题

1. ABC 会计师事务所的 A 注册会计师担任多家公司 2018 年度财务报表审计的项

目合伙人，遇到下列事项：

（1）A 注册会计师认为，导致对甲公司持续经营能力产生重大疑虑的事项和情况存在重大不确定性。管理层不同意 A 注册会计师的结论，因此，未在财务报表附注中作出与其持续经营能力有关的披露。A 注册会计师拟在审计报告中增加其他事项段。

（2）乙公司管理层在财务报表附注中披露了某项重大会计估计存在高度估计不确定性，A 注册会计师认为该项披露不充分，拟在审计报告中增加强调事项段。

（3）丙公司大部分采购和销售交易为关联方交易，管理层在 2018 年度财务报表附注中披露关联方交易价格公允。由于缺乏公开市场数据，A 注册会计师无法对该披露做出评估。鉴于关联方交易对丙公司的经营活动至关重要，A 注册会计师拟在审计报告中增加强调事项段，提请财务报表使用者关注附注中披露的关联方交易价格的公允性。

要求：针对上述（1）至（3）项，假定不考虑其他条件，逐项指出 A 注册会计师的做法是否恰当。如不恰当，简要说明理由。

2. 华墨会计师事务所的注册会计师带领项目组已于 2018 年 4 月 5 日完成了对 ABC 有限责任公司 2017 年财务报表的审计工作，获取了充分、适当的审计证据。项目合伙人复核了底稿。注册会计师确定的财务报表层次重要性水平为 240 万元。注册会计师在审计过程中识别并累积了 3 笔错报，并认为这些错报均不重大，同意管理层不予调整。ABC 公司 2018 年利润总额为 88 万元，其未更正错报汇总表如表 15－11（不考虑税务影响）所示。

表 15－11　ABC 公司未更正错报汇总表　单位：万元

序号	错报说明	调整分录		金额
		借方项目	贷方项目	
（1）	2018 年的管理费用计入 2017 年度	其他应付款	管理费用	50
（2）	2017 年末，提前确认 a 产品销售收入	营业收入	应收账款	1 000
		存货	营业成本	900
（3）	少计提固定资产减值准备	资产减值损失	固定资产	150

要求：

（1）针对上述情况，假定不考虑其他条件，指出注册会计师的判断是否恰当，并简要说明理由。

（2）假如只存在第（1）种情况，请编写审计报告。

3. 穗谷会计师事务所注册会计师对 ABC 股份有限公司 2017 年度财务报表进行审计，于 2018 年 2 月 28 日完成审计工作，获取了充分、适当的审计证据。2018 年 3 月 5 日审计报告完稿。注册会计师确定的财务报表层次重要性水平为 100 万元。复核底稿时发现：

（1）该公司对年度应调整的应收账款 500 万元作了调整，但对注册会计师提出调整建议的其他应收款 2 万元未予调整。

（2）该公司对机器设备计提折旧以前一直采用平均年限法，由于行业技术进步较快，自2017年1月1日起改为加速折旧法，此项变更已在财务报表附注中作了恰当披露。

（3）该公司管理层拒绝注册会计师参加存货盘点，该存货占总资产的40%，注册会计师无法对存货运用替代审计程序。

要求：

（1）根据上述（1）到（3）项，分别说明注册会计师应出具何种审计报告，请简要说明理由。

（2）根据第（3）种情况编写审计报告。

参考文献

1. 中国注册会计师协会. 审计. 北京：中国财政经济出版社，2018.

2. 中国注册会计师协会. 中国注册会计师执业准则（2017）. 北京：中国财政经济出版社，2017.

3. 中国注册会计师协会. 中国注册会计师执业准则应用指南. http://www.cicpa.org.cn/Professional_standards.

4. 中国注册会计师协会. 中国注册会计师审计准则问题解答. http://www.cicpa.org.cn/Professional_standards.

5. 中国注册会计师协会. 中国注册会计师职业道德守则. http://www.cicpa.org.cn/Professional_standards.

6. 马春静，等. 新编审计原理与实务. 5版. 大连：大连理工大学出版社，2014.

7. 中国注册会计师协会. 会计. 北京：经济科学出版社，2018.

8. 李若山，刘大贤. 审计学——案例与教学. 北京：经济科学出版社，2000.

9. 王生根. 审计实务——基于风险导向审计理念. 北京：清华大学出版社，2009.

10. 王英姿. 审计学. 上海：复旦大学出版社，2007.

图书在版编目（CIP）数据

审计：原理与实务/马春静主编. —北京：中国人民大学出版社，2019.1
“十三五”普通高等教育应用型规划教材·会计与财务系列
ISBN 978-7-300-26396-0

Ⅰ.①审… Ⅱ.①马… Ⅲ.①审计学 Ⅳ.①F239.0

中国版本图书馆 CIP 数据核字（2018）第 248329 号

“十三五”普通高等教育应用型规划教材·会计与财务系列
审计：原理与实务
主编 马春静
Shenji：Yuanli yu Shiwu

出版发行	中国人民大学出版社		
社　　址	北京中关村大街 31 号	**邮政编码**	100080
电　　话	010－62511242（总编室）		010－62511770（质管部）
	010－82501766（邮购部）		010－62514148（门市部）
	010－62515195（发行公司）		010－62515275（盗版举报）
网　　址	http://www.crup.com.cn		
经　　销	新华书店		
印　　刷	北京密兴印刷有限公司		
规　　格	185 mm×260 mm　16 开本	**版　　次**	2019 年 1 月第 1 版
印　　张	19.75 插页 1	**印　　次**	2021 年 1 月第 4 次印刷
字　　数	420 000	**定　　价**	39.00 元

教师教学服务说明

中国人民大学出版社财会出版分社以出版经典、高品质的会计、财务管理、审计等领域各层次教材为宗旨。

为了更好地为一线教师服务，近年来财会出版分社着力建设了一批数字化、立体化的网络教学资源。教师可以通过以下方式获得免费下载教学资源的权限：

在中国人民大学出版社网站 www. crup. com. cn 进行注册，注册后进入“会员中心”，在左侧点击“我的教师认证”，填写相关信息，提交后等待审核。我们将在一个工作日内为您开通相关资源的下载权限。

如您急需教学资源或需要其他帮助，请在工作时间与我们联络：

中国人民大学出版社　财会出版分社

联系电话：010-62515987，62511076

电子邮箱：ckcbfs@crup. com. cn

通讯地址：北京市海淀区中关村大街甲 59 号文化大厦 1501 室（100872）